MARTIN GESSMANN

Montaigne und die Moderne

MARTIN GESSMANN

Montaigne und die Moderne

Zu den
philosophischen Grundlagen
einer Epochenwende

FELIX MEINER VERLAG
HAMBURG

Im Digitaldruck »on demand« hergestelltes, inhaltlich mit der ursprünglichen Ausgabe identisches Exemplar. Wir bitten um Verständnis für unvermeidliche Abweichungen in der Ausstattung, die der Einzelfertigung ge-
schuldet sind. Weitere Informationen unter: www.meiner.de/bod.

Bibliographische Information der Deutschen Nationalbibliothek

Die Deutsche Nationalbibliothek verzeichnet diese Publikation
in der Deutschen Nationalbibliographie; detaillierte bibliographische
Daten sind im Internet über ‹http://portal.dnb.de› abrufbar.
ISBN 978-3-7873-1339-6
ISBN eBook: 978-3-7873-2742-3

INHALT

VORWORT

Montaigne und die Moderne ist der Beginn einer größeren Arbeit, in der es um die *Natur der Moderne*, ihre Grundlagen und ihre Ambivalenzen geht. Wichtige Anregungen hierzu verdanke ich Prof. Dr. Rüdiger Bubner, dem auch mein Dank für die Unterstützung der Publikation gilt.

Herrn Manfred Meiner und Herrn Horst D. Brandt bin ich wegen der Aufnahme des Bandes in das Programm des Felix Meiner Verlages verpflichtet.

Die Übersetzung mancher Passage der Montaigneschen *Essais* wäre mir ohne die hilfreichen Diskussionen mit Dr. Jean-Christophe Merle deutlich schwerer gefallen. Ihm gebührt hier Erwähnung.

Dank schulde ich auch in besonderer Weise Familie, Freunden und Kollegen für die vielfältige Unterstützung, die ich während der Redaktion des Manuskripts erfahren durfte.

Martin Gessmann

I. EINLEITUNG

»Wie es scharfsinnigen Geistern geschieht«, schreibt Sainte-Beuve zu Beginn seines Exkurses über Montaigne im dritten Buch des *Port-Royal,* »die lange Zeit einen auch nur leidlich tiefsinnigen Autor erforschen, so findet ein jeder alles in seinem Autor, sei es, daß man alles in ihm finden kann, sei es, daß jeder es in ihn hineinlegt«.[1] Für dieses Aperçu erscheint Montaigne in der Tat als ein Paradigma.

Dabei kann man vielleicht noch leicht nachvollziehen, wenn Goethe im Cardano-Abschnitt seiner Geschichte der Farbenlehre bei Montaigne eine »unschätzbar heitere Wendung«[2] vorfindet und Nietzsche vermuten kann, er habe »Etwas von Montaigne's Muthwillen im Geiste, wer weiss? vielleicht auch im Leibe«.[3] Erstaunlicher ist dann schon, wenn gerade die Gründerväter der neuzeitlichen Methodenlehre Anleihen bei Montaignes *Essais* aufnehmen können. Die erste explizite Wiederaufnahme des Titels als Gattungsbezeichnung findet sich bei keinem anderen als Francis Bacon. 1597 veröffentlicht er seine *Essays,* wenngleich er sich bei der Wahl der Überschrift zuerst noch eher auf antike Vorbilder denn auf Montaigne beruft.[4] Und auch Descartes, der sich gerade die Überwindung eines Zweifels zur Aufgabe gemacht hat, als dessen literarischer Hauptvertreter Montaigne zu seiner Zeit schon gelten durfte, nennt seine an den *Discours de la Méthode* von 1637 anschließenden drei Anwendungsbeispiele seinerseits *Essais.*

Montaigne deshalb freilich schon auf dem Weg zur Moderne zu wähnen, wäre aus einsehbaren Gründen verfrüht. Tatsächlich traut man ihm erst

---

[1] C.-A. Sainte-Beuve, *Port-Royal* (hrsg. v. M. Leroy), 3 Bde., Paris 1953, Bd. 1, S. 815.

[2] J. W. v. Goethe, *Geschichte der Farbenlehre,* in: Goethes Werke, hrsg. v. R. Steiner: Goethes naturwissenschaftliche Schriften. Zur Farbenlehre, historischer Teil, Band 3, Weimar 1893, S. 219.

[3] Fr. Nietzsche, *Ecce homo,* »Warum ich so klug bin«, 3, in: Sämtliche Werke, hrsg. v. G. Colli und M. Montinari, München 1980, Bd. 6, S. 285.

[4] Vgl. dazu P. Villey, *Montaigne et Francis Bacon,* Paris 1913, Reprint Genf 1973, S. 26 ff. Villey vermutet, Bacon hatte seine ersten *Essays* bereits vollendet vorliegen, als er mit Montaignes Buch in Berührung kam. Obwohl Bacon Parallelen zwischen seinen eigenen Absichten und denen Montaignes plausibel erschienen seien, hätte er wegen der fortgeschrittenen Redaktion in der ersten Auflage allerdings nicht viel mehr als den Titel übernommen. In den späteren Auflagen, vor allem der Ausgabe von 1625 mache sich dann aber Montaignes Einfluß mehr und mehr sowohl im Inhalt als auch im Stil der *Essays* bemerkbar.

gegen Mitte des 20. Jahrhunderts die entscheidende Verjüngung vom Klassiker der Renaissance zum literarischen Zeitgenossen zu. Noch in den 30er Jahren gilt er als ein Monument der Freiheit. Auf die Frage, warum es gerade jetzt wieder an der Zeit ist, ein Montaignebuch neu aufzulegen, antwortet Fortunat Strowski: »Parce qu'il peint un homme libre«.[5] »In einer Zeit«, erklärt Strowski, »in der die materielle Organisation der menschlichen Arbeit das Individuum in eine Maschinenfeder zu verwandeln droht, die Herz, Hirn und Arme nur für ein ihm auferlegtes Werk bereit hält, ist ein Bild Montaignes, eines freien Menschen, gut anzusehen«.[6] Ein Jahrzehnt später herrscht in Stefan Zweigs Montaigne-Essay nicht mehr die Sorge um das Schicksal des ›homme machine‹, der in modernen Produktionsprozessen seiner Freiheit verlustig geht. Die Lektion der Zeit ist eine andere: »Erst wenn man selbst an der Vernunft, an der Würde der Menschheit gezweifelt hat, vermag man es als Tat zu rühmen, wenn ein Einzelner inmitten eines Weltchaos sich vorbildlich aufrecht hält«.[7] Montaigne wird für Zweig zum »entschlossensten Herold« der »individuellen Freiheit«[8]. In dieser Funktion wird Montaigne noch bis in die 80er Jahre hinein in Frankreich ein »Symbol nationaler Einheit« sein, eine verläßliche »Referenz in umstürzlerischen Zeiten«, in allen Bürgermeisterämtern zu finden auf einer Photomontage, »Hand in Hand mit dem Staatspräsidenten«[9].

Schon mit dem Ende des 2. Weltkrieges[10], spätestens aber mit den 68er-Bewegungen ist Montaigne jenseits der offiziellen Lesart zu einem Repräsentanten einer ganz anders gemeinten Freiheit geworden. Nun ist es nicht mehr die persönliche Identität und Integrität, die er unter schwierigen Umständen zu wahren verspricht, sondern vielmehr die essayistisch entfaltete Unruhe unter einer bürgerlichen Oberfläche, die ihn erneut zu einem Ansprechpartner in wiederum unruhiger Zeit werden läßt. Michel Butors *Essai sur les Essais* von 1968 sowie Jean-Yves Pouilloux' *Lire les ›Essais‹* von 1969 legen entsprechend den Akzent auf die offene Form der Essais, auf die Unmöglichkeit, den ›Versuch‹ dieses Schreibens systematisch zu umgrenzen. Alfred Glauser kann im Zuge dieser Bewegung den Autor der *Essais*

---

[5] F. Strowski, *Montaigne*, Paris 1931 (2. Auflage), Vorwort.

[6] Ebd.

[7] S. Zweig, *Europäisches Erbe* (hrsg. v. R. Friedenthal), Frankfurt am Main 1960, S. 7.

[8] Ebd., S. 9.

[9] A. Compagnon, *Montaigne chez les Postmodernes*, in: Critique, Revue générale des publications françaises et étrangères, Nr. 39 (1983), S. 522.

[10] Vgl. dazu Hugo Friedrichs *Montaigne*, der den Essayisten dem Publikum als einen in neuer Weise beispielgebenden ›Moralisten‹ vorstellen will. H. Friedrich, *Montaigne*, Tübingen 1993 (3. Auflage, 1. Auflage 1949), S. 6.

schlechthin *Montaigne paradoxal*[11] nennen. Das Mißtrauen, das sich in der
Folge gegen die Endgültigkeit einer eigenen Interpretation noch im Zuge
des Interpretierens selbst einstellt, wird nun als beispielhaft in Montaignes
Essais vorgebildet gesehen. Antoine Compagnon fügt entsprechend nach
der Vorstellung dessen, was er für das eine Paradox Montaignes hält, gleich
hinzu, daß das »zweite Paradox« in seinem Buch eben »dieses Buch
selbst«[12] sei. Die Vorstellung eines ganz unhegelianisch gedachten »Nous«,
eines »Wir«, die wir »Michel de Montaigne« sind, zeigt an, daß hier im
Kielwasser der Kristevaschen Intertextualitätsanalyse immer neue Allianzen auf verschiedenen Reflexionsniveaus möglich werden. Strukturalisti-
sche Analysen[13] werden dies unter anderen Voraussetzungen bestätigen.[14]
Jean Starobinski hat schließlich versucht, einer derart post-modernen Ver-
einnahmung Montaignes die Spitze zu nehmen. Zwar sei es wohl so, daß
die »Regung der Abkapselung in der Gegenwart, die bei Montaigne als
Ausdruck einer prä-modernen Geistesverfassung aufgefaßt werden kann,
[...] in akzentuierterer Form einer *post-modernen* Situation erneut«[15] auftaucht, die »Bewegung«, die Starobinski in der literarischen Figur Montaigne sieht, sei aber nicht ohne Ende. Die Essais brächten die Dialektik
von Schein und Sein durchaus zu einer Auflösung, freilich zu keiner der
Art, daß man auf eine echte Synthese im idealistischen Sinne hoffen dürfte.
Dennoch sei am Ende die Einstellung Montaignes die einer Wiedergewin-
nung des Seins im Schein, wenn auch um den Preis einer bloßen Abfin-
dung mit dem als unabänderlich erkannten Lauf der Dinge.[16] Die »Resignation«[17], anstatt der Anfang eines ›unglücklichen Bewußtseins‹ zu sein,
werde nun essayistisch goutiert. Wenn die Parallele zwischen den Zeiten
stimmt, dann heißt dies für uns, die Spannungen der Moderne auszuhalten,
nun aber mit Gelassenheit und reflektiertem, heiterem Gleichmut.[18]

---

11 A. Glauser, *Montaigne paradoxal*, Paris 1972.

12 A. Compagnon, *Nous, Michel de Montaigne*, Paris 1980, S. 12.

13 Vgl. L. Kritzman, *Destruction/Découverte. Le fonctionnement de la rhétorique dans
les Essais*, Lexington, Ky., 1980.

14 Vgl. dazu auch R. L. Regosin, *Recent Trends in Montaigne Scholarship: A Post-
Structuralist Perspective*, in: Renaissance Quarterly 28, 1984, S. 34-54.

15 J. Starobinski, *Montaigne. Denken und Existenz*, Frankfurt am Main 1989, S. 451.
Der Originaltitel lautet *Montaigne en mouvement*, Paris 1982.

16 Ebd., S. 444.

17 Ebd., S. 445.

18 Eine Position, die sich lose an das Monitum Starobinskis anschließt, kann man in
Stephen Toulmins Analyse der »unerkannten Aufgaben der Moderne« (S. Toulmin,
Kosmopolis. Die unerkannten Aufgaben der Moderne, Frankfurt am Main, 1994) sehen,
von denen eine wohl darin besteht, die »prämodernen« Themen »vor dem 17. Jahrhundert« (S. 30) wiederaufzunehmen. Montaigne erscheint hier mit dem »gleichen Blick«
ausgestattet wie einst »Sokrates« (58), als er versuchte, in die »chaotischen« (55) Lehren

Was bei all diesen zeitgenössischen Vereinnahmungen überall vorausgesetzt ist, nirgends aber aufgezeigt oder auch nur reflektiert wäre, ist die Annahme, daß es sich bei Montaigne in der Tat um einen ›Modernen‹ handelt. Auf welcher Basis begrüßen wir ihn denn als einen frühgekommenen Zeitgenossen? Was macht es aus, daß, wie Starobinski meint, das Prä-Moderne sich mit dem Post-Modernen zu einer offenbar fast distanzlosen Einheit verbinden kann? Wie kommt es, daß sich scheinbar mühelos hochreflektierte Textbehandlungen des 20. Jahrhunderts an den *Essais* eines Landedelmannes des ausgehenden 16. Jahrhunderts exemplifizieren lassen? Müßte man nicht unterstellen, daß hier eine analoge Entwicklung vorausgegangen ist? Wäre es nicht naheliegend, von einer Form der Wiederholung auszugehen, in der uns nun in anderem Zeitkolorit das eigene mehr oder weniger unverändert wiederaufscheint? Erstaunlich viel ist seit Pierre Villeys *Les sources et l'évolution des ›Essais‹ de Montaigne*[19] über die literarischen Quellen seiner Schriftstellerei geschrieben und gesagt worden, erstaunlich wenig auf systematische Weise über Montaignes philosophische Herkunft.

»Auf dem Wege einer ungewöhnlichen Wiederkehr gewinnt« die »Absenz von historischer Hoffnung, die bei Montaigne lange anachronistisch angemutet hat, heute eine auffallende Aktualität zurück, und zwar im Banne der Krise, die den Geist der Moderne in Mitleidenschaft zieht. Diese Krise läßt sich als Vertrauenskrise hinsichtlich der Zukunft definieren – eine enttäuschte und dumpfe Ahnung, die die *perversen Effekte* von Wandlungen fürchtet, die ursprünglich und mit den wirksamsten Mitteln unterstützt wurden. Das Unbehagen unseres Jahrhunderts verdankt sich zu einem großen Teil dem übermächtigen Druck von Zukunftsimperativen [...]«.[20] Zweifellos will Starobinski hier nicht mehr als eine Skizze für die Gründe liefern, die einen identifizierenden Vergleich der Montaigne-Zeit und der Jetzt-Zeit motivieren. Dennoch kann man fragen, ob man das Wesen der »ungewöhnlichen Wiederkehr« auf diese Weise richtig beschreiben kann. Wohl ist es unstrittig, daß das Montaignesche Denken von einer

---

seiner Vorgänger Ordnung zu bringen. Montaigne hätte damit noch ein gutes Stück rhetorischer Vielfalt (vgl. 55) bei gleichzeitiger Fallnähe der Betrachtung gerettet. Toulmins gewagte Behauptung einer Parallele zwischen dem klassischen Athen und der europäischen Renaissance der Montaigne-Zeit zielt allerdings eher darauf ab, die »Prämoderne« von der Moderne ein Stück weit zu lösen, um die eigentliche Moderne mit der »Gegenrenaissance des 17. Jahrhunderts« (83) als eine Form der Verfallsgeschichte darzustellen. Die Verbindung, die Starobinski zwischen den Zeiten stiften wollte, erscheint bei Toulmin entsprechend als ein Desiderat.

[19] P. Villey, *Les sources et l'évolution des ›Essais‹ de Montaigne*, 2 Bde., Paris 1933.
[20] Starobinski, (a.a.O.), S. 449 f.

»Absenz von historischer Hoffnung« geprägt ist. Haben aber bereits die Zeitgenossen Montaignes in der Tat die *perversen Effekte* von Wandlungen« befürchtet, »die ursprünglich mit den wirksamsten Mitteln unterstützt wurden«? Sicher nicht, wenn man Starobinski weiter im Text folgt und mit ihm annimmt, den Menschen wurden »Verheißungen von Profiten« gemacht, die später enttäuscht wurden, »Energieinvestitionen« abverlangt, die die Umwelt verwüsten, sie würden mit einer »Überentfremdung« konfrontiert, die ihrerseits wiederum schon das Resultat des Versuchs einer »künftigen *Entfremdungsaufhebung*« sei, ein »Phänomen«, das besonders »offenkundig in den Industriegesellschaften« auftrete, deren »Organisation totalitäre Gestalt«[21] angenommen habe.

All dies gehört sicher zur Diagnose moderner Zustände, für die Beschreibung eines Zeitabschnitts wie dem der ausgehenden Renaissance – zumal in der Weise, in der Montaigne auf ihn eingeht – ist es allerdings nur schwer annehmbar. Augenscheinlich war für Montaigne weder auf die Produktions- und Lebensbedingungen einer ausgebildeten »Industriegesellschaft« zu reagieren, noch mußte er sich mit einer Verwaltung in »totalitärer Gestalt« auseinandersetzen, noch waren für ihn und seine Zeitgenossen Fragen des Umweltschutzes schon an der Tagesordnung. Was wir seit dem 19. Jahrhundert bis heute mit der zunehmenden Ausbildung technischer Verfahrensweisen als die Kosten der Moderne veranschlagen, konnte Montaigne seiner Zeit, die auf vielen Gebieten noch auf dem technischen Niveau des Mittelalters geblieben war, offenkundig noch nicht in Rechnung stellen. Selbst wenn man darauf besteht, daß sich auch in der zweiten Hälfte des 16. Jahrhunderts schon Ansätze zu einem Übergang in ein Zeitalter der Technik finden lassen, so wird man dann doch zugeben müssen, daß sie von Montaigne als solche nicht wahrgenommen werden.

Entsprechend vorsichtig muß man dann auch vorgehen, wenn man die Zivilisationskritik Montaignes mit der des 18. Jahrhunderts in eine Parallele setzen will. Keine Frage ist es, daß Montaigne für Rousseau zu einer der ersten Referenzen wird, wenn es darum geht, das Bild einer von Menschenhand unberührten natürlichen Humanität zu entwerfen. Montaignes Essai *Über die Kannibalen* kann gleichsam als Urtext aller Folgeversuche gelten, das Ursprüngliche, das man nun in der fernen Kultur der ›neuen Welt‹ wiederfindet, nicht als barbarisch, sondern im Gegenteil als moralisch vorbildlich zu verstehen. Womit Montaigne allerdings im Gegensatz zu Rousseau noch nicht rechnen konnte, war der Anteil der »perfectibilité« an dem Verfall, der mit der Zivilisation über das Menschengeschick gekommen ist. Das Potenzieren der Bedürfnisse im technischen

---

[21] Ebd., S. 450.

Kanon der Erfüllungsmöglichkeiten ist Montaigne noch fremd. Wohl ist auch für Montaigne wahr, daß der Mensch immer mehr will, als man ihm sinnvollerweise zugestehen kann. Daß sich nun aber der Wunsch selbst wie ein Mittel zum einem Ziel verhält, das sich seinerseits gar nicht mehr ermitteln läßt, weil es sich in der Vervielfältigung der Wünsche selbst wieder in den Rang eines Mittels herabstuft, ist für Montaigne undenkbar. So verfeinert sind die Sitten am Hof Karls IX. noch nicht, so raffiniert gebärden sich die Edelleute, die sich noch als reguläre Nachfahren von Rittern verstehen – auch Montaigne nimmt in diesem Sinne seinen Adelstitel ernst – in keiner Weise, als daß sich das Zivilisationsprogramm im Rousseauschen Sinne selbst in Frage stellen kann. Das zeigt sich schließlich besonders deutlich an Montaignes Vorstellung der Menschengeschichte. Der Mensch hat in seinen Augen sicherlich dazu beigetragen, daß sich der allgemeine Verfall beschleunigt. Die Möglichkeit, daß es auch anders hätte kommen können, sieht er allerdings im Unterschied zu Rousseau nicht. Es lag nicht in der Hand des Menschen, den Verfall erst gar nicht auszulösen, und es ist ihm nicht gegeben, durch welche Veranstaltung auch immer, ihn weiter aufzuhalten. Das letztere gilt für Montaigne nun besonders in einem Zustand, in dem der Verfall, wie er es für seine Zeit annimmt, bereits soviel Fahrt aufgenommen hat, daß schon aus diesem Grunde jeder, der sich ihm entgegenstellen wollte, unweigerlich von den Ereignissen überrollt werden würde. Die alte Welt wird sich in Kürze gänzlich auflösen, davon ist Montaigne überzeugt, und sie wird dies tun, ob es der Mensch wünscht oder nicht. Der Einfluß des Menschen auf sein eigenes Geschick ist aufs Ganze gesehen deshalb für Montaigne marginal. Die Natur ist es, die ihre Zyklen ausbildet, und hier kann sich der Mensch nur nach stoischem Vorbild, wenn auch mit anderer Gemütsverfassung, fügen.

Wenn man so will, dann ist in der »Absenz von historischer Hoffnung«, wie Starobinski sagt, tatsächlich eine Klammer zwischen den Zeiten gespannt. Das Bewußtsein, am Ende einer Epoche zu leben, deren Prinzip noch wirkt, aber bereits schwach geworden ist sowie der Ausblick auf eine neue Zeit, deren Umrisse man schon zu erkennen meint, deren Inhalte aber noch unbekannt sind, das Bewußtsein also einer Existenz in einer Situation des Nicht-mehr und zugleich des Noch-nicht erscheint uns heute wieder vertraut und unmittelbar nachvollziehbar. Prä-Moderne und Post-Moderne erscheinen so beide als Schwellenphänomene, und als solche werden sie miteinander vergleichbar. Allerdings reicht die festgestellte Identität eben nur bis zu der formalen Charakterisierung eines Übergangs, und so wenig klar ist, welche Epoche eine Post-Moderne vorbereiten könnte, so unbestimmt bleibt in dem Vergleich auch, aus welchem Prinzip sich der Übergang zur eigentlichen Epoche der Moderne entwickelt. Um

Sainte-Beuve folgend die Alternative zu entscheiden, ob es sich bei der modernistischen Lesart der *Essais* um eine Projektion zeitgenössischer Interessen oder um die Aufarbeitung einer genuinen Modernität Montaignes handelt, müssen deshalb allererst die Voraussetzungen des Phänomens geklärt werden, das man nun als Montaignes Modernität bezeichnet, und es ist klar, daß diese Voraussetzungen nicht in einer Technisierung der Lebenswelt gesucht werden können, deren Konsequenzen sich erst sehr viel später in vollem Umfang bemerkbar machen werden. Wenn man also davon ausgeht, daß Montaigne in der Tat ein Moderner ist, dann sind in den Voraussetzungen seiner Essayistik wohl auch Voraussetzungen der Moderne zu suchen.

Was hier deshalb vorgeschlagen wird, ist der Versuch, den Grund für das beschriebene Phänomen in einem philosophisch motivierten Gedankengang Montaignes zu rekonstruieren. Es handelt sich dabei um ein Gedanken-›Experiment‹, mit dem es Montaigne sehr ernst ist, und der Weg, sich diesem Experiment zu nähern, führt damit auf den Weg einer Suche nach dem entscheidenden Anstoß für sein essayistisches Unternehmen. So scheint es, daß auch hier einmal mehr Geneseforschung betrieben wird, doch im Unterschied zu anderen Rekonstruktionsversuchen soll dabei nicht erst dort angesetzt werden, wo die *Essais* beginnen, sondern ein Stück zuvor, also an der Stelle, an der die Idee zu dem Unternehmen allererst geboren wird. Zu klären wird also sein, warum Montaigne es nötig schien, nun in einer Weise vorzugehen, von der er dann selbst behaupten konnte, sie sei in noch keines Menschen Sinn gekommen.

Der Schlüssel zum Verständnis der Genese der *Essais* wird dabei in Montaignes Auseinandersetzung mit einem Buch gesucht, das er wohl selbst »geschrieben« hat, wenn er auch nicht sein Verfasser ist. Es handelt sich um die *Theologia naturalis* des Raimundus Sebundus, eines in Toulouse publizierenden katalanischen Theologen. Montaigne übersetzt das Buch auf Drängen seines Vaters vom Lateinischen ins Französische. Der Vater erhofft sich davon einen Beitrag gegen die Ausbreitung des Protestantismus. Für Montaigne sollten die Folgerungen, die er aus dieser Fassung einer ›natürlichen Theologie‹ zieht, aber weiter reichen. Manche stilistische Korrektur wird Montaigne bereits bei der Übersetzung des Werkes aus dem frühen 15. Jahrhundert anbringen. Die inhaltliche Weiterführung des Gedankens ist dann in dem 12. Kapitel des zweiten Buches der *Essais*, in der sogenannten *Apologie des Raimundus Sebundus* greifbar. Montaigne versucht hier, wie der Titel sagt, eine Verteidigung der Sebundischen Thesen. Die Sekundärliteratur über den Essai ist sich generell darüber einig, daß Montaigne hier von der anfänglichen Absicht einer Apologie schnell abrückt und dabei selbst fast zum entschiedensten Gegner der *Theologia*

naturalis wird. Die angestrebte Glaubenssicherheit müßte in der Montaigneschen Diskussion der Argumente mehr und mehr einem beinahe gren-
zenlos scheinenden Pyrrhonismus weichen. Am Ende triumphiere die
Skepsis. Wenn allerdings die hier vorgeschlagene Lesart richtig ist, dann ist
Montaigne seinem Vorhaben einer ›Apologie‹ in der Entwicklung des
Essais weitaus treuer geblieben, als es im Urteil der Kommentatoren schei-
nen will. Demnach verteidigt Montaigne im eigentlichen Sinne die *Theolo-
gia naturalis* gegen Einwände, denen sie in der öffentlichen Diskussion der
Zeit ausgesetzt war. Er selbst verbindet damit allerdings nun ein eigenes
Bedenken, das in einer neuen Weise das Unternehmen der ›natürlichen
Theologie‹ in Frage stellt. Montaigne ist hierbei nun auf dem Weg, den
Ansatz der *Theologia naturalis* bei einer »scientia de homine«, einer Wissenschaft vom Menschen zu radikalisieren. Sebundus war davon ausgegangen,
daß man dem Laien die Existenz und das Wesen Gottes auf eine Weise
nahebringen müßte, die für ihn verständlich und nachvollziehbar ist. Gott,
und mit ihm die ganze Theologie müßten so verstanden werden können
wie sich der Mensch selbst am besten versteht. Diese Distanzierung von
den theozentrischen Systemen der Scholastik führt Montaigne nun einen
entscheidenden Schritt weiter. Hat nämlich Sebundus recht mit der Annahme, Gottes Wesen ließe sich aus der Sicht des Menschen nicht wirklich
erschließen, das heißt, man könne ihn positiv nicht beschreiben, und das,
was wir davon wissen können, sei von der Art, wie wir uns auf uns selbst
beziehen, dann ist in Wirklichkeit gar kein Wissen von der Welt und dem
Menschen in ihr möglich, das nicht auf die natürlichen Verständnismög-
lichkeiten des Menschen eingehen muß. Gott wird so zu einer Größe, die
zwar als fernes Schöpfungsprinzip noch beibehalten werden muß, der aber
keine Aussagekraft mehr zugetraut wird. Was der Mensch sein kann, muß
er demnach ohne die Annahme göttlichen Wissens selbst bestimmen.

Unter dieser Voraussetzung unternimmt Montaigne einen großangeleg-
ten ›Versuch‹, der sich als das systematische Herzstück der ganzen *Essais*
verstehen läßt. Die Frage ist, was ein »homme naturel«, ein natürlicher
Mensch, der noch nichts, oder bereits nichts mehr von den Vorzügen
weiß, die er Gottes Gnade verdankt, an Anhaltspunkten findet, seinen Ort
in der Welt zu fixieren. Da im Grunde nur eine Konstante, wenn auch eine
entscheidende, der Sebundischen Wissenschaft vom Menschen verändert
wurde, liegt es nun nahe, bei dem Versuch das Schema der *Theologia naturalis* beizubehalten und den »homme naturel« auf den verschiedenen Stufen
des Seins, der »scala naturae« wie auch der »scala gratiae« seinem veränderten Schicksal zu überlassen. Was wird aus den Ansprüchen des Wissens,
wenn der Mensch nicht mehr auf eine Ausnahmestellung im Kosmos aufgrund seiner gottgegebenen Eigenschaften hoffen darf? Hierauf soll der

Probant antworten, und natürlich ist auch von Anfang an klar, wer hier vor die Schranken zitiert wird. Es ist nicht etwa ein Vertreter der ›neuen Welt‹, ein Naturmensch aus dem fernen Amerika, sondern der Zeitgenosse Montaignes, der die zunehmenden Zweifel der Epoche an der Möglichkeit eines wahren Zugangs zu göttlichem Wissen teilt.

Handelte es sich bis dahin vor allem um eine Abklärung möglicher Wissensansprüche, so nimmt der ›Versuch‹ nun zum Schluß eine existenzielle Wendung. Denn an der Stelle, an der bei Sebundus das »dritte Werk« Gottes nach der Schöpfung und der Offenbarung als eine abschließende Vervollkommnung des Menschen vorgesehen war, die ihn bereit zum Übertritt in die Ewigkeit macht, ist nun bei Montaigne freilich keine Hilfe von außen mehr zu erwarten. Die Sorge um die endgültige Form seines Daseins wird dem Menschen zurückgegeben, und im Akt der Rückgabe wird diese Form auch gleich zum Problem. War es schon schwer genug, seinen Platz in der Welt aus eigenen Vernunftkräften zu ermitteln, zumal die Möglichkeiten einer genuinen Selbstschöpfung noch ohne Substanz geblieben sind, so erweist sich die Suche nach einer vorbildlos gewordenen Selbstbestimmung als aussichtslos. Keine Zuschreibung ist solide genug, um in der versuchsweisen Erprobung gegen mögliche Zweifel standzuhalten. So legt sich schließlich eine weitere Übernahme aus der Sebundischen Theologie nahe. Sebundus waren der ontologische und der kosmologische Gottesbeweis wohl wert, in seiner neuen Wissenschaft angeführt zu werden, für eine vollständige Erkenntnis Gottes bedurfte es aber noch eines anderen Zugangs. Die Frage, wie man Gott verstehen kann, wenn man doch annehmen muß, daß sich sein Wesen aller Festlegung entzieht, gab für ihn den Anlaß zu einem Beweis, der von den Kommentatoren nicht zu unrecht ein »hermeneutischer« Gottesbeweis genannt wird. Gottes Existenz läßt sich darin nicht mehr durch die Perfektion erschließen, die sich über alles Kreatürliche erhebt, sondern über die Art und Weise, wie er sich mit unvergleichlicher Autorität in das von ihm Geschaffene ›einschreibt‹. Muß man nun davon ausgehen, daß die Natur des Menschen von der Art ist, daß sie Zufall und Variation in einem Maße einschließt, das alle allgemeine Formbestimmung dauerhaft dementiert, dann ist der »hermeneutische« Weg offenbar einer, der auch dem Menschen offenstehen muß. Was ursprünglich vom Selbstverständnis des Menschen auf das Verständnis von Gott übertragen wurde, findet so wieder zu seiner ursprünglichen Anwendung zurück. Das Allgemeine des Menschen ist dann nichts anderes als das, was sich trotz des Flusses aller Eigenschaften als ein Authentisches durchhält. Es ist eine weitgehend formale Übereinstimmung des Menschen mit sich selbst, mehr denn eine inhaltliche, dabei aber gerade nur durch den ›Stil‹ zu ermitteln, in dem die Inhalte dargestellt werden. Die Aufgabe, einen solchen ›Stil‹ zu ermitteln, ist nun einsehbarerweise von der Art, daß sie nicht relegiert werden kann. Nur derjenige, der sich in allen Lagen kennt, kann darüber Auskunft geben, was auch noch das Disparateste im Leben miteinander verbindet. Die ›Bücher Gottes‹ bleiben zu diesem Zweck geschlossen, und so kann nun der natürliche Mensch, der sich für Montaignes Versuch zur Verfügung stellt, kein anderer als Montaigne selbst sein. Die *Essais* sind damit nichts anderes, so muß man schließen, als das Protokoll dieses einen umfassenden ›Versuchs‹.

II. MONTAIGNES RÜCKZUG VON DER WELT

Montaignes Stellungnahme zu seiner Zeit beginnt mit einem Akt. »Anno Christi 1571 [...] pridie cal. mart.« faßt er den Entschluß, sich vom öffentlichen Leben zurückzuziehen. Der 28. Februar des Jahres ist sein Geburtstag. Montaigne ist eben 38 Jahre alt geworden, und um den Rückzug von der Welt zu besiegeln, läßt er in seiner Turmbibliothek eine Inschrift anbringen: »Michel de Montaigne, seit langem der Bürden des Parlaments und der öffentlichen Pflichten müde«, hat sich »in voller Lebenskraft in den Schoß der gelehrten Musen zurückgezogen, wo er in Ruhe und Sicherheit die Tage verbringen wird, die ihm noch zu leben bleiben. Vergönne ihm das Schicksal, diese Wohnung der süßen Weltflucht seiner Ahnen zu vollenden, die er seiner Freiheit, seiner Ruhe und seiner Muße geweiht hat« (XVI).

Allem Anschein nach greift Montaigne hier einen Topos der Renaissance-Humanisten auf. Im Rückgriff auf die antike Tradition, sich im Stile eines Seneca nach geleisteter Pflicht am Kaiserhof zu privaten Studien zurückzuziehen, sich in dem sprichwörtlich gewordenen »otium cum litteris«[22] einzurichten, begibt sich auch Montaigne nun in »doctarum virginum sinum«. Petrarca hatte für die Renaissance als erster die Mönchsklause für die profane Meditation geöffnet und, wie Hugo Friedrich bemerkt, die »religiöse Weltabsonderung« zur »gepflegten Lebensform« in der »Gelehrtenstube«[23] emanzipiert. Montaigne hätte damit einer Neigung der Zeit nachgegeben, allerdings nicht in der Teilnahme an einem akademischen Zirkel, wie er an italienischen Fürstenhöfen zur Institution wurde, sondern in der »Stimmung eines soliloquienartigen Sinnens«[24]. Die Weltflucht wäre damit für die Zeit zwar ›natürlich‹, in ihrer Radikalität aber dennoch erstaunlich.

Immer wieder werden deshalb die äußeren Verhältnisse ins Feld geführt, um Montaignes Weltverneinung, zumindest an ihrem Ausgangspunkt, zu motivieren. Sagt er doch selbst schon in der zitierten Passage, es gehe ihm nun darum, ›securus‹ und ›quietus‹ seine Tage zu verbringen. Verwundern kann dieses Bedürfnis nicht, bemerkt Montaigne doch auch später noch, er

---

[22] Vgl. Seneca, *Ad Lucilium epistolae morales*, LXXXII: »Otium sine litteris mors est et hominis vivi sepultura«.
[23] Friedrich, *Montaigne*, (a.a.O.), S. 18.
[24] Ebd., S. 18 f.

könne keine Runde um sein Anwesen gehen, ohne dabei Gefahr zu laufen, von umherstreunenden Banditen umgebracht zu werden. Die drohenden Religionskriege wie auch die nicht zuletzt konfessionell motivierten Ränke um die Thronfolge am französischen Hof hatten Montaigne offenbar schon bald alle Illusionen genommen, in der Politik Wesentliches zustandezubringen. 1557 tritt er in das Parlament von Bordeaux ein, keine zwei Jahre später beginnen in der Stadt Unruhen, Hugenotten werden verfolgt und hingerichtet, es bildet sich Widerstand, Konspirationen werden niedergeschlagen. Ein Jahr nachdem Montaigne seinen Entschluß zum Rückzug gefaßt hat, erreicht der Religionsstreit in der Bartholomäusnacht seinen vorläufigen Höhepunkt.

So wenig erfolgversprechend aber ein weiteres politisches Engagement Montaigne erscheinen mußte, so unstet wie gewalttätig die allgemeinen Verhältnisse auch waren, einen entscheidenden Grund für ein selbstgewähltes Exil können sie dennoch nicht abgeben. Wie anders sollte man sich sonst erklären, daß er nicht nur 1580 zu einer ausgedehnten Italienreise aufbricht, sondern auch, daß er ein Jahr später dem Ruf seiner Stadt nachkommt und für insgesamt zwei Amtsperioden die Geschäfte des Bürgermeisters geführt hat?

Erst recht erscheint es in diesem Zusammenhang als unwahrscheinlich, daß er mit seinem Rückzug aus der politischen ›vita activa‹ nur einer antikisierenden Renaissancemode nachgekommen ist. Das Recht zum Rückzug erwirbt man sich demnach ja erst, wenn die Aktion zu einem guten Ende geführt ist, wenn sich die Mission als unmöglich erweist oder schließlich, wenn die Kräfte versagen. Der ›vir bonus‹, den Montaigne vor allem im ›Cato uticensis‹ verkörpert sah, muß sich erst in der Tat beweisen[25], bevor er entweder sein Scheitern eingestehen darf oder die Tugend in Kontemplation übergehen läßt. Montaigne gibt aber gerade zu verstehen, daß er sich nicht aus Erschöpfung vom öffentlichen Leben zurückzieht: »in voller Lebenskraft« habe er sich »in den Schoß der Musen« zurückgezogen. Ob die öffentlichen Pflichten dabei erfüllt sind oder nicht, erscheint nun als zweitrangig. Er ist ihrer schlichtweg überdrüssig geworden. So ›voll‹ die Lebenskraft ist, so »müde« ist er seiner parlamentarischen Ratstätigkeit geworden.

---

25 Vgl. dazu auch E. Auerbach, *Mimesis*, Darmstadt, Tübingen und Basel, 9. Auflage 1994, S. 282 f., der feststellt: »Montaigne war ein großer Herr, angesehen und einflußreich, und es lag lediglich an ihm, wenn er von seiner Person nur sehr maßvoll und widerwillig politischen Gebrauch machte«. Hat Auerbach recht, dürfte es also auch zur Zeit des Rückzugs Montaigne nicht an der Möglichkeit politischer Gestaltung gefehlt haben.

Ein anderer Topos legt sich daher nahe. Eigentümlicherweise spricht Montaigne von dem Ziel seines Rückzugs als seinem Willen, »quantillum id tandem superabit decursi multa iam plus parte spatii« nun auf andere Weise als bisher zu verbringen, also den Zeitraum, der sich an das Vergangene – und das ist schon der größte Teil des Lebens gewesen, wie sich Montaigne sicher ist – anschließt, anders zu nutzen. Hinzu kommt die Feststellung, daß das ›neue‹ Leben mit seinem Geburtstag beginnen soll, also selbst, wie Starobinski bemerkt, die »Idee einer freiwilligen *Geburt*«[26] nahelegt. Montaignes Entschluß würde sich so in das Schema einer Konversion fügen, die ein Weiterleben wie bisher ausschließt und zu ihrer Beglaubigung den Weg aus der Weltstadt zurück in die heimatliche Provinz weist. Wie Augustinus, durch die Einsiedelei des ›Wüstenvaters‹ Antonius angeregt, Mailand wie das weltliche Rom flieht und nach Thagaste nahe Kartago auf den väterlichen Besitz zurückkehrt, so wäre Montaignes Heimkehr zum Sitz seines Vaters eine von den diplomatischen Missionen in Paris und der Ratsherrlichkeit in Bordeaux. Weitere Parallelen lassen sich ziehen. Augustinus erzählt »von einem jungen Freund«, »die Hälfte« seiner »Seele«[27], dessen Taufe vor seinem frühen Fiebertod im späten Rückblick auf Augustinus' eigene katholische Wende vorausgedeutet haben mag. So groß der Verlust des Freundes für Augustinus war – »alle Ruhe war dahin und aller Verstand«[28] – so tief erscheint die Trauer Montaignes um den verlorenen Freund La Boétie. So soll ihm die eigene Bibliothek nicht nur der Ort des Rückzugs von der Welt sein, sondern ebensosehr das Andenken an den Freund bewahren, den »liebsten und engsten, wie unser Jahrhundert keinen besseren, gelehrteren und vollkommeneren gesehen hat«, heißt es in einer anderen Inschrift der Bibliothek, und dies steht dort sicher nicht nur, weil ein Großteil der Buchbestände aus La Boéties Nachlaß stammt.

Interessanterweise hat Goethe das Ergebnis der Selbstbesinnung, die auf diese Weise nach der Art christlichen In-sich-Gehens initiiert worden wäre, denn auch als eine Form der ›Konfession‹ verstanden. In der *Geschichte der Farbenlehre* sieht er in den *Essais* »dasjenige, was bisher nur im Beichtstuhl als Geheimnis dem Priester ängstlich vertraut wurde, nun mit einer Art von kühnem Zutrauen der ganzen Welt vorgelegt«. Diese »Bekenntnisse« schienen »gewissermaßen auf den Protestantismus hinzudeuten«[29]. Und in der Tat gibt nun Montaigne, freilich nicht ohne Ironie, sogar zu, daß er

---

26 Starobinski, *Montaigne*, (a.a.O.), S. 21.
27 Augustinus, *Confessiones*, IV, 6, 11.
28 Ebd., IV, 7, 12.
29 J. W. v. Goethe, *Geschichte der Farbenlehre*, (a.a.O.), S. 219.

selbst der Kritik der Protestanten entgegenkomme, insofern diese die katholische Praxis der privaten Beichte verwerfen und er von sich behaupten kann: »je me confesse en publicq, religieusement et purement« - »eine öffentliche Beichte lege ich ab, fromm und rein« (824).[30] Auch andere Stellen greifen das Stichwort der Konfession auf und beziehen es weitgehend zustimmend auf die *Essais*.[31]

So groß nun die Parallele in der Form des Rückzugs von der Welt erscheinen mag, so verschieden erweisen sich allerdings die Richtungen, denen man dabei folgen kann. Sicher ist es richtig, daß der Tod des Freundes für Augustinus ein großes Gewicht hatte - die Einsicht, die damit vorbereitet wurde, war aber gerade die Ablösung der Liebe des Irdischen durch den ›amor Dei‹. Was der Tod den bekennenden Augustinus lehrt, ist gerade von den Bindungen an das Vergängliche Abstand zu nehmen - »Zu Dir, Herr«, ruft der bekehrte Augustinus aus, »hätte ich« die Seele »erheben sollen, um Heilung zu finden«.[32] Montaigne wird mit Blick in diese Richtung stumm bleiben. Dafür wird er aber nicht müde, in La Boéties Tod einen Anlaß seines Schreibens zu sehen. Hätte er sich in ihm weiter wie in einem Spiegel selbst erkennen können, hätte es der Flucht in die Logoi nicht bedurft, die sich als die unabschließbare Folge der *Essais* nun vor dem Publikum weiter und weiter ausbreiten. Die Freundschaft, die die »eine Seele [...] in zwei Leibern«[33] zu sich finden läßt, muß nicht erst überwunden werden, um den Weg zur Wahrheit freizumachen. Daß die Erinnerung an den Freund den schreibenden Montaigne nicht verläßt, sagt er am eindringlichsten allerdings nicht in seinem ›Freundschaftsessai‹, sondern schon im 8. Essai des zweiten Buches: »O mein Freund! [...] Ist es nicht ein ehrfürchtiges und schönes Amt meines Lebens, ihm eine immerwährende Totenfeier zu sein. Gibt es eine Freude, die dieser Entbehrung gleichkäme?« (1533).

Auch ist dabei ganz klar, daß Montaignes Rückzug ins Private durchaus einen privaten Sinn behält. Seine *Essais* charakterisiert er entsprechend einmal als »für den Winkel einer Hausbibliothek bestimmt, zum Zeitvertreib für einen Nachbarn, einen Verwandten, einen Freund, dem es Spaß

---

[30] Zitiert wird im folgenden nach der kritischen Ausgabe von A. Thibaudet und M. Rat (Hrsg.): Montaigne, *Œuvres complètes*, édition de la Pléiade, Paris 1962. Die Seitenzahlen erscheinen im fortlaufenden Text jeweils in Klammern. Die Übersetzung ist in den meisten Fällen selbst besorgt, da eine einheitliche moderne Übertragung ins Deutsche nach wie vor fehlt und die gängigen Wiedergaben mehr Rücksicht auf literarische Bedürfnisse des Lesers denn auf Ansprüche an philologische Genauigkeit nehmen.

[31] Vgl. dazu Friedrich, *Montaigne*, (a.a.O.), S. 205.

[32] Augustinus, *Confessiones*, IV, 7, 12.

[33] Ebd., IV, 6, 11.

macht, in diesem Bild mit mir zu verkehren und mir wieder nah zu sein«
(647). Das Schloß Montaigne wird nicht zum Kloster ausgebaut, und für
eine zu verkündende ›Botschaft‹, wenn es denn überhaupt einen Sinn machen könnte, einen solchen Titel mit den *Essais* in Zusammenhang zu
bringen, ist auch keinerlei Institutionalisierung möglich. Montaigne kann
nicht wie der Bischof von Hippo zum Haupt einer im Glauben verschwo-
renen Gemeinde gemacht werden. Diejenigen, die sich auf ihn berufen
werden, erweisen sich ja gerade als Einzelgänger der literarischen Zunft,
auch wenn derer viele sind.

Der Montaignesche Freundschaftsdienst dürfte nun dem Augustinischen
geradezu entgegenstehen. Während der junge Augustinus seinen Freund
noch vom katholischen Glauben abbringen wollte, so ist es doch gerade
die Frucht seiner Bekehrung, daß am Ende der ›Bekenntnisse‹ die Sicherheit steht, mit Gott in Tugend und Wahrheit zu leben: »Von Dir soll
man's erbitten, in Dir suchen, bei Dir anklopfen«.[34] Im Gegensatz dazu
scheint es gerade, daß Montaigne den Weg rückwärts geht, den Augustinus
zu seiner Gottesgewißheit beschritten hat. »Ruhelos ist unser Herz, bis daß
es seine Ruhe hat in Dir«[35], heißt es gleich im ersten Buch der *Bekenntnisse*,
und der stetige Fluß der *Essais* bestätigt genau dies, daß Montaigne diese
›Ruhe im Herzen‹ nicht gefunden hat, oder wenn sie sich doch einstellt,
dann offenbar auf ganz neue Weise. Montaigne würde so den Aufforde-
rungen der ›Confessiones‹ an den Glaubensuchenden nicht mehr nachkommen wollen. In den *Essais* wird Gott nicht befragt, Montaigne ›klopft
nicht an seine Tür‹. Von diesem Ende her gelesen wären die *Essais* damit
als Konfessionen zu verstehen, die vielleicht einer gläubigen Seele zuzu-
rechnen sind, einer Seele aber, der sicher bei ihren ›Soliloquien‹ zuvor die
Heilsgewißheit schon verlorengegangen sein muß. Wenn man so will,
kann man in Montaignes Entwicklung nun einen Prozeß sehen, der entgegengesetzt zur Suche nach letzten Glaubensinhalten verläuft. Montaignes
Essais wären damit das Ergebnis einer verkehrten Konversion. Wie aber
muß man sich eine solche denken?

Die Distanz, die Montaigne mit dem Akt seines Rückzugs schaffen will,
wird nun ganz offenbar von dem bestimmt, was künftig zwischen ihm und
der Welt liegen soll, nämlich durch die Art, wie er sich in seiner Turmstube auf Schloß Montaigne über der Dordogne einrichtet. Die Heimkehr
erweist sich dabei nicht nur als ein Rückzug in das Eigene, Private, im
Gegensatz zum Öffentlichen. Es handelt sich nicht nur um den Versuch,
mit dem verlorenen Freund weiter im Dialog zu bleiben, indem seine Bü-

---

[34] Ebd., XIII, 38, 53.
[35] Ebd., I, 1.

cher nun die leibliche Gegenwart ersetzen müssen. Über den Wunsch
hinaus, die Freundeserfahrung aus der Vergangenheit hinein in die Gegenwart zu verlängern, handelt es sich um einen Rückschritt Montaignes aus
der Gegenwart in die Zeit seiner eigenen Vergangenheit. Damit ist nicht
nur der Ort der Kindheit gemeint, der ihm durch den lateinisch sprechen-
den Schulmeister deutscher Herkunft von Anfang an in der Sprache der
humanistischen ›litterae‹ vertraut wurde, Montaigne gibt auch zu verstehen, daß es die Wohnung seiner »Ahnen« ist, in der er heimisch werden
will. Hier ist es allerdings mit dem bloßen Niederlassen nicht getan. Der
traditionelle Lebensrahmen wird nicht einfach übernommen. Montaigne
sagt vielmehr, er wolle »diese Wohnung der süßen Weltflucht seiner Ahnen [...] vollenden« (XVI). In einem späten Essai erklärt er, was er damit
meint: »Mein Vater liebte zu Montaigne zu bauen, wo er geboren war. [...]
Und ich tadle meine Trägheit, daß ich nicht weiter gegangen bin und nicht
die schönen Anfänge, die er auf dem Schloß hinterließ, zu Ende geführt
habe; um so mehr, als ich erwarten muß, daß ich darauf der letzte Besitzer
aus meinem Geschlecht sein und die letzte Hand daran legen werde« (928).
Die Vollendung, die Montaigne oben im Auge hat, kann sich also nicht auf
das ›Gehäuse‹ der Vergangenheit beziehen. Schon zu Lebzeiten hält er sich
für nicht im Stande, mehr als »ein altes Stück Mauer aufzurichten oder
einen wackligen Bau instand zu setzen« (ebd.), und auch diese Anstrengungen deuten auf lange Sicht eher auf Verfall denn auf Vervollkommnung;
wird doch kein männlicher Nachkomme da sein, der seinerseits das Er-
reichte sichern oder sogar noch weiterführen könnte. Was perfektioniert
werden soll, ist demnach die Erinnerung. »Verhüte Gott«, heißt es entsprechend an derselben Stelle, »daß ich unter meinen Händen ein Abbild
zerfallen lasse, in dem er fortlebt und in dem ich eines so guten Vaters
gedenken kann« (ebd.). Ganz ähnlich wird Montaigne dann in dem Vorwort *An den Leser* von 1580 sich sein eigenes Andenken ausmalen. »Ich
wünschte«, sagt er dort, »es könnte meinen Verwandten und meinen
Freunden nützlich sein: Wenn ich nicht mehr bei ihnen bin«, und er ergänzt, »das ist ja bald zu erwarten« (2). Und so ist auch hier mit dem, was
Freunden und Verwandten nützlich sein könnte, indem »sie in diesem
Buche vielleicht einige Züge« des »Wesens und« der »Gemütsart« Montaignes »wiederfinden können« (ebd.), nur ein geistiger Besitz gemeint.
    Nun ist der erste Gedanke einer solchen Inbesitznahme zweifellos mit
dem privaten Wunsch verknüpft, die Gegenwart der Verstorbenen, an
denen einem gelegen war, zu verlängern. Montaigne gebraucht dazu in
einem Brief an Monsieur de Mesmes die christliche Metapher eines
»Andenkens«, das man »wecken« und damit wieder zur »Auferstehung«
(1362) bringen müsse. Besonders gilt dies für die literarischen Zeugnisse des

Freundes oder von Verwandten, die wiederum der antiken Vorstellung gemäß das Leben »hier unten« »verlängern« helfen, wenn sie nur »reputation« und »renommee« (1361 f.) weiter in Ansehen halten. Damit ist aber auch bereits die Aufmerksamkeit von dem Persönlichen auf das Werk gelenkt, das für das Renommee des Verstorbenen einstehen muß. Die Frage, wie das Werk behandelt wird, ob es vergessen, tradiert oder möglicherweise neuen Verhältnissen angepaßt wird, wandelt sich damit auch zur Frage, wie hoch man das Ansehen der Person schätzt. Mit dem Zustand des Werks verknüpft sich das Urteil, das sich die Nachwelt von der Person bilden wird, und wenn man Montaignes Anspielung am Ende des Vorworts *An den Leser* ernst nehmen darf, das er mit einem »A Dieu donq« beschließt, dann ist mit dem Werk auch die Dimension eines Lebens erschlossen, das es nicht nur zu berichten, sondern mit Blick auf eine höhere Einheit auch zu richten gilt.

Das Werk, das es einerseits zu erinnern und zu bewahren gilt, muß andererseits aber auch fortgeführt werden. Und genau an der Stelle, an der Montaigne offenbar gehofft hat, die Kontinuität mit der Vergangenheit könnte ihn zu seinem Platz in der Gegenwart führen, oder zumindest soweit, daß er sich in der Welt, wie sie ist, nach der Väter Sitte einrichten kann, erweist sich dann der zuerst eingeschlagene Weg als eine Karriere mit Untiefen. Ausgelöst wird die Sondierung des Grundes, auf dem Montaigne zu stehen glaubt, durch ein Vermächtnis, das der Vater Pierre de Montaigne seinem Sohn kurz vor seinem Tode aufgegeben hat. Wie später alle Erscheinungen im Leben sich für Montaigne als vollkommen unvorhersehbar herausstellen, so hat auch in der Wiedergabe des letzten Wunsches des Vaters, dessen Folgen für Montaignes Schriftstellertum so weitreichend werden sollen, der Zufall seine Hände mit im Spiel: »Nun trug mir mein Vater einige Tage vor seinem Tode auf, dieses Buch, das ihm zufällig unter einem Haufen anderer alter Papiere in die Hände geraten war, für ihn ins Französische zu setzen. [...] Es war für mich eine recht unvertraute und neue Arbeit; doch da ich zufällig gerade Muße hatte und dem Begehren des besten Vaters, der je war, nichts abschlagen konnte, brachte ich es zu Ende, so gut ich konnte: worüber er eine große Freude bezeigte und Auftrag gab, es drucken zu lassen; wie es denn nach seinem Tode auch geschah« (416). Das Buch, um das es sich handelt, ist die *Theologia naturalis* des Raimundus Sebundus. Montaignes Vater bekam es von dem rekatholisierten Humanisten Pierre Brunel geschenkt als ein Antidot gegen die »Neuheiten Luthers« (416), die, wie es bei Montaigne heißt, zu dieser Zeit ihren Siegeszug begannen und »viele Orte unseres alten Glaubens erschütterten« (ebd.). Seinem Sohn trägt Pierre de Montaigne auf, das Werk zu übersetzen, mit konservativer Absicht. Auch Montaigne selbst scheint zuweilen noch der Meinung gewesen zu sein, seine Übersetzung aus dem Lateinischen ins Französische könne dem Unglauben entgegensteuern helfen. Sicher ist auf jeden Fall, daß auch er zumindest einen konservativen Sinn damit verbindet: dem letzten Willen des Vaters zu entsprechen: »Monsieur«, schreibt er in dem auf den Todestag des Vaters datierten Widmungsbrief, »dem Auftrage getreu, den Ihr mir im vergangenen Jahr bei Euch zu Montaigne gabt, habe ich mit meiner Hand Raimundus von Sebunda (sic!), dem großen spanischen Theologen und Philosophen, ein französisches Gewand angemessen und zugeschnitten« (1360). Montaigne übersetzt den Traktat[36] und macht ihn damit ›salonfähig‹. Er »entkleidet ihn« des »ungeschlachten Herkommens« und der »barbarischen Haltung«, so daß er jetzt in der »façon« sei, sich in »jeder guter Gesellschaft« zu präsentieren (ebd.). Gemeint sind im Tadel des Auftretens nicht zuletzt das eigenwillige Latein des katalanischen Theologen und der schulmeisterliche Aufbau der Schrift. Beides versucht Montaigne mit der einen oder anderen Wendung zu überspielen. Aber bei der bloßen Übersetzung und der sprachlichen Anpassung der Schrift an den Geschmack der Zeit soll es nicht bleiben. Montaigne sieht sich später genötigt, dem Wunsch des Vaters ein weiteres Mal nachzukommen und sich für die Schrift einzusetzen. Dieses Mal handelt es sich allerdings nicht mehr um eine bloße Publikation, sondern um eine Verteidigung: die *Apologie des Raimundus Sebundus*, die als das 12. Kapitel des zweiten Buches der *Essais* erscheinen wird. Der Titel des Essais wurde bisher von den Kommentatoren durchweg als ein Paradox gedeutet. Denn die ›Apologie‹ scheint sich gerade auf dem Weg ihrer Parteinahme soweit vom Ausgangspunkt der *Theologia naturalis* zu entfernen, daß sie zuweilen schon zu den Kampfschriften der Gegner einer jeden ›natürlichen Theologie‹ gerechnet wurde. Soviel zeigt der Titel des Essais aber schon an: daß bei Montaigne ein Wille zur Bewahrung zu spüren ist, der als solcher nicht hätte auftreten können, wenn nicht schon eine Distanz zu den Inhalten des Sebundus merklich geworden wäre. Nur wo etwas angegriffen erscheint, muß man verteidigen. Und noch eines läßt sich voraussetzen. In der *Apologie* sind sicher nicht nur die wirklichen Gegner des Raimundus Sebundus angesprochen, in ihr zeigen sich auch die Züge eines Unglaubens, den sich Montaigne in der Zwischenzeit mehr und mehr eingestehen mußte. Die Retuschen an der Form, die er sich in der Übersetzung erlaubt hatte, die Verfeinerungen des Stils wie die eleganten Vorsichtsformeln, die er hie und da einstreut, haben dort in grundlegender

---

[36] Zugänglich ist Montaignes Übersetzung der *Theologia naturalis* in der Montaigne-Gesamtausgabe von A. Armaingaud (Hrsg.), *Œuvres complètes de Michel de Montaigne*, 12 Bände, Paris 1924–1941, Bde. 9 und 10.

Weise auf den Inhalt übergegriffen. Auf dem Weg von der *Theologia natu-*
ralis zur *Apologie des Raimundus Sebundus* vollzieht sich demnach ein
Wandel Montaignes, der zum Bruch mit einer Zeit führt, die von nun an
schon zu einer vergangenen Epoche zählen soll.

III. DIE ›THEOLOGIA NATURALIS‹
DES RAIMUNDUS SEBUNDUS

A. Konservative Hintergründe

André Gide hat in seinem kurzen *Essai sur Montaigne* einmal versucht, den Wandel, der sich in und mit Montaigne abzeichnet, auf eine kurze und bündige Formel zu bringen. »Es scheint«, schreibt er, »daß Montaigne angesichts der furchtbaren Frage des Pilatus, deren Echo durch die Zeitalter hallt: ›Was ist die Wahrheit‹, seinerseits, wenn auch ganz menschlich, auf eine ganz und gar profane Weise und in einem sehr verschiedenen Sinn die göttliche Antwort Christus' wiederaufnimmt: ›*Ich* bin die Wahrheit‹«[37]. Das gilt es zu erklären.

Die *Theologia naturalis sive liber creaturarum* stammt aus der Feder des katalanischen Theologen Raimundus Sebundus[38], der sich in Toulouse niederließ, wahrscheinlich um Krieg und Verfolgung im eigenen Land zu entgehen, und sich in Frankreich auch als Mediziner verdingt hat. Abgefaßt wurde sie zwischen 1434 und 1436 und damit abgeschlossen im Todesjahr des Autors. Erschienen ist das Buch zum ersten Mal 1484 in Lyon, interessanterweise unter dem Titel: *Liber creaturarum sive de homine.* Im folgenden Jahr erscheint es in Deventer mit einem weiter spezifizierten Titel. Es heißt nun: *Theologia naturalis sive liber creaturarum, specialiter de homine*[39].

Im wesentlichen gibt es zwei Möglichkeiten, die Theologie des Raimundus Sebundus mit Blick auf die Neuzeit zu verstehen. Montaigne selbst schlägt die gängige Fassung vor, nach der er dem Sebundus ein »mutiges Ziel« unterstellt, das darin besteht, »durch menschliche und natürliche Gründe alle Glaubensartikel der christlichen Religion gegen die Atheisten zu beglaubigen« (417). Sebundus erscheint damit in einer Reihe mit den

---

[37] Zitiert aus: A. Gide, *Les pages immortelles de Montaigne*, Paris 1946, S. 14.

[38] Der Name des Sebundus taucht im Laufe der verschiedenen Editionen in insgesamt 15 unterschiedlichen Schreibweisen auf. Ursprünglich nannte er sich wohl Raimundus Sibiuda. Vgl. zur Namensfrage die Einführung von F. Stegmüller in: *Raimundus Sebundus: Theologia Naturalis seu liber Creaturarum*, Faksimile-Neudruck der Ausgabe Sulzbach 1852, Stuttgart-Bad Cannstatt 1966, S. 3*. Im folgenden beziehen sich alle Zitate aus der *Theologia naturalis* des Raimundus Sebundus auf diese Ausgabe.

[39] Vgl. dazu A. Guy, *La Theologia naturalis en son temps: Structure, portée, origines*, in: Études montaignistes VI: Montaigne, *Apologie de Raimond Sebond*. De la *Theologia* à la *Théologie*. Études réunies sous la direction de Claude Blum, Paris 1990, S. 13–47.

Apologeten eines Christentums, das mehr und mehr durch neue Ansprüche an die alten Lehren bedroht wird[40]. Er selbst sieht die Zeit bereits in der dramatischen Lage eines bevorstehenden Weltendes, in der es besonders wichtig sei, »contra impugnatores fidei«[41], gegen die Verleumder des Glaubens vorzugehen. Die unmittelbare Bedrohung geht dabei für Sebundus noch nicht einmal von den offen anti-scholastischen Schriften eines Lorenzo Valla aus, der 1431 *De Voluptate* veröffentlicht. Sebundus hat die Schrift wahrscheinlich nicht gekannt, auch sollten Ficinos *Theologia platonica* und Pico della Mirandolas *De hominis dignitate* erst nach Sebundus' Tod erscheinen. Vielmehr ist es der sogenannte ›lateinische Averroismus‹, der für die orthodoxe Theologie zur eigentlichen Herausforderung wird. In Padua ist die Schule der Averroisten gerade im Entstehen. Siger von Brabant und Boethius von Dacien finden hier Nachfolger in Paolo Veneto, Hugo Benzi und Caietano de Thiemis, in Bologna geben Gentilis de Cingulo und Angelus de Areto der Bewegung bereits eine eigenständige Wendung. Zuvor hatte man sich an der Sorbonne – nach den theologischen Zugeständnissen eines Johannes von Göttingen und Antonius von Parma an die Amtskirche – im 14. Jahrhundert unter dem Rektorat des Marsilius von Padua wieder auf die ursprünglichen Ziele des Averroismus besonnen. Von hier gingen auch weiterhin die entscheidenden Impulse der Bewegung aus.

Im weitesten Sinn handelt es sich beim Averroismus um die Fortsetzung einer Aufklärungsbewegung, die bereits im 12. Jahrhundert mit Abaelard und Thierry von Chartres begonnen hat. Im 13. Jahrhundert bekommen die Versuche einer immanent-philosophischen Naturerklärung eine neue Wendung durch einige der wiederentdeckten Aristotelestexte, vor allem durch die *Physik* und die *Metaphysik*, die mit den Arabern in den lateinischen Westen gekommen sind. Sie sind mit arabischen Kommentaren versehen, und der wichtigste unter den Kommentatoren ist Averroes, der 1198 gestorben ist. Daß sich das so im alten Europa ›repatriierte‹ griechisch-arabische Naturwissen nur schwer in die weitgehend Augustinisch geprägte Kosmologie einpassen läßt, ist abzusehen; nachdem aber einmal die neuen Aristotelischen Konzepte zur Verfügung stehen, läßt sich der begriffliche Fortschritt auch nicht einfach wieder vergessen. Am Anfang überwiegen allerdings die Widerstände, 1231 kommt es in Paris zu einem Aristoteles-Verbot. Mit Albertus Magnus gibt es dann den ersten Versuch, die griechische Tradition für das lateinische Mittelalter fruchtbar zu ma-

---

[40] Zu den Quellen des Sebundischen Denkens vgl. J. de Puig, *Les sources de la pensée philosophique de Raimond Sebond (Ramon Sibiuda)*, Paris 1994.
[41] Sebundus, S. 29*.

chen. Daran schließt Thomas von Aquin unter Rückgriff auf Neuplatonische Quellen an. Einen weiteren Höhepunkt erreicht die Auseinandersetzung um die neuen naturalistischen und rationalistischen Tendenzen damit, daß 1277 der Bischof von Paris 219 Thesen verwirft. Das alles bewirkt aber noch wenig gegen die These der Averroisten von einer – wie sie im Prolog zum Verurteilungsdekret von 1277 apostrophiert wird – »doppelten Wahrheit«. Hiermit ist gemeint, daß man durchaus trennen könne zwischen einer religiösen und einer philosophischen Wahrheit, wobei der Religion selbst durch die Einsprüche der Philosophie kein Abbruch getan werde. Die Glaubensartikel können wahr bleiben, auch wenn sie vor der Kritik der Philosophen nicht bestehen können. Damit droht freilich die Philosophie sich gegenüber der Theologie zu verselbständigen. Außerdem ist zu erwarten, daß mit der Konzession der Unzuständigkeit in Glaubensfragen die Lizenz zur freigeistigen Kritik als ein Angebot erscheinen muß, nun unter dem Schutz der Glaubensartikel selbst diese mehr und mehr zu unterminieren. Denn es ist abzusehen, daß die Folgerungen aus den neuen Vernunftgründen auch vor der doktrinären Tradition nicht halt machen würden. Was nun aus der Sicht der Orthodoxie gefordert war, war deshalb eine Möglichkeit, die Kritiker auf eigenem Felde zu schlagen. Zweifelsgründe mußten zu Glaubensgründen werden. Die Vernunft selbst mußte demnach beweisen, was in ihrem Namen zuvor in Frage gestellt wurde. Einen Schritt in diese Richtung unternimmt Raimundus Lullus mit seinem Versuch, notwendige Beweise für die Dreieinigkeit zu liefern. Die Mysterien selbst sollen sich nun erklären lassen. Die zweite Wahrheit, die von den Aristotelikern in den Bereich des Glaubens, und damit der Irrationalität verabschiedet wird, soll sich mit der ersten Wahrheit des ›lumen naturale‹ als eine und dieselbe erweisen, der Weg der Philosophie sich damit als ein Sonderweg herausstellen lassen, der bei rechtem Licht besehen wieder in den Heilsweg einmünden müßte. So tief wie die Irrationalität des Glaubens zuvor erschien, so hoch soll nun die Vernunft die Einsicht in die Nähe der Gottesweisheit tragen.

Die Versuche einer Apologie, mit deren Hilfe der Glaube der Kirchenväter bewahrt werden sollte, zeigen aber damit zugleich auch ein anderes Gesicht, sobald man sie vom Standpunkt der Modernen aus betrachtet. Denn von hier aus gesehen erscheint der nun begangene Weg rationaler Glaubensbegründung als ein Entgegenkommen in Richtung auf die anbrechende Renaissancekultur. Das Werk der Apologeten versteht sich damit als deren Intention geradezu entgegengesetzt, in der materiellen Übereinstimmung von Anfang und Ende wird dies aber durchaus plausibel. Die rückblickende Verteidigung schlägt in fortschrittliche Begründung um, weil das Mittel zur Konservierung der Sache bereits den neuen Anstrich verleiht. Raimundus Lullus und seine Nachfolger leiten demnach ihrerseits nun »innerhalb der Theologie« einen ersten »Geburtsakt der modernen Autonomie des Denkens«[42] ein, wie Friedrich in dem Zusammenhang bemerkt.

B. Theologischer Vorbote einer neuen Rationalität

Auf eine ganz besondere Weise soll dies nun für Montaignes theologische Vorlage gelten, in die er die Zweifel seines Jahrhunderts einschreiben wird. Die *Theologia naturalis* hat, wie die verschiedenen Titelerläuterungen durch den Zusatz »liber creaturarum« bzw. »liber creaturarum sive de homine«, wenn nicht sogar »specialiter de homine« schon früh bezeugen«, zum einen eine weitaus größere Reichweite als die einer ›natürlichen Theologie‹ im engeren Sinne. Es geht Sebundus ganz offenbar nicht nur darum, die Natur konform der Schöpfungslehre als vernünftig darzustellen, sondern auch um eine theologische Grundlegung des christlichen Glaubens in seiner Totalität[43]. Der Grund alles Kreatürlichen steht zur Debatte. Zum anderen wird dieser Grund nun von einem Gesichtspunkt aus betrachtet, der Sebundus weit stärker als alle seine Vorgänger in die Nähe des Renaissance-Humanismus rückt. Denn anders als die möglichen Gewährsmänner des Hochmittelalters stützt Sebundus seine Verteidigung der christlichen Dogmen weder auf die Kirchenväter, noch auf die Heilige Schrift selbst[44]. Allein die natürliche Einsicht wird zur Beglaubigung in Anspruch genommen. Während nun die ›Summen‹ dem Lernenden die Theologie vom Standpunkt Gottes aus nahezubringen versuchen, kündigt das Buch des Sebundus an, vom Menschen auszugehen. Warum der zweite Editor sich genötigt gefühlt hat, die Konzentration auf den Menschen im Zusammenhang mit der Schöpfung mit einem »besonders« hervorzuheben, wird dabei bald klar. Auch gegenüber Lullus und seiner ›großen Kunst‹ selbst geht Sebundus nun nämlich methodisch deutlich auf Distanz. Die Verlagerung der Beweisgründe in einen Bereich jenseits der Autoritäten endet jetzt nicht wie selbstverständlich bei der formalen Vernunft, die ihrerseits mit transzendenten Gründen wieder urgieren kann, mit der göttlichen übereinzustimmen oder ihr wenigstens nicht zu widersprechen. Das Menschliche, von dem auszugehen ist, läßt sich nicht umstandslos in logisch struk-

---

[42] Friedrich, (a.a.O.), S. 95.
[43] Vgl. dazu: E. Colomer, *Raimond Sebond, un humaniste avant la lettre*, in: Études montaignistes VI: Montaigne, *Apologie de Raimond Sebond. De la Theologia à la Théologie*, (a.a.O.), S. 50 ff.
[44] Vgl. Sebundus, S. 32*.

turierten Beweisketten fixieren. Es liegt nun vielmehr in einer dem Menschen besonderen Weise der »Erfahrung«. Anders als bei den Studien »aller Doktoren der gesamten Heiligen Schrift«[45] baut Sebundus damit seine Beweise nicht mehr auf Deduktionen auf, sie sollen vielmehr »per experientiam«[46] geliefert werden. Weder »Grammatik, noch Logik, noch eine der sieben ›artes liberales‹, noch Physik, noch Metaphysik«[47] werden nun mehr vorausgesetzt. Didaktisch wird damit auch kein umfassendes Studium der Theologie und Philosophie mehr gefordert. Sebundus will »infra medium mensem«[48], sei es Lernende oder Zweifler überzeugen können und damit dem Interessierten die sonst notwendigen »hundert Jahre«[49] gelehrter Auseinandersetzung mit den Spezialisten des Fachs ersparen. Fast ist der Adressat des Sebundus damit schon ein Vorläufer des Cusanischen »Idiota«. Selbst der Natur noch näher als der versierte Theologe kann er sich über die Spitzfindigkeiten der scholastischen Begriffskunst hinweg bereits einer natürlichen Vernunft anvertrauen. Auch wenn er noch nicht wie bei Nikolaus in einen Dialog eingebunden wird, sondern dem Traktat folgen muß, auch wenn ihm nicht das Selbstbewußtsein unterstellt wird, im Stande zu sein, eine eigene Welt von ›Konjekturen‹ aus sich heraus hervorzubringen, er vielmehr rezeptiv seine Erfahrungen macht, ist er freilich ein geeigneter Kandidat, dem späteren ›homme naturel‹ die ersten Züge zu verleihen. Montaigne wird nicht zufällig die Sebundische Rücksicht auf den Laien besonders schätzen.

C. Das Konzept der Erfahrung als Schlüssel zum Gottesverständnis

Der Terminologie nach kann Sebundus für seinen Erfahrungsbegriff an das Augustinische Konzept der »Illumination«[50] anknüpfen. Beim Autor der *Soliloquien* bedeutete es noch eine besondere Art der ›Erleuchtung‹, durch die dem Menschen mit der Gnade Gottes Gründe geliefert werden, auf die eine bloß natürliche Vernunft von alleine weder kommen kann und auf deren Wahrheit sie entsprechend auch keinen genuinen Anspruch hat. Bei Sebundus ist nun mit der »Illumination« zwar auch eine Erfahrung gemeint, die von der menschlichen Vernunft alleine auf formalem Wege nicht hervorgebracht werden kann. Daß es sich dabei aber um eine

---

[45] Ebd., S. 29*.
[46] Ebd., S. 33*.
[47] Ebd., S. 30* f.
[48] Ebd., S. 32*.
[49] Ebd., S. 34*.
[50] Vgl. ebd., S. 26*.

›Erleuchtung‹ handelt, entscheidet sich nicht mehr mit Blick auf Gott, sondern mit Blick auf den Menschen. Nur was dem Menschen einleuchtet, was ihm evident ist, verdient den Titel der Wahrheit. Die ›adaequatio‹, in der die Wahrheit liegen soll, ist nun zwar immer noch eine, die sich auf die Übereinstimmung der menschlichen Vernunft mit Gottes Weisheit berufen muß; die Frage aber, wie sich diese Übereinstimmung feststellen läßt, gewinnt nun ›humanere‹ Züge. Kein externes Kriterium, kein Dogma und keine Wissenschaft kann wie bisher die Entscheidung darüber abnehmen. Auch wenn die Heiden mangels ›Erleuchtung‹ die Wahrheit nicht aufnehmen können, so muß doch jeder Christ »sine magistro«[51] nun aus eigener Kraft den Weg zum Wissen aus sich selbst heraus finden können, »cum homo sit naturaliter rationalis«[52].

Davon, wie der Mensch sich und die Schöpfung mitsamt ihrem Schöpfer versteht, hängt nun auch seine Stellung innerhalb der Schöpfung ab. Hier entscheidet sich die Frage nach der Art des Beginns eines autonomen Denkens »innerhalb der Theologie«. Sebundus nimmt bei der Ortsbestimmung des Menschen eine folgenreiche Veränderung vor. Er versteht nicht zuerst die Schöpfung und erläutert dann aus diesem Verständnis heraus den Platz, der dem Menschen im Kosmos zukommt. Er versteht als Mensch vielmehr zuerst sich selbst und dann die Schöpfung. Da das eine auch in diesem Fall vom anderen nicht zu trennen ist, kann man auch sagen, die Gestalt der Schöpfung wird aus dem Selbstverständnis des Menschen hergeleitet. Die Ordnung des Kosmos ergibt sich aus der Einsicht des Menschen in sein eigenes Wesen, die Bestimmung des Orts des Menschen ist damit von der Art, wie er sich selbst begreifend die Welt und ihren Ursprung begreift, nicht mehr zu trennen. Der Mensch ist damit in einer ganz neuen Weise zum Maß seiner selbst und aller Dinge geworden.

Deutlich wird dies an dem Verhältnis, in das Sebundus nun die beiden ›Bücher‹ setzt, aus denen alles Wissen und Wahrheit gewonnen werden muß. Hier hatten ja bereits die Aristoteliker des Mittelalters angesetzt, um Raum für ein neues Naturverständnis zu gewinnen. Indem man die Wahrheiten der Bibel, – die eine Weise, in der sich Gottes Weisheit zeigt, – von den Wahrheiten des ›Buches der Natur‹ trennt, lassen sich neue Konzepte verwirklichen, die im orthodoxen Weltverständnis unter das Verdikt der Ketzerei fallen. Sebundus will nun genau den umgekehrten Weg gehen. Wenn sich zeigen läßt, daß man das Buch der Natur mit dem Buch der Bücher in Übereinstimmung bringen kann, fallen auch die Gründe der

---

51 Ebd., S. 37*.
52 Ebd.

Naturphilosophen weg, an der Wahrheit der Bibel zu zweifeln. Glauben und Wissen wären dann wieder eins.

Originell wird nun der Ansatz der ›natürlichen Theologie‹ durch die Quelle, aus der die Gemeinsamkeiten geschöpft werden sollen, mit deren Hilfe die beiden ›Bücher‹ Gottes eine fortlaufende Geschichte ergeben. Eine »Wissenschaft vom Menschen«[53] will Sebundus für seine Beweiszwekke entwerfen, und dies aus folgendem Grund: fordert man nämlich nach dem Stil der Neueren »certitudinem et evidentiam claram«[54], dann muß man zuvor nach dem Wert des »Zeugnisses des Zeugen« fragen, das für die »deutliche Evidenz und Sicherheit« bürgt. Nun bedarf es eines Zeugen, der unbestechlich genug ist, um auch die Zweifler zufriedenzustellen. Weiter stellt Sebundus fest, daß die geforderten Zeugen umso mehr »Glauben und Glaubwürdigkeit« verbreiten, als »sie uns nahestehen«[55]. Und nun wird die Weiche für alles weitere gestellt. Anstatt nämlich nun umstandslos Gott als denjenigen zu bestimmen, der uns am nächsten steht und schon allein des Titels eines spirituellen Intimus wegen die größte Glaubwürdigkeit verdient, wendet Sebundus den Blick vom Himmel auf die Erde zurück und erklärt: »nichts ist uns näher als wir uns selbst« – »nulla res magis vicina [...] quam ipsamet sibi«[56]. Um Sicherheit zu erlangen, muß man also »in sich zurückkehren«, man muß »in sich wohnen«[57]. Der Rang, der dem Menschen als dem einzigen Quell der Gewißheit zukommt, ist damit auch schon bei Sebundus kaum hoch genug einzuschätzen. Im Gefolge des Duns Scotus kann er nun behaupten, »der Mensch ist der würdigste, überlegenste und vollendetste Gegenstand dieser Welt«[58].

Alles kommt bei diesem Unternehmen einer »scientia de homine« nun darauf an, wie der Bereich, in dem wir Erfahrung haben, auf die wir unser Wissen aufbauen können, mit dem Bereich zur Deckung gebracht werden kann, in den unsere Erfahrung nicht hineinreicht. Anders gewendet: wie kann sich das Wissen, das wir in uns von der Natur entdecken, mit dem Wissen verbinden, das gewöhnlich als eines angesehen wird, das unsere intellektuellen Kräfte übersteigt?

Der Ausgangspunkt für das Wissen von der Natur ist nun nach Sebundus der Umstand, daß wir die Natur in uns schon vorfinden, daß wir, so wie der Mikrokosmos den Makrokosmos spiegelt, in uns alle Eigenschaften vereinen, die auch das Wesen der Natur im Ganzen ausmachen. So sind

---

53 Ebd., S. 26*.
54 Ebd., S. 40*.
55 Ebd., S. 41*.
56 Ebd., S. 42*.
57 Ebd., S. 44*.
58 Ebd., S. 47*.

wir selbst Subjekt und Objekt zugleich, und die Sicherheit unseres Wissens von der Natur leitet sich aus dem Fehlen jeglicher Distanz zwischen Erkennendem und Erkanntem her. Sebundus setzt hier ganz offenbar bereits einen ersten Maßstab für die Neuzeit, den Descartes an seinen Gedanken von der Unbezweifelbarkeit des »ego cogito« anlegen wird.

Der Ausgangspunkt für das Wissen von Gott ist nach Sebundus der Umstand, daß wir in uns ein Wissen von Gott vorfinden, das uns nun zwar nicht erlaubt, die Glaubensinhalte zu deduzieren; in diesem Fall, so Sebundus, würden wir unser Vermögen maßlos überschätzen. Eine Metaphysik der Art bedeute »für den Menschen schiere Eitelkeit, da er sich ihrer auf schlechte Weise« bediene und so »in sein Verderben laufe«[59]. Es erlaubt uns aber, in einer Analogie Gott in demselben Verhältnis zu allem Geschaffenen zu denken, wie zuvor der Mensch in seiner Stellung zur bewußtlosen Natur bestimmt wurde. So wie das endliche Individuum als Subjekt die eigene Natur, die dabei doch alles Natürliche umfaßt, als Objekt in sich enthält und sich auf sich der Möglichkeit nach beziehen kann, so bezieht sich Gott in seinem Wort auf Mensch und Natur in Wirklichkeit.

D. Die neue Wendung der Gottesbeweise

Das Wissen um eine solche Analogie setzt sich aus zwei Bestandteilen zusammen. Zuerst übernimmt Sebundus von Anselm von Canterbury den sogenannten ›ontologischen Gottesbeweis‹. Ausgehend von der Wortbedeutung der Vokabel »Gott« entwickelt Anselm im 4. Kapitel des *Proslogion* die Definition, Gott sei das, »worüber hinaus Größeres nicht gedacht werden kann«. Gemeint ist damit, daß Gott dasjenige Wesen sein muß, das im Vergleich zu allem anderen vollkommener zu sein hat. Sebundus ergänzt nun den Schluß auf bekannte Weise: »Quoniam autem melius est esse quam non esse, ideo attribuitur Deo, et dicitur de Deo, et ideo Deus non potest cogitari non esse«[60]. Gott kann nicht als nichtseiend gedacht werden, weil es sonst etwas Besseres als Gott gäbe.

Verwandt mit dieser Form der Argumentation ist die ›technische‹ Wendung der logischen Herleitung zum sogenannten ›kosmologischen Gottesbeweis‹[61]. Sowenig die Vollendung der natürlichen Dinge von den Dingen

---

[59] Ebd., S. 32*.
[60] Ebd., S. 83.
[61] Spezifischer verstanden kann das Argument als sogenannter »Stufenbeweis« gelten, in dem der Ursprung der Bewegung und des Hervorbringens alles Seienden mit der Rangordnung des Geschaffenen in Zusammenhang gebracht wird. Vgl. dazu Th. v. Aquins »vierten Weg«, Gott zu beweisen, in: ders., *Summe der Theologie*, I, 2, 3, sowie

selbst stammen kann, sowenig hat der Mensch seine eigene Perfektion hervorgebracht. Denn für den Schöpfer gilt, daß er dem Geschaffenen überlegen ist. Auch hier sagt Sebundus, »jemand größeres als du hat dir gegeben, was du hast«[62], und meint mit der Größe Gottes wiederum den überlegenen Grad der Perfektion. Descartes wird bei seinen ›angeborenen Ideen‹ auf eine ähnliche Wendung zurückgreifen müssen, um das Gespenst eines ›genius malignus‹ für den über Zweifelsfreiheit Meditierenden unter Kontrolle zu bringen.

Für Sebundus allerdings scheint nun der Nachweis der Existenz Gottes noch nicht der Anker zu sein, an dem das zum Zweifel triftende Wissen von Gott festgemacht werden müßte. Formal bewiesen ist wohl die Existenz des höchsten Wesens, was aber dessen Verhältnis zur Wahrheit ausmacht und welches Wissen wir davon haben, ist noch nicht ausgemacht. An dieser Stelle kann Sebundus nicht umhin, der negativen Theologie ihren Tribut zu zollen. Denn der Gott, der als die schlechthinnige Perfektion gedacht ist, läßt sich zwar aus seinem Begriff ›beweisen‹. Er verliert aber eben in diesem Beweis auch ein Stück seiner Allmacht. Wer sich in Klauseln und Schlüssen begrifflich fassen läßt, läßt sich auch in seinem Verhalten festlegen. Auch Gottes ureigenste Akte müßten sich demnach nach dem Maßstab der menschlichen Vernunft einsehen lassen. Von jeher hat aber die christliche Theologie auch auf dem Voluntarismus des Allwissenden bestanden. So sehr sich der Christenmensch mit seiner Theologie auch müht, der göttliche Ratschluß bleibt ihm immer noch verborgen.

Erst wenn deshalb gezeigt werden kann, daß unser natürliches Wissen mit dem göttlichen auch auf eine andere Weise in Einklang gedacht werden kann, verdient die »scientia de homine« mit Recht ihren Titel. Und so bekommt auch der Existenznachweis Gottes erst seinen vollen Wert, wenn sich mit dieser Existenz etwas verbinden läßt, was das Wissen des Menschen der wahren göttlichen Weisheit näherbringt. Es muß in einer Form der ›devotio moderna‹ gesucht werden, die sich explizieren läßt, ohne die Freiheit der göttlichen Entscheidung einzuschränken und zugleich aber mehr ist als ein bloßes Sichversenken in ein konturenloses Jenseits der Begriffe.

A. v. Canterbury, *Monologion*, cap. 4. Der Grundgedanke des Beweises findet sich bei Augustinus, *De trinitate*, VIII, 3, 4–5.

[62] Sebundus, S. 9.

E. Der hermeneutische Gottesbeweis

Damit setzt hier nun ein weiterer Beweisgang ein, der von einigen Kommentatoren nicht zu Unrecht ein »hermeneutischer«[63] genannt wurde. Sebundus fragt nicht zuerst nach dem Wesen Gottes und seinem Wissen, sondern nach der Art, wie dieses Wissen erscheint. Er fragt nicht nach dem Dogma, sondern nach dem Erscheinungsbild des Textes, in dem der Glaubenssatz als ein unbedingter dargestellt wird. Um nun plausibel zu machen, daß es sich bei der Heiligen Schrift tatsächlich um das Wort Gottes handelt, geht er in drei Schritten vor. Zuerst geht es dabei um den Kontext, in dem die Glaubensartikel stehen. Dann stellt sich die Frage, wer der Autor dieser Artikel ist. Wäre es nicht möglich, so der zu prüfende Einwand, daß der Inhalt der Bibel aus der Feder des Menschen stammt? Wie zeigt sich die Hand des Schöpfers im Gegensatz zum Stil des Geschöpfes? Schließlich ist es die Frage, ob es sich in der Bibel tatsächlich um das ›verbum proprium‹ handelt, dessen Erscheinungsweise darauf zugeschnitten ist, den Adressaten zu ›erleuchten‹ und ihm ins Gewissen zu reden[64].

Die ganze Prüfung läuft dabei auf die Frage nach der Originalität der Schrift hinaus. Das betrifft zum einen die Form. Hat sich je ein Mensch auf diese Art und Weise ausgedrückt? Findet sich die Wahrheit an irgend einer anderen Stelle so kategorisch ausgesprochen, die Imperative so peremptorisch aufgestellt? »Dieses Biblische Buch hat eine einzigartige Form«, stellt Sebundus in diesem Zusammenhang fest, und begründet dies auf eine Art, die die Tür zum späteren Fideismus ein gutes Stück weit aufstößt. Es würden nämlich »in ihm weder Beweise noch Gründe geliefert [...] und auch keine Argumentationen, um jene zu stützen, die dort gesagt werden, sondern einfach und ohne Beweis sagt und bestätigt Er alles«[65]. Die Autorität, die sich in dieser Weise zu sprechen äußert, ist nach Sebundus so hoch anzusetzen, daß »Gott aufs Wort geglaubt«[66] werden müsse. Auf den Inhalt der Glaubenssätze gemünzt führt dies nun zu dem fast paradoxen Ergebnis, daß »wir umso mehr den Worten und den Aussagen der Bibel glauben müssen, weil sie nicht bewiesen sind, als wenn sie bewiesen wären«[67]. Der Versuch, den Rationalisten unter den Gegnern der Orthodoxie Gründe für die diskursive Vernünftigkeit der biblischen Mysterien zu liefern, stößt hier an seine Grenze. Vernünftig ist für Sebundus

---

[63] Vgl. dazu A. Guy, *La Theologia naturalis en son temps*, (a.a.O.), S. 32.
[64] Vgl. Sebundus, S. 307–308. Ich folge hier im wesentlichen der Darstellung von A. Guy, *La Theologia naturalis en son temps*, (a.a.O.), S. 30 ff.
[65] Sebundus, S. 309.
[66] Ebd.
[67] Ebd., S. 310.

gerade, die ›Unvernunft‹ der Glaubensartikel als Ausweis ihrer göttlichen Abstammung und Autorität zu werten. Damit folgt er den Kritikern in ihrer Diagnose, kehrt die Wertung aber vollkommen um. Es sei völlig in der Ordnung, daß die Inhalte göttlicher Wahrheit von Logik und Verstand nicht einzusehen sind. Der Glaube dürfe deshalb wegen seiner Irrationalität aber nicht in ein Jenseits der menschlichen Angelegenheiten exiliert, sondern müsse vielmehr so weit es überhaupt geht in das Leben integriert werden.

Für diese erstaunliche Wendung hat Sebundus in der Tat ein Argument. Die Wahrheit, die sich auf diese Weise offenbare, sei nämlich die für den Menschen als Menschen wünschenswerteste und die ihm angenehmste[68]. Sie wird demnach glaubwürdig dadurch, daß ihr Inhalt mit der Natur des Menschen übereinstimmt. Das Wissen, das die Rationalisten der Orthodoxie als die differentia specifica der eigenen Domäne entgegenhalten, wird dabei nun zum Bindeglied zwischen Glauben und Wissen. In der Natur des Menschen liegt es nämlich, Gewißheit dort zu haben, wo der ›Zeuge‹ am nächsten ist, und das ist, wie gesehen, in der Introspektion der Fall. So unergründlich Gottes Wissen nun auch ist, es kommt doch mit dem natürlichen Wissen darin überein, daß es ohne Umwege, rhetorisch ohne Umschweife das weiß und sagt, was ist. Keine Herleitung und kein Beweis aus übergeordneten Prinzipien ist nötig, wo sich nichts Täuschendes zwischen Wissenden und Gewußtes stellt. Für die Bibel heißt das, »nihil propinquius Deo quam verbum ejus; [...] incorruptibilis, permanens in aeternum«[69] – »nichts ist Gott näher als sein Wort, unvergänglich und in Ewigkeit dauernd«. Dabei ist nicht nur das biblische Wort als Ausdruck wesenstreuer Spiegel des Göttlichen, auch die »creaturae« tragen in sich »aliquod signum«[70], an dem sich ihre göttliche Herkunft ablesen läßt und sie somit in den Bereich einer unmittelbaren Selbstidentität Gottes eingliedert.

Zumindest also auf formaler Ebene läßt sich für Sebundus ohne Umstände von der Selbstreflexion des Menschen auf die Wahrheit Gottes schließen. Es scheint nun so, als sei in der Tat eine schiere Selbstreflexion schon Ausweis genug für eine Glaubenssicherheit, die im Wissen gründet. Die unmittelbare Kongruenz von Wissendem und Gewußtem in der Form eines selbstreflexiven Eingedenkens verbindet demnach den Menschen mit Gott und gibt ihm eine neue Dignität. Eine Festlegung darauf aber, daß der Mensch in den Augen des Sebundus seine neuen ›quartiers de noblesse‹ allein wegen einer abstrakten Selbstbeziehung bekommt, erweist sich als

---

[68] Vgl. dazu ebd., S. 89 ff.
[69] Ebd., S. 325.
[70] Ebd., S. 308.

verfrüht. Zweifellos würde eine solche Lesart Sebundus wiederum in einem radikalen Sinne zu einem Modernen machen. Allerdings führte die Abstammungslinie vor allem ausgehend vom kosmologischen Gottesbeweis fast auf direktem Wege zur Cartesischen Strategie der Zweifelseliminierung. Die so gewonnene Sicherheit der Existenz Gottes würde sich mit einer Erklärung der Form des Ich zum exklusiven und damit einzigen Inhalt verbinden und der neuzeitlichen Reflexionsphilosophie mit der Betonung selbstreflexiver Erkenntnisstrukturen entgegenkommen.

Mehr als auf einen formalen Abgleich der Wesensprädikate kommt es Sebundus aber nun darauf an, die Analogie zwischen göttlichem und menschlichem Selbstbezug auch durch Parallelen inhaltlicher Bezugnahme zu stützen. Während der ontologische wie der kosmologische Gottesbeweis nur von den endlichen Begriffen des Menschen und den endlichen Substanzen auf das unendliche Wesen Gottes schließen lassen, eröffnet der ›hermeneutische Gottesbeweis‹ die Möglichkeit, nun umgekehrt ausgehend von der unendlichen Wissensvielfalt Gottes in seinem Selbstbezug Folgerungen für die Explikation des Selbstbezuges eines endlichen Geistes zu wagen. So wie Gott in seinem Wissen von sich unendlich viele Seinsmöglichkeiten entwirft, so kann nun auch der auf ›hermeneutischem‹ Wege in sich gehende Mensch auf einen Facettenreichtum des eigenen Seins stoßen, der die bislang endlich geglaubten Grenzen der Existenz übersteigt. Dazu kommt es nun für den Menschen darauf an, zu einem angemessenen Verständnis der verschiedenen Weisen zu kommen, in denen sich Gott dem Menschen mitteilt. In der Mitteilung selbst eröffnet sich dann die Möglichkeit, an der unendlichen Seinsfülle Gottes auf endliche Weise teilzuhaben. Es wird dabei gerade die Art sein, wie sich die Identität des Menschen im Bezug zu sich und zur Welt herstellt, die für die Definitionsleistung des schreibenden Ichs bei Montaigne Bedeutung gewinnen wird.

Systematisch schlüsselt Sebundus die Analogie nun in der Differenzierung des Stoffes der beiden »Bücher« Gottes[71] aus. Mit dem Bild schließt er an einen Topos des mittelalterlichen Platonismus an, der sich seinerseits aus Augustinischen Quellen speist. Demnach ist die Natur der Bibel vergleichbar in dem Sinn, daß, wie es im Prolog bei Sebundus heißt, »jedwedes Geschöpf nichts anderes als ein bestimmter Buchstabe ist«[72], eine »littera [...] digito Dei scripta«. »Aus den vielen Geschöpfen«, heißt es bei

---

[71] Zu Hintergrund und Bedeutung dieser Metapher ist nach wie vor grundlegend H. Blumenbergs Studie *Die Lesbarkeit der Welt*, Frankfurt am Main 1981. Zum Sebundischen Beitrag zur Fortbestimmung des Gleichnisses vgl. das Kapitel: *Der illiterate Laie als Leser des Weltbuches*, (ebd.), S. 58–67.

[72] Sebundus, S. 35*.

Sebundus weiter, sei nun »wie aus den vielen Buchstaben« das eine Buch zusammengesetzt, das »liber creaturarum«[73]. Die letzte Wahrheit ist demnach bereits in die Textur der naturgewordenen Schöpfung eingeschrieben. Noch Bacon wird sich ausgehend von diesem Gedanken darauf berufen, daß wir im Buch der Natur den Ausdruck der Macht Gottes vor uns haben, und uns die Theologie dazu einladen muß, dieses Buch mit Hilfe methodischer Erfahrung tiefer zu ergründen – auch wenn die Weisheiten aus dem »book of God's word« mit denen aus dem »book of God's works«[74] nun nicht mehr völlig deckungsgleich sein können, weil der Mensch seine Kräfte dazu gebrauchen soll, einen »endless progress« der Naturbeherrschung zu initiieren. Bacons Ziel ist es dabei, den Zustand des Paradieses für den Menschen wiederherzustellen. Gemeint ist damit nicht, daß der Mensch erneut wie im Garten Eden in einen Zustand materiellen Überflusses versetzt werden soll, in dem kein echtes Bedürfnis unbefriedigt bleibt. Vielmehr soll der Mensch zu dem ursprünglichen Verhältnis zur Welt zurückfinden, das bestand, als die Dinge noch ihren gottgegebenen Namen gleichsam auf der Stirn geschrieben hatten. So wie nämlich Gott mit der Nennung der Sachen diese zum Sein aufgerufen hat, so soll der Mensch im Stande sein, mit dem nüchternen Zauber des rechten Wortes sich die Welt seinerseits Untertan zu machen[75]. Auch wenn die theologische Absicht des Sebundus noch nicht eine Anleitung zur umfassenden technischen Weltbeherrschung motiviert, so teilt er doch mit Bacon die Voraussetzung, der Sündenfall habe den Menschen nachhaltig daran gehindert, die Zeichen Gottes richtig zu deuten. Deshalb habe es, wie Sebundus seinerseits dem Bonaventura des *Hexameron* folgt, eines zweiten Buches bedurft, das dem Menschen die Augen wieder für die Wahrheit des ersten öffnet. Der Fehltritt des Menschen ist damit der Grund dafür, warum Gott sich ein weiteres Mal offenbaren muß, und zwar in einer anderen Weise als das erste Mal. Gleichwohl erschließt sich so die Natur aber erst wieder als Text, nachdem in der zweiten Offenbarung die Analogie der beiden Bücher als solche evident wird. Im Paradies konnte der Mensch unmittelbar aus den Zeichen Gottes einen Sinn machen. Nach dem Sündenfall entdeckt er die Sinnhaftigkeit der Natur erst wieder durch die göttlichen Zeichen, die ihm in der Offenbarung gegeben werden.

Sowenig wie der Sündenfall rückgängig gemacht werden kann, sowenig ist auch nun auf das Wort Gottes im biblischen Sinn zu verzichten. Das Wissen braucht die Offenbarung, auch wenn uns das Buch der Natur

---

[73] Sebundus, S. 35* f.

[74] F. Bacon, *The Advancement of Learning*, I; 1,3.

[75] Vgl. dazu wiederum Blumenberg, *Die Lesbarkeit der Welt*, (a.a.O.), S. 86 ff.

»connaturalis« ist, während die Heilige Schrift uns als »übernatürlich«[76] erscheinen muß. Anders als Bacon zielt Sebundus aber mit dem Topos nicht darauf ab, bei seinem Gläubiger für die Wahrheit eines neuen empirischen Wissens von der Natur mit Berufung auf dessen Objektivität zu werben; Sebundus fordert vielmehr Kredit für seine Wissenschaft unter Berufung auf deren Subjektivität. Im Bild von den beiden Büchern Gottes erscheint der Mensch deshalb nicht nur als Leser, sondern auch als Inhalt. Hierbei ist er wiederum nicht ein Buchstabe wie jeder andere. »Ipse homo«, der Mensch ist selbst »principaliter littera ipsius libri«[77], er ist der wichtigste und ursprünglichste Buchstabe im Buch der Natur. Was man aus der übrigen Schöpfung nur mit Mühe herauslesen kann, schlüsselt der Mensch sich selbst in Großbuchstaben auf.

F. Mensch und Natur: Selbstbestimmung auf der »scala naturae«

Die Ausnahmestellung, die der Mensch damit in der Schöpfung einnimmt, läßt sich nach zwei Richtungen ausmessen, »duo ascensus seu duae diaetae«[78], zwei Weisen des Aufstiegs oder der Behandlung werden dem Menschen dafür angeboten. Bei der ersten erhebt sich der Blick von den niederen, dem Menschen untergeordneten Kreaturen zum Menschen, bei der zweiten vom Menschen zu Gott. Die ganze Spannbreite der Schöpfung wird so auf zwei »Skalen« ablesbar, der »scala naturae«[79] und der »scala gratiae«. Am Übergang von der einen zu der anderen findet sich nun der Mensch wieder, der nach beiden Seiten Repräsentationsaufgaben zu erfüllen hat. Wie es bei Bacon noch heißen wird – »also he hath placed the world in man's heart«[80] – resümiert der Mensch alle Vollendung, die Gott in der Natur zustande gebracht hat, auf doppelte Weise: zum einen verkörpert er sie, insofern er selbst alle diese Perfektionen aufweist, zum anderen reflektiert er sie, indem er sie als solche versteht.

Sebundus geht nun bei der Graduierung der verschiedenen Naturstufen sehr differenziert vor. Zugrunde liegt dabei einerseits das Schema der christlichen Schöpfungslehre, andererseits kommen vor allem bei den Ausformungen der Details mehr und mehr Einflüsse aus der wiederentdeckten Aristotelischen Naturlehre zum Tragen. In vier Stufen[81] wird nun die

---

[76] Sebundus, S. 37*.
[77] Ebd., S. 36*.
[78] Ebd., S. 49*.
[79] Ebd., S. 50*.
[80] Bacon, *The Advancement of Learning*, (a.a.O.).
[81] Vgl. Sebundus, S. 3 ff.

Graduierung der Wesen unterteilt. Die ›differentiae‹ lauten: »esse, vivere, sentire et intelligere, discernere, velle et nolle libere, sive quae habent liberum arbitrium«[82]. Auf der untersten Stufe findet sich damit alles wieder, was nur über das bloße Sein verfügt, die Mineralien. Auf der zweiten Stufe erheben sich die Kreaturen, die über Leben verfügen – das sind die Pflanzen und Bäume. Auf der dritten Stufe schließlich, die beide vorausgehenden in sich einschließt, so wie das Lebendige schon über das Sein verfügen mußte, finden sich nun die Tiere wieder, weil sie mit Sensibilität ausgestattet sind. Was Sebundus hier auf der dritten Stufe wiederum an feineren Unterscheidungen einführt, läßt sich in Teilen auf die Aristotelische Metaphysik zurückbeziehen. So gliedert sich die Hierarchie unter den Tieren nach der Fähigkeit des Tastsinns, des Gedächtnisses und des Hörsinnes, wobei die Sinne, die Gedächtnis hervorbringen, überlegen machen, ebenso wie der Hörsinn zu Höherem befähigt, weil er beim Lernen vorausgesetzt werden muß[83]. Soviel Fleiß Sebundus nun hier aufbringt, um schulmäßig diese Unterscheidungen ein- und durchzuführen, um eine einzige, ausdifferenzierte und strenge Hierarchie zu schaffen, die innerhalb der Dinge unter dem Mond etabliert wird – so unermüdlich wird Montaigne sein, diese Hierarchie wieder abzubauen. Dabei wird es fast scheinen, als versuche Montaigne, die Fäden einzeln aus dem Traktattext herauszulösen, um das Textmuster in einer ganz eigenen Weise seinem Auslegungszweck anzupassen. In seltener Ausführlichkeit findet sich dabei der Kommentator Montaigne auch auf entlegenen Spuren des Kommentierten wieder. Besonders eine Unterscheidung ist es dann in dem »liber creaturarum«, die Montaignes Aufmerksamkeit auf sich ziehen wird. Es ist der Übergang von der dritten zur vierten Schöpfungsstufe, also die Stelle, an der sich der Mensch von den Tieren und allen anderen Geschöpfen abhebt. Es ist die Verbindungsstelle der beiden Skalen der ›Theologia naturalis‹, an der sich Schöpfer und Schöpfung unmittelbar berühren, an der Werk und Werkmeister in einem Punkt in eins fallen.

Man kann nun eine Bemerkung des Sebundus zum Ausgangspunkt seiner Menschendarstellung nehmen, die eigentlich nur beiläufig gemacht wird, aber dennoch auf etwas hindeutet, was für Montaignes Rezeption der *Theologia naturalis* entscheidend werden wird. Sebundus stellt fest, daß der Mensch im Unterschied zu allen anderen Geschöpfen nur eine einzige Spezies bildet, die trotz ihrer internen Verschiedenheiten sich dennoch als einheitlich darstellt, während die Mineralien, Pflanzen und Tiere in eine Vielzahl von genera und species zerfallen. Das ist nun erstaunlich aus dem

---

[82] Ebd., S. 6.
[83] Vgl. ebd., S. 5, sowie Aristoteles, *Metaphysik*, I, 1.

Grunde, weil dem Menschen ja doch die Aufgabe übertragen wurde, die
Natur in sich zusammenzufassen. Genauer gesprochen heißt das, der
Mensch faßt in sich alle besonderen Eigenschaften zusammen, die die anderen Spezies auszeichnen und vollendet sie in sich selbst. Das kann er nur
tun, weil er über den Intellekt verfügt[84]. Wie aber schafft es der Intellekt,
dieses Problem der Einheit der Menschengattung und der Vielheit der
Spezies, die sich in ihm vollenden sollen, zu lösen?

Zum einen ist es nun wiederum die Selbstreflexion, die eine abstrakte
Einheit mit sich garantiert, egal wie groß die Vielfalt ist, der sich der
Mensch als Spiegel der Schöpfung gegenübergestellt sieht. So bemerkt
Sebundus: »Aber es gibt einen anderen, nur dem Menschen eigenen
›modus‹, durch den er sich im besonderen unterscheidet«. Dieser ›modus‹
bestehe nicht im Haben einer Eigenschaft, sondern im Wissen darum, daß
man hat: »iste modus non est per habere, sed per cognoscere se habere«[85].
Dabei ist allerdings auch hier bereits mehr im Spiel als die bloße Selbstversicherung im Bezug auf den reinen Denkakt. ›Anwendungsbeispiele‹ des
Sebundus zu diesem Gedanken mögen das belegen. So fragt er: »Welchen
Wert hat es und wie nützlich ist es für ein Ding, wie auch immer vortreff-
lich und glänzend zu sein und eine erhabenere Natur zu haben und dabei
nicht zu wissen, daß man sie hat? Wozu ist es gut, einen unendlichen
Schatz zu besitzen und nicht zu wissen oder sich nicht gewahr zu werden,
daß man ihn hat? Welche Freude oder Fröhlichkeit würde man daraus
gewinnen können? Sicherlich keine, und es wäre, als ob es ihn nicht haben
würde. So verhält es sich aber mit allem, das unter dem Menschen steht.
[...] Welchen Ruhm zieht die Sonne daraus, daß sie vortrefflicher ist als alle
anderen Himmelskörper, und die Rose, daß sie die schönste Blume ist? [...]
Die Freude kommt aus der Tatsache, daß etwas weiß, daß es hat, was es
hat, und nicht daraus, daß es hat«[86]. Übrigens zieht Sebundus aus der Tatsache, daß nur der Mensch auf sich selbst reflektieren kann, nicht nur die
unmittelbare Folgerung, daß dem Menschen ein höherer Seinsrang zukommt als den unbelebten und geistig unbegabten Kreaturen. Er macht es
dem Menschen zugleich zur Aufgabe, das bei ihnen Versäumte nachzuholen. So kann also der Mensch »nicht nur sich an dem freuen, was er hat«, er
kann auch zum Beispiel »die ganze Freude, die die Rose als die schönste
Blume an sich haben müßte, empfinden« [87].

---

[84] Vgl. Sebundus, S. 50.
[85] Ebd., S. 117.
[86] Ebd., S. 119.
[87] Ebd., S. 124.

Die Reflexion schafft hier eine Distanz zu den Dingen, die keineswegs unendlich ist. Zwar beruft sich das Wissen auf den Akt seiner Bezugnahme, es verfährt dabei aber nicht tautologisch. Es wiederholt nicht nur die Versicherung des Selbst gegenüber sich selbst, sondern auch gegenüber den Gegenständen, auf die es sich bezieht. Denn diese bekommen nur einen Wert, insofern sie ausdrücklich werden. Die Distanz schafft die Möglichkeit, der Dinge als solchen gewahr zu werden, um sie in den Zusammenhang einer möglichen Identität zu stellen. Der »Schatz« schafft nur im Wissen um seine ›Unendlichkeit‹ den Freiraum, ihn als einen solchen angemessen zur Entfaltung des Selbst zu nutzen. Umgekehrt kann sich das Ich, das sich seiner Eigenschaften als Mittel zur Selbstbestimmung bewußt wird, damit auch seiner Stellung innerhalb eines Kontextes bewußt werden. Die Sonne ist nur dann der »nobelste Himmelskörper«, wenn sie die Ordnung denken kann, in der sie steht. Das aber setzt voraus, daß die eigenen Eigenschaften in der Selbstzueignung zugleich in Bezug treten zu den Merkmalen, die sie bedingen und von denen sie bedingt werden. In der Wertung, die in der Reflexion auf das Selbst zugleich zwischen das Selbst und die Dinge tritt, wäre damit auch die Quelle für die Möglichkeit zu vermuten, bestehende Bezüge zur Welt anders zu denken. Der Freiraum der Reflexion könnte dazu genutzt werden, im Buch der Natur authentische Zuschreibungen zu machen. Das Ich könnte sich in neuer Weise in seinem Mikrokosmos einrichten, die Sonne könnte aus ihrer »erhabenen« Stellung auf einen neuen, eigenen Mittelpunkt des Universums schließen; zumindest könnte der Mensch an ihrer Stelle ein neues Bewußtsein kosmischer Ordnung und Zentrierung zustande bringen. In letzter Instanz rahmt Sebundus freilich solche Überlegungen immer noch in die Ordnung der Schöpfung als ganzer ein, die in sich perfekt und damit so abgeschlossen ist, wie es Gott in seiner Unwandelbarkeit für richtig gehalten hat. Die Reflexion wird also noch nicht zugleich zum Medium der Veränderung von Verhältnissen, die in ihr als solche erst aufscheinen. Allerdings steht auch wiederum die Identität der Schöpfungsordnung im Zusammenhang einer subjektiven Zueignung.

Wenn auch schon in der Distanznahme der Reflexion gegenüber sich selbst und den Dingen der außerordentliche Bezug anklang, der den Menschen wiederum in die Nähe der Dinge und seiner selbst bringt, so ist es nun die zweite Ausformung des Intellekts, der Wille, der den Menschen in einzigartiger Weise mit sich und den Dingen verbindet. Gegenüber der theoretischen Kontemplation der Welt im Spiegel der eigenen Natur ist das zunächst einmal ganz praktisch gemeint. Der Wille ist nun dazu da, die Wertungen, die in der Reflexion den Dingen beigegeben sind, in der Praxis wirksam werden zu lassen. Was der Mensch also im Nachvollzug der We-

sensschau erfährt, ist, daß er als das Seinsbestimmende auch das Wertset-
zende ist, insofern sich in ihm ein Wille äußert, der ihn zur Vollendung
der hiesigen Welt macht. So wird er zum Zentrum der Schöpfung, auf das
hin sich alles orientiert. Sebundus fordert entsprechend den Menschen auf:
»Mensch, betrachte das Universum, und siehe, ob es etwas gibt, was nicht
zu deinem Nutzen gemacht ist. Du siehst, die ganze Natur arbeitet auf ein
einziges Ziel hin: sie sucht deine Nähe und bietet dir ihre Dienste an«[88].
Der Mensch macht sich nicht nur die Welt Untertan; der Umstand, daß
der Mensch über die Natur frei verfügen kann, wird nun dahingehend
interpretiert, daß die Welt sich aus sich selbst heraus am Menschen ausrichtet. Der ontologische Primat des Menschen wird so durch einen teleo-
logischen ergänzt[89]. Die Hierarchie der Geschöpfe wird dadurch dynami-
siert, daß sich innerhalb der Hierarchie nun erneut ein Zentrum der
Bewegung meldet. Möglich wird das durch den Umstand, daß der Mensch
offenbar nicht nur als ein Gehilfe zur Erfüllung des göttlichen Heilsplans
bestimmt wird, sondern eine größere Selbständigkeit zugesprochen bekommt. Diese Selbständigkeit ist nun anders als bei Augustinus nicht von
der Art, daß sie als Erklärungsgrund für das Böse in der Welt die Güte
eines einzigen Schöpfergottes nachvollziehbar machen soll; sie stellt den
Menschen vielmehr in ein Verhältnis zu Gott, das ihn vor allem als den
legitimen Erben seiner Güte erscheinen läßt. Sebundus legt daher großen
Wert darauf, die göttliche Abstammung des freien Willens mit dem ausgezeichneten Status des Menschen in der Natur zu verbinden: »Gott hat dem
Menschen ein großes Geschenk gemacht, als er ihm den Menschen selbst
geschenkt hat. Und er hat ihm damit [mit dem freien Willen, M. G.] ein
größeres Geschenk gemacht, als wenn er ihm das ganze Universum geschenkt hätte, denn der Mensch ist mehr wert als das gesamte Universum«[90]. Begründet wird das mit dem Grad der Perfektion, den der Mensch
mit der Ausstattung des freien Willens erreicht, denn in dem Menschen ist
nun »das Ende und die Vollendung« der »scala naturae« vorhanden, weil
»kein Geschöpf darüber« zu finden ist; der Mensch ist »plena et completa
imitatio, imago et similitudo Creatoris«[91]. Weil der freie Wille durch
nichts Geschaffenes mehr zu überbieten ist, wird er selbst zum »sedes

---

[88] Ebd., S. 123.
[89] Zu den Hintergründen vgl. Colomer, *Raimond Sebond, un humaniste avant la lettre*,
(a.a.O.), S. 57.
[90] Sebundus, S. 132.
[91] Ebd., S. 136.

Dei«[92], zum Sitz Gottes, und der Mensch »erhebt sich« mit dieser Feststellung »bis zur Ähnlichkeit und zum lebendigen Bild Gottes«[93].

Nun ist freilich klar, daß die Apotheose des Menschen hier auf halbem Wege dennoch enden muß. Der Mensch behauptet zwar seine Stellung innerhalb der Natur, vor ihm liegt aber der je neu zu beschreitende Weg der »scala gratiae«, der Aufstieg zu Gottes Weisheit. An der Frage, wie der menschliche Wille sich zum göttlichen verhält, entscheidet sich nun also die Stellung des Menschen zu Gott und der Welt. Ähnlichkeit und Unähnlichkeit zwischen Mensch und Gott bedingen einerseits die Art und Weise, wie die homogene Spezies Mensch die Vielheit der natürlichen Gattungen in sich aufnehmen und repräsentieren kann. Andererseits steht damit zur Debatte, wie sich die Einheit des Menschen mit sich durch die Vielheit der Inhalte konstituieren läßt, die sich wiederum aus Gottes Identität mit sich ableiten lassen. Wie vermittelt sich also die Identität des Menschen durch die Identität Gottes?

G. Mensch und Gott: Selbstbestimmung auf der »scala gratiae«

Man würde völlig fehl gehen, in der Selbstbehauptung des Menschen gegenüber der Natur bei Sebundus ein frühes Zeichen für eine Absolutsetzung des Humanen im Sinn eines thetischen Idealismus zu vermuten. An keiner Stelle nimmt Sebundus Gott etwas von seinem Schöpferstatus zugunsten eines produktiven Ichs, das hervorbringt, indem es vorstellt. Im Gegenteil erinnert er den Menschen daran, daß, »was du bekommen hast, [...] dir von demjenigen gegeben wurde, von dem alle anderen Wesen bekommen haben, was sie sind. Du gehörst also demjenigen, dem alles gehört. *Jemand größeres als du* hat dir gegeben, was du hast«[94]. In besonderem Maße gilt dies nun für das Göttlichste, was der Mensch vorweisen kann. Da der Mensch sich selbst den freien Willen nicht geben konnte, bedurfte es der Voraussetzung eines »artifex«[95], eines allmächtigen Ingenieurs. Nur diesem kommt es zu, aus dem Nichts zu schöpfen. Sebundus begründet dies wiederum mit der Einzigartigkeit der Schöpfung, die ihre Originalität aus dem Plan bezieht, der in seiner Ordnung und Perfektion nur von Gott selbst kommen kann[96].

---

[92] Ebd., S. 135.
[93] Ebd., S. 136.
[94] Ebd., S. 9.
[95] Ebd., S. 8.
[96] Vgl. ebd., S. 70–71.

Zwar ist der Wille nun frei genug, über die unmenschlichen Geschöpfe zu verfügen, sie sich nutzbar zu machen. Er steht dabei aber immer in der Verantwortung, seiner Freiheit im Sinne einer moralischen Vollendung der Welt gerecht zu werden. Wo er die Bahn des Heilsplans verläßt, entfernt er sich nicht nur von Gott. Er entfernt sich, und das erschließt sich wiederum aus der neugewonnenen Perspektive der »scientia de homine«, auch von sich selbst. Denn »je mehr du dich der Geschöpfe durch das Wissen näherst« – und das Wissen läßt sich ja nur unter der Voraussetzung der eigenen Wesensvollendung konsistent denken – »je mehr gehst du auf dich selbst und auf deinen Schöpfer zu; je mehr du dich von den Geschöpfen entfernst, je mehr entfernst du dich von dir und deinem Schöpfer«[97]. Die Inhalte, die der Wille als ein freier sich vornimmt, sind also wiederum nur gottgegebene Inhalte. Es scheint nun ganz so, als sei der Mensch in höchstem Grade ein geworfenes Wesen, das seinen Anspruch, die Krone der Schöpfung zu sein, nur um den Preis einlösen kann, selbst unschöpferisch zu bleiben.

Allerdings schafft es Sebundus an diesem Punkt, in der Tat über die Augustinische Willenslehre ein Stück hinauszukommen und in das menschliche Sein Ansätze eines Entwurfcharakters einzuzeichnen. Noch bevor nun die Auseinandersetzung mit Gott um das Heil des Menschen in die Bahnen einer patristischen Lehre einmündet, setzt Sebundus einen Modus der Bezugnahme an, der jeder Selbstfindung in Gott vorauszusetzen ist. Es ist nach Sebundus die Eigenschaft des Menschen, die ihm allererst Persönlichkeit verleiht. Er lokalisiert sie in dem »amor«, in der Liebe. Zwar kann nur der Wille überhaupt dem Menschen etwas geben, aber »primum quod dare potest est amor«[98], das erste Geschenk ist die Liebe.

Die Liebe wird von Sebundus demnach als etwas vorgestellt, was nicht im natürlichen Lauf einer Entwicklung vorgesehen sein muß. Das Geschöpf erhebt sich durch sie zu einer Freiheit, die es im bloßen Empfangen bestimmter Eigenschaften nicht haben könnte. So wie die Freiheit nun im Ursprung des freien Willens Ursache der Liebe ist, so ist umgekehrt die Liebe erst das, was den Menschen zur Freiheit tauglich macht. Sie ist es, in dem die Freiheit zur Erscheinung kommt. Sebundus macht das deutlich, indem er die Liebe als das bezeichnet, was dem freien Willen allererst seinen wahren Wert verleiht.

Was die Liebe selbst ausmacht, beschreibt Sebundus in fast mystischen Worten: »Die Liebe« habe »die Kraft und die Tugend zu vereinigen, zu verändern, umzuwandeln und zu transformieren« – »vim et virtutem

---

[97] Ebd., S.76.
[98] Ebd., S.148.

uniendi, mutandi, convertendi, ac transformandi«[99]. »ideo [...] amor mutat
rem amantem in rem amatam« – »deshalb verwandelt die Liebe das Liebende in das Geliebte«[100]. So kommt es, daß die Liebe auch den Willen
verändert. Aus dem Umstand, daß dieser sich in ihr manifestiert, folgt
entsprechend, daß er »den Modus, die Form und Natur der geliebten Sache
annimmt«[101]. Die ›unio mystica‹, die auf diese Weise entsteht, erstreckt
sich zuerst einmal weit über eine unmittelbare Einheit mit Gott hinaus. So
erklärt Sebundus: »Wenn daher der Wille die Erde liebt, wird sie irdisch
genannt. [...] Und wenn sie die toten und stummen Dinge liebt, wird sie
tot und stumm genannt. Wenn sie die ›brutalen‹ und ›bestialen‹ Dinge
liebt, so wird sie tierisch genannt. Und wenn sie den Menschen liebt, dann
menschlich. Und wenn sie Gott liebt, dann heißt sie göttlich. [...] Und so
kann der Mensch durch die Liebe ein anderes Wesen annehmen«, –
»mutari« sagt der lateinische Text – »sich verändern und umwandeln, in
ein edleres Wesen oder ein niedrigeres«[102].
Was die Liebe hier schafft ist nun zweierlei. Zum einen setzt sie den
Menschen in eine neue inhaltliche Beziehung zu den Dingen der Welt. War
es zuvor nur die theoretische Schau, die in der Selbstversicherung des »se
habere« sich auch formal auf alles bezog, was der Mensch sich wissend
aneignen kann, so ist es jetzt ein praktischer Umgang, der in der
›Vereinigung‹ mit den Dingen diese für das Sein des Menschen inhaltlich
erschließt. Hier kann der Geschichtsschreiber der Renaissance einen Keim
für die kommende Selbstentfaltung des Ichs ausmachen, die sich auf ein
Ideal einer vollkommenen Entfaltung aller fördernswerten Eigenschaften
des Menschen berufen wird. Hierbei kommt es darauf an, daß der Mensch
seinen Bezug zu den Dingen der Welt vervielfältigt. Der Wille äußert sich
dann im wesentlichen als Ingenieursgeist, der die Umwelt des Menschen
neu gestaltet und auf ihn ausrichtet.
Zum anderen geht die Liebe aber nicht in einer Gegenstandskonstrukti-
on auf. Diese erscheint vielmehr als eine Abstraktion der Vermittlungslei-
stung, die sich noch in der ›Union‹ mit den Dingen verbirgt. Die Liebe, die
»gegenständlich« ist, stammt aus demselben Vermögen, das die »menschliche« wie die »göttliche« Liebe aus sich hervorbringt. In der Vereinigung,
die in der Liebe angestrebt wird, ist es demnach weniger der Bezug auf die
Dinge, denn der Bezug auf das ›transformierende‹ Beziehen selbst, das
seinen Grund in der Liebe hat. Hierin ist es nämlich nicht nur der Gegen-

[99] Ebd., S. 172.
[100] Ebd.
[101] Ebd., S. 173.
[102] Ebd.

stand, der nach dem Willen des Menschen verändert wird, sondern auch
der Wille selbst, der, in der paradoxen Formulierung des Sebundus, nun
zum Gegenstand wird wie der Gegenstand zum Willen. Das Liebende wird
mit dem Geliebten eins. Was so die verschiedenen Ausformungen der Liebe ›anzeigen‹ ist mehr eine jeweilige Seinsweise des Menschen, die Form, in
die er seine Existenz kleidet, denn der konkrete Wille, auf die Natur ver-
ändernd einzuwirken.

Erstaunlich ist dabei, welche Vielfalt Sebundus an Seinsmöglichkeiten für
den Menschen vorsieht. Es scheint nun so, als sei es dem Menschen möglich, auf jeder der vier Stufen der Schöpfung ein Pendant seiner Liebe zu
finden. Die Natur des Menschen begegnet hier verschiedenen Formen der
Abschattung ihres eigenen Wesens. In Sebundus' Augen sind dies allerdings
nur Möglichkeiten, das wahre Wesen des Menschen zu verstellen. Denn
jedesmal, wenn der Mensch seine Liebe an Kreatürliches verschenkt, bringt
er sich um das, was er eigentlich ist, also auch sein sollte. Es droht die Vergegenständlichung des Seins. Jede Veränderung durch die Liebe »debet esse
in melius et nobilius, et non in inferius sibi«[103]. Da der Wille selbst
»intellectualis et spiritualis«[104] ist, darf er sich nicht mit Körperlichem und
Irdischem einlassen. Nur Gott ist der wahren Liebe des Menschen würdig.
Auch hier ist wiederum interessant zu beobachten, wie Sebundus seine
Lehre erläutert. Anstatt das Pathos einer geistigen ›Exaltation‹[105] zu bemühen, zieht er zum Vergleich die Lage eines »armen Mannes« heran, der
»sechs oder acht Töchter« hat und nun darauf hoffen muß, daß er sie mit
einer »guten Partie«[106] versorgt, weil zugleich mit der Heirat die Töchter
in ihrem sozialen Status – Sebundus staffelt die Beispiele vom »matri-
monium« mit einem »rusticus« bis zum »imperator«[107] – zu dem der Ehe-
männer aufrücken. So also, wie der »homo pauper« für seine Töchter hoffen muß, so der Mensch für seine Seele.

Ganz in traditionale Bahnen scheint Sebundus nun einzumünden, wenn
er jede Liebe, die nicht Gott allein gewidmet wird, als eine Form der
Selbstliebe apostrophiert. »amor sui ipsius«[108] und »amor proprius seu
privatus«[109] verführen uns dazu, von unserer wahren geistigen Natur Abstand zu nehmen. Hier ist dann auch der Ursprung für die Laster zu su-

---

103 Ebd., S. 174.
104 Ebd., S. 175.
105 Vgl. ebd., S. 181, wo Sebundus das Aufsteigen »ascendere« als ein »exaltari« bestimmt.
106 Ebd., S. 180 f.
107 Ebd.
108 Ebd., S. 184.
109 Ebd., S. 189.

chen: als da sind die Eitelkeit – »vanitas«, körperliche Lust »amor delecta-
tionis et voluptatis«, die Formen der Ausschweifung – »luxuria et gula«
und die Hab- und Geldgier – »amor inordinatus rerum exteriorum et ma-
xime pecuniarum«[110]. Die Liebe, die den Wert in die Dinge legt und den
liebenden Menschen damit den Dingen, seien sie menschlicher oder anderer natürlicher Art, ähnlich macht, ist nun nichts anderes als die privative
Form eines Selbstseins. Der »amor proprius« zeigt damit eine Richtung an,
die von den Dingen weg weist, obwohl ihnen gerade die Liebe des fehlge-
leiteten Menschen gilt.

Verständlich wird dies nun, wenn man die Sebundische Erweiterung des
Liebesgebots ernst nimmt. Gott zu lieben bedeutet nämlich jetzt zwar
einerseits wohl wieder, alle Menschen zu lieben ohne Unterschied, und
zwar einzeln, insofern sie Menschen schlechthin sind und insofern sie
Menschen in der Gemeinschaft alles Humanen sind. Alle Menschen sind
Brüder und verdienen die entsprechende Liebe. Andererseits ist mit dem
Liebesgebot Gottes nun auch noch verbunden, über den Erlaß der Unter-
ordnung aller niederen Kreaturen unter den Willen des Menschen hinaus-
zugehen. Der Mensch soll nun alle Wesen des Universums lieben, ohne
Ausnahme. Alles Geschaffene begegnet dem gottliebenden Menschen nun
als etwas Brüderliches. An der Stelle also, an der man eine Separierung des
Körperlichen vom Geistigen hätte erwarten können und der Rückzug des
Menschen aus der Welt als die höchste Form des Gottesdienstes nahegele-
gen hätte, wendet Sebundus das Geistige und Jenseitige wieder auf das
Menschliche und Diesseitige zurück. Gott, dem der Mensch »facie ad
faciem«[111] im Jenseits gegenübersteht, gibt dem Menschen seinen ganzen
Handlungsspielraum wieder, solange er nur geliebt wird. Er fordert aber
von dem Menschen, seine Seinsfixierung auf einen Gegenstand zu lösen.
Die Liebe zu Gott öffnet den Horizont für eine Begegnung des Menschen
mit der Welt, in der sie als ein Ganzes sich wohl dem Blick entzieht, des-
halb aber die verschiedenen ontologischen Regionen grundsätzlich im
Bezug auf den Menschen wiederum als ebenbürtig in ihrer Dignität er-
scheinen läßt. Die Möglichkeit, innerhalb der in Gott wahrgenommenen
Unendlichkeit Gegenstandsfelder abzugrenzen, auf denen sich das Sein des
Menschen kultivieren kann, ist dem Menschen damit zurückgegeben. Die
Liebe zu Gott stellt Sebundus entsprechend als einen »Baum« dar, wobei
Gott selbst die »prima radix«[112], die tiefliegenden Wurzeln ausbildet, wäh-
rend die Äste und Zweige die Wesen der Welt darstellen. An diesem Baum

110 Ebd., S. 191–192.
111 Ebd., S. 206.
112 Ebd., S. 188.

wächst für Sebundus auch die Erkenntnis des Menschen für sein eigentliches Sein.

In der Liebe faßt sich für Sebundus demnach Menschliches und Göttliches auf eine Weise zusammen, die für ihn noch keineswegs Widersprüche oder Spannungen aufweist. »Alles wird von der ersten Liebe hervorgebracht, und in der Liebe vollendet sich alles«[113]. Die Seinsvielfalt, die sich aus der göttlichen Liebe entwickelt, stellt sich aber für den Menschen – dabei ist immer der gläubige Mensch gemeint – nicht nur als ein unendlicher Fächer von Möglichkeiten dar. Mit der Erschließung der Lizenzen, die der Mensch in seiner Teilhabe am freien Willen Gottes zugesprochen bekommt, verbindet sich immer noch eine Verpflichtung gegenüber Gott. In dieser »obligatio amoris« ist nicht nur die »Zusammenfassung, Vollendung und Sammlung« der »ganzen Welt« enthalten. Sie trägt dem Menschen einen »Dienst«[114] auf, den er Gott gegenüber abzuleisten hat, wie die niederen Kreaturen ihm selbst zu Diensten sein müssen. Auch wenn der Dienst der Natur am Menschen aus Notwendigkeit geschieht und der Gottesdienst als eine Frucht der Freiheit erscheint, ist doch das einigende Band beider Bezüge die Ordnung, die durch sie hergestellt werden soll. So folgert Sebundus: »si homo non colligatur cum Deo ei serviendo, tunc mundus est inordinatus et disligatus«[115]. Die Welt verliert demnach ihr einigendes Band, wenn der Mensch sie nicht liebt. Und wenn der Mensch sie zwar liebt, dabei aber seine Verpflichtung Gott gegenüber vergißt, verliert die Welt ihre Vollendung. Die Vollendung erreicht sie, wenn der Mensch Gott dient, insofern er seine Überlegenheit anerkennt. Denn nur wenn er sich des Ideals bewußt ist, dessen er teilhaftig werden soll, kann er auch selbst seine Züge dem ›imago Dei‹ ähnlich machen. Daran also, daß der Mensch seinen Schöpfer als den ›artifex‹ begreift, auf dessen Weisheit und Voraussicht er bei der Erschaffung seiner eigenen Anlagen vertrauen kann, knüpft sich der Gedanke von einer Vollendung der Welt. Daß der Bauplan im ganzen perfekt ist, sieht der Mensch mit Blick auf seine eigene Natur ein, insofern er die Perfektion in sich selbst zu erkennen im Stande ist. So ist es schließlich für Sebundus nur folgerichtig, die *Theologia naturalis* mit dem Jüngsten Gericht, dem »judicium universale«[116] zu schließen. Denn hier wird das Werk Gottes im ganzen vollendet, insofern die Natur des Menschen das letzte ›Komplementum‹ erhält, das ihm zur Seligkeit auf Erden verwehrt bleiben muß.

---

[113] Ebd., S. 161.
[114] Ebd.
[115] Ebd.
[116] Ebd., S. 608–626.

H. Die drei Werke Gottes oder die Vollendung der Schöpfung

Zweier Werke Gottes, sagt Sebundus hier in den letzten »Tituli« des Buches, habe es bereits bedurft, um den Menschen zu dem zu machen, was er ist: eines »opus conditionis«, eines Werks der Schaffung und Begründung, der Schöpfung also, und eines »opus restaurationis seu reparationis«[117], eines Werks der Wiederherstellung des ursprünglichen Standes des Menschen, der Offenbarung. Im einen Fall wurde dem Menschen als Teil der Natur seine eigene Natur geschenkt, im zweiten Fall wurde ihm mit der Heiligen Schrift der Weg der Erlösung nach dem Sündenfall gewiesen. Beide Werke lassen die Möglichkeit eines Mangels offen, den die Wirklichkeit durch die nach dem Sündenfall unvermeidliche Vertreibung aus dem Paradies als einen solchen bestätigt hat. So wie die Dinge stehen, wäre also der Zustand des Menschen ein Dementi des Sebundischen Anspruchs, Ordnung und Vollendung der Welt ließe sich im Spiegel der menschlichen Natur vom Menschen selbst erkennen. Eine »scientia de homine« wäre nicht nur ihrem Titel nicht gerecht geworden, sie würde auch die Zweifler kaum überzeugen können, die mit ihrer Hilfe zur Annahme der vormals uneinsehbaren Glaubensartikel bewogen werden sollten. Voraussetzung bleibt also bis zum Schluß, daß »der Mensch das lebendige Werk Gottes ist«[118], und deshalb ist es, und hier freilich werden die späteren mehr eine engagierte Werbung für die Sache denn ein stringentes Argument sehen, für Sebundus »unmöglich, daß Gott den Menschen unvollendet zurückläßt, und nicht das vollendet, was am Menschen noch zu vollenden bleibt, gemäß dem, was die Natur des Menschen verlangt«. Ein drittes Werk Gottes muß nun begreiflich machen, wie der Abstand von der tatsächlichen Natur des Menschen und seinem wahrhaftigen Wesen überbrückt werden kann. Sebundus nennt es das »opus glorificationis et praemiationis seu finalis retributionis«[119]. Wenn ganz am Ende jedem das seine zukommt mit Blick auf das, was ihm zur Vollendung fehlt, dann ist der Ruhm Gottes auch aus dem Blickwinkel des Menschen, der wissen will und Sicherheit sucht, wie es gleich im ersten Kapitel der *Theologia naturalis* hieß, gesichert. Mit einem Schlag wird damit alle Unvollkommenheit beseitigt. Am Ende der Tage füllt Gott die Lücken, die die Natur und der Zeitlauf gelassen haben. Alle Abwege und Umwege, alle Verirrungen münden zurück auf den einen großen Heilsweg, indem einmal und endgültig alle Taten und Wesen an einem immer gültigen Maßstab gemessen und dann korri-

[117] Ebd., S. 609.
[118] Ebd.
[119] Ebd.

giert werden. »Alle anderen Tage wären vergeblich und leer gewesen, wenn nicht jener Tag kommen würde, und deshalb erwarten alle Tage sozusagen natürlicherweise jenen Tag«[120]. Mit dem Jüngsten Gericht bekommen alle Tage ein Ziel, das wiederum nur als ein Ziel erscheint, weil es zur Vollendung der menschlichen Natur angesetzt werden muß. Die Schöpfung selbst bekommt ihren Sinn demnach am Leitfaden der Entwicklung einer einzigen Spezies, nämlich der Art des Menschen und seiner Natur. Mit dem Jüngsten Gericht sind damit alle Spannungen durch einen letzten und entscheidenden Eingriff Gottes aufgehoben, die in der Zeit im Menschen selbst, und damit in seinem Verhältnis zu sich, der Natur und Gott auftreten konnten. Die Vielfalt der existentiellen Horizonte, die in der gestalterischen Liebe des Menschen zu sich und zu Gott als eine Möglichkeit erschien, wird so zuletzt doch wieder im Lichte des Abschlußgedankens eines alles richtenden Gottesurteils zu einem Schein depotenziert. Was aus der Perspektive des Menschen als Freiraum erschien, erweist sich jetzt nur wieder als eine Station einer allumfassenden Vorsehung. »Vom Anfang bis zum Ende« findet sich so »alles, was den Menschen angeht« in den »processum hominis sive humanae naturae«[121] eingereiht. Der Prozeß seinerseits ist unter dem Vorzeichen der Vorsehung wiederum nichts anderes als ein Weg der Produktion, auf dem das vollendete Wesen des Menschen zustande gebracht werden soll, das Gott als ein Werk in drei Stufen angesetzt hat. Ganz am Ende steht also der Mensch als das von Gott zu vollendende Geschöpf immer noch über einem selbstbewußt seine Möglichkeiten – ohne finale Abschlußbedingungen – bedenkenden Mensch. Die Liebe des Menschen zu Gott, in der er zu sich selbst kommen soll, bleibt also abhängig von der Liebe des ›artifex‹, des überlegenen und autoritären Handwerkers zu seinem Geschöpf.

[120] Ebd., S. 624.
[121] Ebd., S. 608.

IV. MONTAIGNES ›APOLOGIE DES RAIMUNDUS SEBUNDUS‹

A. Den Titel verfehlt

Fast alle Kommentatoren sind sich mehr oder minder darüber einig, daß Montaignes Ausführungen in dem 12. Kapitel des zweiten Buches der *Essais* mit dessen Titel in einem Widerspruch stehen, der im Grunde nicht aufzulösen ist. Dabei wird fast überall darauf abgehoben, daß Montaigne im Verlaufe des Essais sich weiter und weiter von der Sebundischen Vorgabe entfernt und schließlich zu Positionen gelangt, die dem Ausgangspunkt diametral entgegenstehen. Das ›tertium comparationis‹ der *Essais* und der *Theologia naturalis* ist dabei die Sicherheit des Wissens[1]. Sebundus, so wird unterstellt, habe im Gefolge des Raimundus Lullus den Glauben an das Wissen zurückgebunden und mit seiner Theologie einen Beweis dieses Wissens liefern wollen. Demgegenüber habe Montaigne im Kontrast dazu seine Gedanken in der Nachfolge der pyrrhonischen Skepsis entwickelt. Sebundus gilt entsprechend nur noch als ein Stichwortgeber, der den Anstoß zur Entwicklung einer für das 16. Jahrhundert typischen Denkfigur geliefert habe. Villey[2] geht bei der Vorstellung des Essais sogar soweit, Montaigne zu unterstellen, er habe die Verteidigung des Sebundus nur als einen »Vorwand«[3] gebraucht. In Wahrheit sei es ihm darum gegangen, eine

---

[1] Vgl. dazu R. H. Popkin, *The History of Scepticism from Erasmus to Descartes*, Assen 1960, S. 44 ff.

[2] Vgl. P. Villey, *Les sources et l'évolution des Essais de Montaigne*, (a.a.O.), Bd. II, S. 183.

[3] Zuletzt hat in aller Schärfe Zbigniew Gierczinski Montaigne in der Einleitung zur *Apologie des Raimundus Sebundus* Ironie und Verachtung des Theologen unterstellt (vgl. Z. Gierczinski, *Le ›Que sais-je?‹ de Montaigne: Interprétation de l'Apologie de Raimond Sebond*, Roczniki Humaniczne 18 (1970), S. 39–40). Donald M. Frame versucht den Vorwurf zu mildern, indem er zeigt, daß Montaigne mit seinem ironischen Verständnis einer »Apologie« zu seiner Zeit in guter Gesellschaft war. Henri Estiennes *Apologie pour Hérodote* (H. Estienne, *Apologie pour Hérodote*, Paris 1879, 2 Bände) habe hierzu die Vorlage geliefert: »In it the man defended is a mere pretext for a critique of the religion of the authors contemporaries« (D. M. Frame, *Did Montaigne Betray Sebond?*, in: The Romanic Review, Band 38, New York 1947, S. 321). Man dürfe also, folgert Frame, dem Autor der *Essais* keine Unaufrichtigkeit unterstellen. Er habe sich offenbar schon früh eigene Differenzen zu Sebundus eingestanden. Die gängige literarische Praxis und nicht zuletzt das galante Drängen der Frau des späteren Königs Henri IV. auf eine Verteidigungsschrift hätten wohl die Titelgebung motiviert: »Marguerite asked him to write a defense of Sebond, and he was faced with a problem. He no longer admired him, but he was expected to; and he hated to disappoint the princess« (ebd.), S. 328.

sehr persönliche, von Sebundus vollkommen unabhängige Denkweise vorzustellen[4]. Auch der abwägende Friedrich glaubt, nachdem festgestellt
wurde, daß der »Titel des Essays [...] nicht« ausdrückt, »was darin gesagt
wird«, daß es Montaigne weder um eine »Verteidigung« noch um eine
»Verwerfung« des Sebundus ging. Vielmehr sei unabhängig davon Montaignes Ziel gewesen, »die theologischen Fragen aus ihrer Abstraktheit
herauszuholen«[5]. Starobinski schließlich sieht wohl einen Zusammenhang
zwischen der ›natürlichen Theologie‹ des Sebundus und der Montaigneschen Einlassung auf das Thema. In einer kurzen Nebenbemerkung rückt
bei ihm die ›Apologie‹ selbst in den Rang einer Theologie auf. Sie erscheint
als die Ergänzung zum Sebundischen Unternehmen, insofern es sich bei
dieser um eine »positive Theologie« handele, während Montaigne ihr eine
»gefährliche [...] negative Theologie«[6] an die Seite stelle.

Wenn überhaupt der Versuch gemacht wird, Montaignes offensichtliche
Umwertungen mit der Sebundischen Vorlage in Einklang zu bringen, dann
haben diese vor allem das Ziel, die Kritik, von der Montaigne glaubt, daß
sie an das »liber creaturarum« herangetragen wird, mit den apologetischen
Absichten Montaignes zu harmonisieren. Im besonderen werden zwei
mögliche Einwürfe behandelt. Popkin wird dabei in seiner *History of Scepticism from Erasmus to Descartes*[7] sicher das populärste Beispiel[8] geben, wie

---

[4] Eine ausführliche Würdigung und Kritik des ähnlich lautenden Vorwurfs Sainte-
Beuves im *Port-Royal*, Montaigne spiele in der *Apologie des Raimundus Sebundus* eine
»comédie«, um die Religion als ein »fantosme à étonner les gents« vorzuführen, findet
sich bei D. F. Frame, *Did Montaigne Betray Sebond*, (a.a.O.), S. 300–313.

[5] Vgl. Friedrich, (a.a.O.), S. 98.

[6] Vgl. Starobinski, (a.a.O.), S. 127.

[7] Vgl. Popkin, (a.a.O.).

[8] Man hat zuvor immer wieder versucht, aus Montaignes Widerlegung der Einwände
zu folgern, daß eine Differenz zu Sebundus entweder gar nicht besteht – so Marc Cito-
leux, der Montaigne im Gefolge des Sebundus zu einem standfesten mittelalterlichen
Theologen machen will (vgl. M. Citoleux, *Le vrai Montaigne, théologien et soldat*, Paris
1937) – oder aber nicht wahrgenommen wird; entsprechend heißt es bei Hermann
Janssen, Montaigne hätte »par erreur« die Theorie des Sebundus der seinen ›assimiliert‹
(H. Janssen, *Montaigne fidéiste*, Nijmegen – Utrecht, 1930, S. 44). Jean Plattard glaubt,
Montaigne hätte Sebundus einfach falsch verstanden (vgl. J. Plattard, *État présent des
études sur Montaigne*, Paris 1935, S. 58) und Grace Norton vermutet, Montaignes Mangel
an logischem Geschick hätte ihn nicht bemerken lassen, daß seine *Apologie* »fatal to
Sebond's work« sei (vgl. G. B. Ives (Hrsg.), *The Essays of Michel de Montaigne*, with a
commentary by Grace Norton, 3 Bände, New York 1946, Band 3, S. 1787–1798). Jacob
Zeitlin versucht schließlich, dem Problem entwicklungsgeschichtlich beizukommen.
Zuerst habe Montaigne Sebundus aufrichtig bewundert, dann habe allerdings die Skepsis
gegenüber dem Theologen überhand genommen. Die Widersprüche im Text erklärten
sich so aus den verschiedenen Redaktionsphasen der *Apologie des Raimundus Sebundus*
(Vgl. J. Zeitlin (Hrsg.), *The Essays of Michel de Montaigne*, 3 Bände, New York 1935,

Montaignes Widerlegungen dem Wortsinne nach zu nehmen sind. Den ersten möglichen Einwand formuliert Montaigne gleich nach den Eingangsseiten des 12. Essais, nachdem er zuvor beteuert hat, niemand habe den Sebundus in seinem »gewagten und mutigen« Vorhaben übertroffen, »mit menschlichen und natürlichen Gründen die christlichen Glaubensartikel aufzustellen und zu beglaubigen« (417). Er lautet: »Die erste Kritik, die man an seinem Werk übt, besteht darin, daß sich die Christen schaden, wenn sie ihren religiösen Glauben durch menschliche Gründe stützen wollen, da dieser sich nur durch Glauben und eine besondere Eingebung der göttlichen Gnade empfangen läßt. In diesem Einwand scheint mir ein gewisser frommer Eifer zu liegen, und deshalb müssen wir mit umso mehr Milde und Respekt jenen antworten, die die Kritik hervorbringen. Das wäre wohl eher die Aufgabe für einen in der Theologie versierten Menschen als für mich, der sich darin nicht auskennt« (ebd.). Popkins Strategie besteht nun im wesentlichen darin, Montaignes »Entschuldigung« des Sebundus – eine Entschuldigung, die Montaigne allerdings auch in Popkins Augen bestenfalls auf »zweideutige Art«[9] vorbringt – als den Versuch eines Kompromisses darzustellen. Danach habe der »theologische Rationalismus« des Sebundus durchaus seinen Platz, auch wenn man, wie Montaigne es tue, der Theologie ein »fideistisches«[10] Bekenntnis voranstelle. Montaigne selbst kann dies mit einem Zitat bezeugen, gesteht er doch zu, die Voranstellung des Glaubens solle »nicht bedeuten, daß es nicht ein sehr schönes und sehr lobenswertes Unternehmen ist, die von Gott gegebenen natürlichen und menschlichen Mittel zur Beförderung unseres Glaubens herzurichten« (418). Nachdem Montaigne also aus dem »reinen Glauben den Eckstein der Religion« gemacht habe, hätte er den »Sebundischen Bemühungen« danach einen »second class status as aids«[11] zusprechen können. Hinter diesem Versuch der Harmonisierung steht freilich bereits die Augustinische Fassung des Verhältnisses von Glauben und Wissen, die der Kirchenvater im Sermo 43 auf die Formel »intellige ut credas, crede ut intelligas« gebracht hat. Das Bedingungsverhältnis von Glauben und Wissen ist hierbei allerdings nicht völlig symmetrisch, denn, wie es im Sermo

---

Band 2, S. 481–519). Eine Zusammenfassung der Diskussion findet sich bei Donald F. Frame, *Did Montaigne Betray Sebond?*, (a.a.O.), S. 313 ff. Vgl. dazu auch M. Gutwirth, *Montaigne pour et contre Sebond*, in: Revue des Sciences Humaines 34, Nummer 134 (1969), S. 177–179. Gutwirth selbst nimmt an, die Schwankungen in Montaignes Verhältnis zu Sebundus seien auf einen ödipalen Konflikt mit seinem Vater zurückzuführen (vgl. S. 184–186).

[9] Popkin, (a.a.O.), S. 46.

[10] Ebd., S. 45.

[11] Ebd., S. 46.

118 heißt: »praecedit fides, sequitur intellectus«, ohne göttliche Eingebung ist das ganze Wissen ohne Wert für den Christen.

In diesem Sinne folgert Montaigne nun auch im Bezug auf die Sebundische Aufklärung, daß sie ihren Wert wegen einer solchen Kritik durchaus nicht verliert, daß sie vielmehr an Wert gewinnt, wenn erst »der Glaube die Argumente des Sebundus [...] illustriert hat«. Dann werden auch sie »fermes et solides« (425). Sie sind entsprechend dazu »fähig, dem Neuling die Mittel an die Hand zu geben, um ihn auf den Weg zu bringen und ihm als ein erster Führer zu dienen, um ihn auf den Pfad dieses Wissens zu leiten; sie formen ihn ein wenig und machen ihn bereit, die Gnade Gottes zu empfangen, durch die sich unser Glauben vervollkommnet und vollendet« (ebd.). Sogar einen empirischen Beleg gibt es für Montaigne. Er kenne »einen einflußreichen und gebildeten Mann, der ihm gestanden« habe, »durch die Argumente des Sebundus von den Irrtümern des Unglaubens wieder weggekommen zu sein« (ebd.). Es erstaunt dann auch nicht mehr, daß Montaigne unkommentiert die Meinung des »Adrien Tournebu«, eines 1565 gestorbenen Professors am ›Collège Royale‹ und zu seiner Zeit berühmten Hellenisten, wiedergibt, die *Theologia naturalis* sei wohl eine »aus Thomas von Aquin gewonnene Quint-Essenz« (417)[12]. In der Tat rückt Sebundus unter dem Vorzeichen, mit der »scientia de homine« eine Propädeutik des Glaubens geliefert zu haben, in die Nähe des Aquinaten.

Der zweite mögliche Einwand eröffnet dann eine längere Serie von Argumenten, die allerdings zunehmend über den ursprünglichen Fragegehalt hinausgehen. Montaigne referiert: »Manche sagen, daß seine [des Sebundus, M.G.] Argumente schwach und ungeeignet für seine Beweisabsichten sind, und machen sich daran, sie zu erschüttern« (425). Im Gegensatz zu den erstgenannten Kritikern, denen man wegen ihrer Frömmigkeit grundsätzlich mit Milde begegnen mußte, gelte es nun diese »ein wenig kräftiger zu schütteln, weil sie gefährlicher und ›malitiöser‹« (ebd.) seien. Das geeignete Rezept, um diese »Raserei in ihre Schranken zu weisen« bestehe darin, »c'est de froisser et fouler aux pieds l'orgueil et l'humaine fierté« (426),

---

[12] Es ist diese Bemerkung Montaignes, die David Lewis Schaefer hinter dem Titel einer *Apologie des Raimundus Sebundus* ein ganz anderes Unternehmen vermuten läßt. Montaigne gebe hier einen Hinweis darauf, daß anstatt den ›obskuren Sebundus‹ zu behandeln, »he will really be addressing the Thomistic attempt to reconcile the teachings of Christianity with the findings of natural reason. Herein«, gibt Schaefer zu verstehen, »lies the true significance of Montaigne's »apology« for Sebond« (D. L. Schaefer, *The Political Philosophy of Montaigne*, Ithaca und London 1990, S. 48). Einmal mehr erscheint der Titel einer *Apologie des Raimundus Sebundus* als bloßes Lippenbekenntnis und als Vorwand, wenn auch in verteidigender Absicht, in Wirklichkeit wohl doch über etwas ganz anderes als das vorgestellte Thema zu sprechen.

»den Stolz und den menschlichen Hochmut zu kränken und mit Füßen zu treten: man muß sie die Vergeblichkeit, die Eitelkeit und die Nichtigkeit des Menschen spüren lassen, ihnen die erbärmlichen Waffen ihrer Vernunft aus den Händen winden, ihren Kopf unter die Autorität und den schuldigen Gehorsam der göttlichen Majestät beugen und sie Staub fressen lassen« (ebd.). Zählte zu den frommen Seelen, die wegen aufkommender Zweifel eines apologetischen Kommentars des Sebundus bedurften, aller Wahrscheinlichkeit nach noch Marguerite von Navarra, im Volksmund die »reine Margot«, die Frau des späteren Heinrich IV. - es wird vermutet, Montaigne habe nicht nur auf Bitten oder Drängen seines Vaters die *Theologia naturalis* ins Französische übersetzt, sondern auch, um der Schülerin des Plutarchübersetzers Amyot und des Skeptikers Charron einen Gefallen zu tun[13], weshalb Montaigne wohl auch zu Anfang des Essais daran erinnert, daß es sich bei dem »liber creaturarum« um eine amüsante Lektüre der »Damen« handelt, »denen zu helfen unsere Pflicht ist«, und »er sich oft in der Lage sah, ihnen zur Seite zu stehen und ihr Buch von den wichtigsten Einwänden freizusprechen« (416 f.) - so zählt er zu den Vertretern des zweiten Einwandes offenbar Zeitgenossen aus anderem Schrot und Korn. In der Tat vermutet Montaigne hinter den Einwänden auch jene, »die meinen, leichtes Spiel zu haben, indem man ihnen die Freiheit gibt«, die katholische »Religion mit rein menschlichen Mitteln zu bekämpfen« (426). Im Hintergrund steht bei solchen Anschuldigungen freilich immer eine weiter drohende Eskalation der Glaubenskämpfe (vgl. 420). Popkin faßt wiederum Montaignes Einlassungen auf diesen Vorwurf in eine Formel zusammen. Zuerst glaubt auch er, daß die Argumentation des Sebundus in der Tat schwach ist. Denn um diese »Schwäche« zu entschuldigen, wolle Montaigne zeigen, »that nobody else's reasoning is any better, and that no one can achieve any certainty by rational means«[14]. Sebundus hat also schon Unrecht, nur haben andere auch Unrecht, und das liegt daran, daß es überhaupt schwierig ist, auf rationale Weise zur nötigen Sicherheit zu kommen.

B. Montaignes Verteidigung des Sebundus

Der Kompromiß, den Montaigne damit auf der einen Seite den Kritikern der *Theologia naturalis* vorschlagen würde, insofern die »Wissenschaft vom Menschen« des Sebundus in den Rang einer heuristischen Regel zur besse-

---

13 Vgl. dazu E. Limbrick, *Métamorphose d'un Philosophe*, in: C. Blum (Hrsg.): Montaigne, *Apologie de Raimond Sebond. De la Theologia à la Théologie*, (a.a.O.), S. 237 ff.
14 Popkin, (a.a.O.), S. 46.

ren Glaubensfindung herabgestuft wird, und das Patt, das dann angeboten
würde, wenn die »natürliche Theologie« durch den Umstand wieder an
Wert gewinnt, daß der Vorwurf der Haltlosigkeit mit gleichem Recht an
den Kritiker zurückgegeben werden kann, beides zusammen ließe die *Apologie* im Unentschiedenen enden und wäre freilich nur eine halbherzige
Entschuldigung. Sie würde jedem der beiden Gegner recht geben unter
dem Vorbehalt, daß auch Sebundus zugleich recht behalten könnte.

Dies ist nun eine Denkfigur, die zwar Montaigne alles andere als fern-
liegt. Wird doch sein Skeptizismus oft genug dafür angeführt, die ›Epoché‹
antiker Skepsis im 16. Jahrhundert wieder salonfähig gemacht zu haben[15].
Allerdings scheint bei der besonderen Form der Urteilsenthaltung, wie sie
Montaigne in der *Apologie des Raimundus Sebundus* praktiziert, auch
durch, daß es ihm doch um mehr gegangen ist, als an diesem Fall, der damit allenfalls biographische Bedeutung hätte, die grundlegende Überlegenheit pyrrhonischer Skepsis zu ›demonstrieren‹.

Deutlich wird dies nicht zuletzt daran, daß beide Einwände, die er referiert, nicht die seinen sind. Wenn er sie in der Schwebe hält, dann zuerst
deshalb, weil er sie ihrem eigenen Anspruch nach nicht für stichhaltig
erkennt. Sowohl der ›Fideismus‹, der Sebundus auf den falschen Zugang
zur Wahrheit hinweist, als auch der rationalistische »Skeptizismus«, der
Sebundus auf das falsche Beweisziel zusteuern sieht, schlagen für Montaigne eine Richtung ein, die in die Irre führt. Es gilt für ihn deshalb nicht nur,
das Werk des Sebundus zu schützen, sondern in der eigenen Auseinandersetzung mit den Gegnern der *Theologia naturalis* zu einem eigentlichen
Verständnis der »scientia de homine« zu kommen. Aus der *Apologie* als
einer bloßen Entschuldigung wird so eine echte Verteidigung. Jenseits der
offenbaren Widersprüche wäre dann der Titel des 12. Essais des zweiten
Buches weit weniger ironisch gemeint, als es die Kommentatoren vermuten. Entscheidend für die Kontinuität des Gedankens zwischen der *Theologia naturalis* und der *Apologie des Raimundus Sebundus* wird demnach sein,
wie sehr Montaignes eigene Zweifel an der Möglichkeit und der Evidenz
einer ›natürlichen Theologie‹ die Substanz der Sebundischen Einsicht in
das Wesen des Menschen als eines selbstbewußten Repräsentanten Gottes,
als »imago Dei« bestehen lassen.

---

[15] Vgl. zum Beispiel W. Röd, *Der Weg der Philosophie*, Bd. 1, S. 420 ff.

C. Die Irrelevanz des Fideismus

Wie es beim Versuch Montaignes schon anklang, den Rationalismus des Sebundus mit dem »Eifer« der frommen Seelen zu versöhnen, stellt er sich offenbar in eine Tradition, die später mit dem Namen Fideismus belegt werden wird. Es handelt sich dabei um eine theologische Richtung, die eine rationale Behandlung von Glaubenswahrheiten für unmöglich hält. Vorbereitet durch den spätmittelalterlichen Nominalismus reicht sie über humanistische Anleihen bei Erasmus hinaus zur Fundierung des neuzeitlichen Empirismus, bis sie 1713 offiziell in der Bulle ›Unigenitus‹ verworfen wird. Ausdrücklich stellt entsprechend Montaigne gleich am Anfang der Auseinandersetzung mit den Gegnern des Sebundus fest: »Dennoch urteile ich wie folgt: für eine so göttliche, so erhabene und das Fassungsvermögen des Menschen so weit übersteigende Sache wie es die Wahrheit ist, die Gott in seiner Güte uns hat zukommen lassen, ist es wohl nötig, daß er uns noch einmal eine Hilfe gibt, mit einer außerordentlichen und bevorzugten Gnade, damit wir sie fassen und in uns feststellen können; ich glaube nicht, daß die rein menschlichen Mittel dazu in irgendeiner Weise im Stande sind; und, wenn sie es wären, hätten nicht so viele außergewöhnliche und ausgezeichnete Seelen, die in den alten Zeiten so reich mit natürlichen Gaben ausgestattet waren, sie verfehlt. Einzig der Glaube erfaßt energisch und sicher die tiefgründigen Mysterien unserer Religion« (417 f.). Das erste Werk Gottes, die Schöpfung, in der der Mensch vor seinem Sündenfall die ganze Wahrheit schon hätte erkennen können, hat also, so kann man mit Montaigne an dieser Stelle schließen, nicht ausgereicht, und ein zweites Werk Gottes ist nötig. Im Anschluß an die zitierte Stelle klingt es in der Tat so, als wolle Montaigne das ›fideistische‹ Bekenntnis endgültig festschreiben. Nachdem das diskursive Wissen als bestenfalls ›vorläufig‹ für alle Glaubenswahrheit erkannt wurde, resümiert er: »Wenn der Glaube nicht in uns durch eine außergewöhnliche Eingebung kommt; wenn er hierin nicht nur durch rationale Rede (im Original: discours), sondern auch durch menschliche Mittel eintritt, so ist er dort weder in seiner Würde noch in seinem Glanz vorhanden« (418). Nun nimmt der Essai freilich eine ganz andere Wendung, wenn Montaigne gleich im Anschluß an dieses ›Bekenntnis‹ hinzufügt: »Allerdings fürchte ich wohl, daß wir uns seiner nur durch diesen Weg erfreuen« (ebd.). Gemeint ist damit nicht etwa, daß wir, so angewiesen wir auf die Offenbarung und göttliche »infusion« sind, diese auch in der Tat zur Wahrheitsfindung nutzen könnten. Im Gegenteil sieht Montaigne unsere Möglichkeiten auf die Reichweite der menschlichen Mittel reduziert. »Wenn es« nämlich »so wäre«, heißt es weiter, »daß wir an Gott durch die Vermittlung eines lebendigen Glaubens gebunden wären;

wenn wir an Gott durch ihn, nicht durch uns gebunden wären; wenn wir einen göttlichen Stand und Grundlage hätten, hätten die menschlichen Ereignisse nicht die Macht, uns zu erschüttern, die sie haben; unsere Festung müßte sich nicht bei einem so schwachen Beschuß geschlagen geben; der Drang nach Neuigkeiten, der Zwang der Fürsten, das glückliche Schicksal einer Partei, der voreilige und unvermutete Wechsel der Meinungen hätten nicht die Kraft, unseren Glauben zu erschüttern und zu entstellen; wir würden ihn nicht durch den Zwang eines neuen Arguments oder durch Überredung verwirren lassen, nicht einmal durch die ganze jemals gewesene Rhetorik« (ebd.). Ganz im Gegensatz dazu würden wir »diesen Fluten mit einer unbeugsamen und unverrückbaren Festigkeit standhalten« (ebd.).

Hier eröffnet sich nun der eine Teil des großen Dilemmas, vor das Montaigne sich und seine Zeit, und, wie man später noch sehen wird, in gewissem Sinne den Menschen überhaupt gestellt sieht. Wenn wir mit dem Glauben rechnen könnten, ohne daß wir auf unsere eigenen Künste dabei angewiesen wären, dann würden wir uns im Besitz der Wahrheit auch in der Wirklichkeit behaupten können. Ein Blick aber, so Montaigne, genügt, um uns davon zu überzeugen, daß von der Selbstbehauptung des Menschen, gestützt auf die eine Wahrheit im Glauben, nichts zu sehen ist. Die Wahrheit, die Gott uns offenbart und in einem Akt der Gnade eingibt, ist die Wahrheit, die zum rechten Glauben führt und den Menschen zu seinem wahren Selbst in der Gemeinschaft der Christen. Allein, so mutmaßt nun Montaigne, diese Wahrheit haben wir nicht. Bestenfalls ist sie nur so ausgezeichneten Geistern eigen, wie es Sebundus einer war, ein ›illuminierter‹ (vgl. 425), der zu Recht sagen konnte, was er mit Blick auf Gott zu sagen hatte. Für uns gilt das aber nicht: »Wenn dieser göttliche Strahl uns in irgendeiner Weise berühren würde, würde man das überall sehen: nicht nur in unseren Worten, sondern auch unsere Taten würden davon das Licht und den Glanz in sich tragen« (ebd.).

Nicht genug damit, daß das Göttliche nun in der Lebenspraxis so wenig von seiner genuinen Formkraft behalten hat. Es scheint Montaigne auch noch so zu sein, daß die christliche Religion eher noch das Gegenteil ihrer eigenen Absicht bewirkt: »Unsere Religion ist gemacht, um die Laster auszujäten; sie deckt sie, nährt sie und stachelt sie an« (421). Die Religionskriege sind entsprechend für Montaigne vor allem deshalb so grausam, weil sie ihre Sprengkraft aus der jeweiligen Berufung auf Gottes Wahrheit beziehen: »Seht, wie schrecklich schamlos wir mit göttlichen Gründen Ball spielen und wie irreligiös wir sie verworfen oder wiederaufgenommen haben, je nachdem wohin uns das Schicksal in diesen Zeiten politischer Stürme geworfen hat. [...] ; hört auch, [...] ob die Waffen für diesen Grund mehr dröhnen als für jenen« (420).

Dabei traut er wiederum kaum einem zu, in der Tat für die Ehre Gottes ins Feld zu ziehen: »Gestehen wir«, fordert er uns auf, »die Wahrheit: läse man aus der Armee, selbst der legitimen und regulären[16], jene heraus, die darin allein von einem religiösen Gefühl befeuert mitmarschieren, und sogar noch jene, die nur die Einhaltung der Gesetze ihres Landes wollen oder ihrem Fürsten Folge leisten, man könnte mit ihnen nicht einmal eine Kompanie von Gendarmen aufstellen« (420 f.). Wir würden sogar zu der wenigen Achtung vor Gott, die sich aus solchen Eingeständnissen ergibt, noch etwas hinzutun, wäre es uns nur möglich, seine Bekanntschaft nicht über den Weg der Religion zu machen. Kennten wir Gott nämlich aus einer anderen »Geschichte«, einer Geschichte der Art, in der uns Freunde begegnen, dann, so Montaigne, rangierte er in unserem »Wohlwollen wenigstens auf derselben Stufe wie Reichtümer, Freuden, Ruhm und Freunde« (421).

Schließlich zieht sich damit der Kreis derer, die wirklich »Männer Gottes« sind, soweit zusammen, daß schwer zu sagen ist, ob überhaupt einer sich mit vollem Recht zu jenen zählen darf. Entsprechend wären »unsere Handlungen«, geht man davon aus, sie seien »gelenkt und begleitet von Göttlichem, nicht einfach menschlich; sie hätten etwas Wunderbares wie unser Glauben« (419). Umgekehrt heißt das, daß es nur noch verschiedene Einstellungen zur Verstellung der Wahrheit gibt. Keiner glaubt mehr wirklich: »Die einen machen die Welt glauben, sie glaubten« – in Wirklichkeit – »was sie nicht glauben. Die anderen, und sie sind in der Mehrzahl, machen es sich selbst glauben, weil sie nicht einmal einzusehen fähig sind, was es in Wahrheit heißt, zu glauben« (ebd.). Nimmt man nun noch hinzu, daß man »die Leute auf den Scheiterhaufen wirft, die sagen, daß man die Wahrheit unter das Joch unserer Bedürfnisse spannen muß« (420), dann bleiben nur noch zwei alternative Haltungen übrig: Heuchelei oder Naivität. Entweder ein strategischer Umgang mit der Unwahrheit oder aber ein gedankenloses Leben in ihr.

Die Forderung des Fideisten, das Leben an der Religion auszurichten, weil nur in ihr die Wahrheit ist, die die Sicherheit einer wahrhaftigen Existenz garantiert – einer Existenz, die wie in dem abgewandelten Vergilvers, den Montaigne zitiert, als ein »Felsen der Brandung trotzt« (418) –, führt damit zum geraden Gegenteil der Absicht. Nun ist es nicht mehr die Religion, die dem Menschen die Regel gibt, sondern der Mensch, der sich die Religion nach seinem Willen zurechtmacht. Montaigne gebraucht zur Illustration das Bild einer Wachsfigur, die verschiedene Formen annimmt, je nachdem, aus wessen Hand sie kommt (vgl. 420). Erschreckend

---

[16] Gemeint ist das katholische Heer.

ist dabei die Vielfalt der Formen, die im Gegensatz zu einer »so geraden und festen Regel« (ebd.) auftaucht, die der Glauben doch geben sollte. Die christliche Religion wird damit zugleich ihrer hervorragenden Stellung beraubt, denn »all das«, folgert Montaigne, »ist ein deutliches Zeichen dafür, daß wir unsere Religion allein nach unserer Art und durch unsere Hand aufnehmen, und nicht anders, als die anderen Religionen« (422). Die Religion findet sich damit im selben Spiel der Kräfte wieder, wie alles andere Menschliche auch. Ihre Akzeptanz hat somit auch kontingente Gründe: »Wir haben uns in dem Land befunden, in dem sie in Geltung war; wir tragen ihrem Alter Rechnung oder des Prestiges der Menschen, die sie verteidigt haben; oder wir fürchten die Drohungen, mit denen sie Ungläubige belegt; oder wir folgen ihren Versprechungen« (422). Montaigne anerkennt zwar, daß dies nur »subsidiäre« Betrachtungen sind, insofern sie von »liaisons humaines« handeln (ebd.). Dennoch stellt er ganz abgeklärt fest: »Eine andere Religion, andere Zeugen, ähnliche Versprechungen und Drohungen könnten uns auf gleichem Wege einen entgegengesetzten Glauben einprägen« (ebd.). Und so kommt er zu dem viel zitierten Schluß, der interessanterweise sogar schon als Beleg für Montaignes angeblichen Katholizismus gewertet wurde: »Nous sommes Chrestiens à mesme titre que nous sommes ou Perigordins ou Alemans« – »Wir sind mit gleichem Recht Christen wie wir Einwohner des Perigords oder Alemannen sind« (ebd.).

D. Die Irrelevanz des Rationalismus

Zu einem echten Dilemma wird nun die Feststellung einer zunehmenden Irrelevanz des Fideismus für Montaigne durch den Umstand, daß zu ihm nun keine wirkliche Alternative in Sicht ist, wenn es darum geht, einen Platzhalter für die Gewißheit zu finden, die im Glauben an Gott de facto offenbar schon verlorengegangen ist. Sowenig, wie mit der Berufung auf eine neue Form der negativen Theologie die aufkommenden Zweifel an einer ›natürlichen Wissenschaft von Gott‹ in Wirklichkeit pariert werden können, sowenig gelingt es den rationalistischen Kritikern des Sebundus in den Augen Montaignes, mit der Kritik an der *Theologia naturalis* in der neuen Lebenswelt der Renaissance eigenes Terrain zu gewinnen. Nicht nur von der Seite des Glaubens läßt sich schwer an den Gehalt der »scientia de homine« herankommen, auch von der Seite des Wissens lassen sich die mit der Wissenschaft vom Menschen entstandenen Ansprüche kaum einlösen. Im Rückblick erscheint Montaignes Situation so, als befinde er sich in einer Mittelposition, die typisch für einen neue Zeit ist, die gerade erst

anbricht. Einerseits ist die geistige Autorität des alten Glaubens schon im
Schwinden, andererseits ist ein neues Credo noch nicht sanktioniert. Die
Metaphysik der Scholastik ist schon in Verruf, die Physik der Empiristen
ist noch nicht aus Prinzipien begründet. Noch kann Bacon nicht für eine
technische Neufassung des Begriffs eines Paradieses auf Erden plädieren, da
die gespaltene Kirche für alle sichtbar auch die Vorwegnahme einer
»Civitas Dei« ins Unbestimmte verschieben muß.

E. Montaignes Reaktion auf die Kopernikanische Wende

Ernst Cassirer übertreibt in seinem *Versuch über den Menschen* möglicherweise nicht, wenn er behauptet, Montaignes Reaktion auf die Kopernikanische Wende in der Kosmologie liefere »das Stichwort für die ganze nun
folgende Entwicklung der neuzeitlichen Theorie des Menschen«[17]. Für den
Neukantianer entwickelt sich das neue heliozentrische System in Montaignes »Händen« »zu einer Waffe, die sich [...] als außerordentlich kräftig und
wichtig erweist«. »Nichts«, so Cassirer, »kann in uns mehr Demut wecken
und den Stolz der Vernunft eher brechen als ein unvoreingenommener
Blick auf das physische Universum«[18]. Man muß auch zugestehen, daß
Cassirer in der Tat im Rahmen der *Apologie des Raimundus Sebundus* ein
Zitat aufweisen kann, das seine Deutung stützt, Montaigne benutze die
Kopernikanische Kosmologie dazu, »die Kraft der Vernunft zu schwächen
und zu beeinträchtigen«[19]. So heißt es bei Montaigne in einer Passage, an
die sich vor Cassirer auch Pascal[20] schon erinnert hat: »Mache er (der
Mensch) mir durch die Kraft seiner Schlußfolgerungen begreiflich, auf
welchen Fels er diese Vorzüge gegründet hat, die er vor der übrigen Kreatur zu haben meint. Wer hat ihm in den Kopf gesetzt, daß dieser bewunde-
rungswürdige Reigen des Himmelsgewölbes, das ewige Licht dieser Flammenkörper, die so erhaben über seinem Haupte kreisen, die ungeheuren
Bewegungen dieses unendlichen Meeres zu seiner Annehmlichkeit und
seinen Diensten geschaffen und so viele Jahrhunderte in Gang gehalten
werden? Läßt sich etwas Lächerlicheres ausdenken, als wenn dieses elende
und erbärmliche Geschöpf, das nicht einmal seiner selbst Herr und von
allen Seiten jeder Unbill ausgesetzt ist, sich für den Herrn und Meister des

---

[17] E. Cassirer, *An Essay on Man. An Introduction to a Philosophy of human Culture*,
New Haven 1944. Deutsche Übersetzung, *Versuch über den Menschen. Einführung in eine
Philosophie der Kultur*, Hamburg 1996, S. 34.
[18] Ebd., S. 33 f.
[19] Ebd., S. 35.
[20] Vgl. B. Pascal, *Pensées*, art. II, Nr. 72.

Alls ausgibt, von dem auch nur der geringste Teil zu überschauen, geschweige denn zu beherrschen, nicht in seiner Macht steht?« (427)[21].

Allerdings kann man nun durchaus zweifeln, ob Montaignes berühmte ›harangue‹, auf die noch genauer einzugehen sein wird, ihren Grund auch für Montaigne selbst in einem »unvoreingenommenen Blick auf das physische Universum« gehabt haben mag. Zwar ist auch Cassirers zweites Zitat aus dem Erziehungsessai XXVI des ersten Buches einschlägig, insofern der Mensch hier einmal mehr von Montaigne zur Demut angesichts neu ausgemessener Dimensionen angehalten wird. Denn nur »wer sich in einem Gemälde dies große Bild unserer Mutter Natur vor Augen hält, wer in ihrem Antlitz einen so allgemeinen und stetigen Wandel liest, wer darin sich, und nicht nur sich, sondern ein ganzes Königreich wie ein von der Spitze des feinsten Pinsels hingetupftes Pünktchen erblickt; der allein schätzt die Dinge nach ihrer wahren Größe ein« (156 f.)[22]. Montaigne besteht jedoch entschieden darauf, daß der Mensch die Einsicht seines Platzes im Kosmos nicht einer neuen Doktrin verdankt. Es wäre völlig entgegen seiner Absicht, die Zurückstufung des Menschen als die Folge neuer Ergebnisse der aufkommenden Naturwissenschaft zu begreifen. So sagt er wiederum an einer anderen berühmten Stelle der *Apologie des Raimundus Sebundus*: »Der Himmel und die Sterne haben sich dreitausend Jahre bewegt; alle Welt hat es so geglaubt, bis Kleanthes aus Samos oder, nach Theophrast, Niketas aus Syrakus es sich einfallen ließ, daß es die Erde ist, die sich um ihre Achse bewegt [...], und in unserer Zeit hat Kopernikus diese Lehre so gut begründet, daß er ohne große Mühe alle astronomischen Folgerungen daraus ableitet. Was sollen wir dem anderes entnehmen, als daß es uns gleichgültig sein kann, welche von beiden Lehren die wahre ist? Und wer weiß schon, ob nicht in tausend Jahren eine dritte die beiden früheren wieder umstoßen wird? [...] Wenn uns daher eine neue Theorie angeboten wird, so haben wir allen Grund, mißtrauisch gegen sie zu sein und im Auge zu behalten, daß, bevor sie erdacht wurde, eine gegenteilige in Mode war; und, eben wie diese durch jene abgelöst wurde, so kann in der Zukunft eine dritte aufkommen, die auf gleiche Weise die zweite umstürzt« (553 f.). Noch bevor Montaigne den Gedanken an eine neue Weltordnung diskutiert, läßt schon sein Rückgriff auf antike Vorläufer des Heliozentrismus ahnen, mit wieviel Distanz er dem Anspruch auf eine ›Revolution der Denkungsart‹ begegnet. So neu wie es den Kopernikanern scheinen mag, ist für ihn die Theorie keineswegs. Würde sich aus der neuen Orientierung im Kosmos unmittelbar eine neue Selbstbeurteilung des

---

[21] Deutsche Übertragung übernommen von Cassirer, (a.a.O.), S. 34.
[22] Ebd.

Menschen nahelegen, dann hätte sich diese Folge schon in der Antike einstellen müssen. Und nicht nur durch das Zeugnis der Vergangenheit wird ein möglicher direkter Einfluß der naturwissenschaftlichen Theorie auf den Menschen negiert. Warte man nur weitere tausend Jahre ab, bekomme man vielleicht einen weiteren Zeugen in der Form einer neuen Nachfolgetheorie geliefert, der die von Montaigne gebotene Zurückhaltung wiederum post festum gutheißt.

Daß dies nicht nur aus der Vorsicht des mit der Tradition vertrauten Humanisten heraus gesagt ist, macht Montaigne an einer anderen Stelle der *Apologie des Raimundus Sebundus* deutlich. Dort stellt er gleich das ganze Unternehmen einer technischen wie naturwissenschaftlichen Bestimmung der Planetenbewegungen in Frage. Rhetorisch gibt er dem Leser zu bedenken: »Ist es nicht ein lächerliches Unternehmen, denjenigen Dingen einen anderen Körper anzuschmieden, zu denen wir, wie wir selbst gestehen, durch unsere Kenntnis keinen Zugang finden, und ihnen eine falsche, von uns erdachte Form zu verleihen: wie man es bei der Behandlung der Bewegung der Planeten beobachten kann, der wir, umso weniger unser Geist bis an sie heranreicht und sich ihren natürlichen Verlauf vorstellen kann, aus eigenem Gutdünken materielle, schwere und körperliche Federn verleihen: [...] Man könnte meinen, wir hätten es mit Kutschenbauern, Zimmerleuten und Malern zu tun gehabt, die da oben Apparate aufgebaut haben, die verschiedene Bewegungen ausführen können, und das Getriebe und die verschlungenen Zusammensetzungen der bunten, himmlischen Körper um die Spindel der Notwendigkeit, wie Platon sagt, eingerichtet haben: [...]. All dies sind Träume und der Wahnsinn von Fanatikern. Warum entscheidet sich die Natur nicht eines Tages, uns ihr Innerstes zu zeigen und uns die Mittel und das Verhalten ihrer Bewegungen, wie sie wirklich sind, sehen zu lassen, und unsere Augen darauf vorzubereiten! O Herr! Welche Irrtümer, welche Enttäuschungen würden wir in unserer armseligen Wissenschaft finden: Ich würde mich täuschen, wenn sie auch nur eine Sache genau so sieht, wie sie ist; und würde von hier fortgehen mit der Gewißheit, alles weniger deutlich zu wissen als meine Unwissenheit« (517 f.).

Auch wenn kaum einer wirklich heute daran zweifeln wird, daß sich die Erde auch in tausend Jahren noch um die Sonne dreht und nicht umgekehrt – Montaignes essayistisch ausgesprochene Mahnung ist jedem doch als ein anhaltendes Echo in der von Kuhn angestoßenen Debatte über den fortschreitenden Paradigmenwechsel in der Wissenschaftsgeschichte in den Ohren. Dabei negiert Montaigne allerdings bereits die Prinzipien einer möglichen methodischen Grundlage der Naturwissenschaft, die für den philosophierenden Wissenschaftshistoriker des 20. Jahrhunderts auch in allem Wechsel der Modelle vorausgesetzt werden müssen. »Die Folge-

rung«, heißt es im Schlußessai der drei Bücher, »die wir aus der Ähnlichkeit der Ereignisse ziehen wollen, ist unzuverlässig, da diese in Wahrheit
immer unähnlich sind. Es gibt in diesem Bilde der Welt keine so beherr-
schende Eigenschaft wie die Verschiedenheit und Vielheit. [...] Die Ähnlichkeit vereinheitlicht weit weniger, als die Unähnlichkeit trennt. Die
Natur hat sich vorgenommen, nichts zweites zu schaffen, das nicht (vom
ersten) abwiche« (1041 f.). Der Gedanke, der von Montaigne vor allem
gegen den Essentialismus, und damit den Begriffsrealismus gerichtet ist,
stellt sich hier schon gegen den Sinn aller Versuche, durch fortschreitende
Induktion den Gesetzmäßigkeiten der Natur auf die Spur zu kommen.
Mehr als eine Reaktion ist freilich bei Montaigne dies bestenfalls noch eine
Vorahnung auf das kommende. Der Punkt, an dem sich seine eigene Skepsis in Sachen Naturwissenschaft mit dem Kuhnschen Unternehmen der
historischen Distanzierung der Wahrheit von den jeweils zeitgenössischen
Wahrheitsansprüchen berührt, ist an einer anderen Stelle zu finden. Er
lokalisiert sich in der Einsicht, daß sich die verschiedenen Theorien ohne
die Thematisierung ihrer Herkunft und ihres weiteren Bezugs auf die Lebenswelt auch in ihrem Wahrheitsgehalt nicht verstehen lassen. Radikaler
noch als Kuhn, der das soziale Netz der Abhängigkeiten jeweils an den
entwicklungsgeschichtlich heiklen Stellen der Paradigmenwechsel in das
Muster auch der exakten Wissenschaft durchpausen sieht, stellt Montaigne
unmittelbar die Frage nach den praktischen Folgen der Theorie für das
Leben. Dabei muß nicht einmal nur in der Ausnahmesituation eines möglichen Modellwechsels der Wissenschaften nachgefragt werden. Der Abstand, der zwischen diskursiver Begründung und der Orientierung des
Handelns spürbar wird, scheint Montaigne offenbar auch in Zeiten der
›Normalwissenschaft‹ groß genug, um den Schritt zurück aus einer funk-
tionierenden Praxis zur Thematisierung fraglicher Wahrheitsbezüge zu
machen. Entscheidend für die Annahme einer Theorie muß für Montaigne
dann sein, wie die Logik den Spielraum ausnutzt, den die Praxis der Aus-
formulierung neuer Prinzipien gibt. Allerdings sind es auch hier nicht
Kriterien der Kohärenz oder der Eleganz der theoretischen Bezüge, die
eine rationale Entscheidung für oder gegen eine neue Weltsicht motivieren
könnten. Die Wiedergabe einer Unterhaltung mit einem Vertreter der
neuen Wissenschaften macht das deutlich. Montaigne referiert: »Einer
jener Männer, die sich der Neuerungen und Reformen der Physik ver-
schrieben haben, sagte mir vor nicht allzulanger Zeit, daß sich alle Alten
offensichtlich über Natur und Bewegung der Winde getäuscht hätten, was
er mir mit großer.Deutlichkeit nahebringen würde, wenn ich ihn nur
hören wollte. Nachdem ich mir mit etwas Geduld seine Argumente ange-
hört hatte, die man durchaus plausibel finden konnte, fragte ich ihn: *wie*

nun, sind nun diejenigen, die sich bei der Schiffahrt nach den Gesetzen des Theophrast gerichtet haben, in den Okzident gefahren, als sie Kurs auf den Orient nahmen? Sind sie abgebogen oder rückwärts gefahren? – Das ist Zufall, antwortete er mir: soviel steht fest, sie haben sich geirrt. Daraufhin habe ich ihm entgegengehalten, daß ich mich lieber an die Tatsachen als an die Gründe halte« (554).

Montaignes ›Pragmatismus‹, sein ostentatives Festhalten am Hergebrachten paart sich so mit einer Haltung des Zweifels, die sich weit weniger aus einer neuen Doktrin der naturwissenschaftlichen Kosmologie speist, als daß sie sich gegen die Naturwissenschaft im Ganzen richtet, insofern sie maßgebend sein will für das, was der Mensch von sich und seinem Platz in der Welt zu halten hat. Selbst wenn die Natur uns ihr Geheimnis verriete, bliebe es für den Menschen immer noch geheimnisvoll genug, um nicht als eine positive Lehre in unser Leben mehr oder weniger direkt einzugreifen. Sosehr er nun auf der einen Seite den Aufschwung der Seele im Zuge der Augustinischen Glaubensdynamik bremsen will, wenn er ihn nicht sogar für ganz ›wunderbar‹ erklärt, sosehr ist es nun auf der anderen Seite gerade das Augustinische Schema der Vernunftkritik, in dessen Nachvollzug er die Ansprüche der Naturwissenschaft generell begrenzt sehen will. Die Skepsis bezüglich Umfang und Intensität des Glaubens und zeitgenössischer Glaubensfähigkeit hindert ihn nicht daran, an der Skepsis des Kirchenvaters gegen den ›Hochmut‹ der Kosmologen festzuhalten und dessen erkenntniskritische Position sogar noch auszubauen.

F. Philosophenkritik

Gleich in den ersten Zeilen der *Apologie des Raimundus Sebundus* schlägt Montaigne entsprechend den Grundton seines Mißtrauens gegen die Macht des theoretischen Wissens über das Leben an. »Die Wissenschaft ist wahrhaftig ein sehr nützlicher und großer Teil«, zu ergänzen wäre wohl, unseres Lebens. Denn Montaigne fährt fort: »Jene, die sie verachten, bezeugen zur Genüge ihre Dummheit; allerdings achte ich ihren Wert nicht bis zu jenem extremen Grade, den einige ihr zuschreiben, wie der Philosoph Herillos[23], der in ihr das höchste Gut ansetzte und glaubte, daß es an ihr liege, uns weise und glücklich zu machen; was ich nicht glaube, auch nicht,

---

[23] Herillos von Karthago war ein Schüler des Zenon von Kition, der allerdings entgegen den ersten stoischen Lehren seines Meisters nicht nur ein höchstes Gut in der Wissenschaft annahm, sondern auch noch äußere Ziele zuließ, wie etwa körperliche Genüsse.

was andere gesagt haben, daß nämlich die Wissenschaft die Mutter der Tugend ist und alles Laster durch Unwissenheit hervorgebracht wird. Wenn dies wahr ist, bedarf es einer ausführlichen Interpretation« (415). Montaigne macht hier eine Klammer im Text auf, die er am Ende des Essais mit der Bemerkung vor seinem letzten Seneca-Zitat schließen wird, es habe sich – wohl besonders im Vergleich zu den anderen Essais seiner drei Bücher – um einen »langen und langweiligen ›Diskurs‹« (588) gehandelt, der ihm noch weiteren »Stoff ohne Ende« bieten würde. Montaigne kokettiert hier wohl nicht in gewohntem Sinne, wenn er die Auseinandersetzung mit dem Anspruch des Wissens als eine darstellt, die durchaus ernst gemeint sein will.

Für Augustinus war es ebenfalls Aufgabe, einem Mißtrauen nachzugehen. Die Antike hatte, wie Montaigne an der Figur des Herillos deutlich macht – möglicherweise gerade an ihm, weil er anders als die stoische Schule, aus der er kam, auch Vermittlungen mit Gütern ›zweiten Ranges‹ zuließ und damit die Lehre in den Augen Montaignes wohl humaner aussehen ließ – grundsätzlich die Theorie in Beziehung zum Glück des Menschen gebracht. Über die Versprechungen der Sophisten hinaus gilt das für die Platonische Sophia ebenso wie für die Aristotelische Bescheidung der Philosophie im Praktischen auf eine »Wissenschaft der Ethik« bis hin zu der im Hellenismus üblichen Unterordnung der Kosmologie und Metaphysik unter eine Lehre, die dem Menschen vor allem anderen Gemütsruhe verschaffen soll. Mit dem Christentum löst sich nun, wie Blumenberg feststellt, »der erste epochale Schub des Mißtrauens in die Theorie, als das Glücklichwerden eine Sache der jenseitigen Hoffnung, des menschlich nicht bewirkbaren Heils geworden war, obwohl immer noch definiert als *visio beatifica*, als Wahrheitserwerb, als erfüllende Theorie«[24]. Augustinus steht damit vor der Aufgabe, in der Transposition irdischer Eudaimonie in ein Jenseits ewiger Glückseligkeit die Umrisse einer »Theorie« zu definieren, die sich dem Heilsversprechen angemessen zeigt. Damit ist die Auseinandersetzung mit der Philosophie vorgezeichnet, und es ist nun wiederum besonders der Zweig der Naturordnung, des Kosmos und der scheinbaren oder wirklichen Ausnahmen aus dem natürlichen Lauf der Dinge, in dem Augustinus' Abwehr menschlicher Neugierde, methodisch gestützter allemal, Montaignes Aufmerksamkeit findet. So klingt es noch ganz orthodox, wenn Montaigne hinter der Beschäftigung des »esprit« mit der »science« eine ›voluptas‹ vermutet, die weder zur »Nahrung«, noch zum »Heil« (491) der Seele taugt: »So also sprechen sie:«, und mit ihnen sind die Philosophen

---

[24] H. Blumenberg, *Die Legitimität der Neuzeit*, erneuerte Ausgabe, Frankfurt am Main 1996, S. 266.

gemeint, »die Betrachtung der Natur ist eine geeignete Nahrung für unseren Geist; sie erhöht uns und läßt uns anschwellen, läßt uns im Vergleich mit den höheren und himmlischen die niederen und irdischen Dinge verachten; das Forschen selbst nach verborgenen und großen Dingen ist sehr vergnüglich, sogar für denjenigen, der daraus nur Ehrfurcht lernt und deshalb vor Urteilen zurückschreckt. So also hört sich das Bekenntnis ihrer Profession an. Das eitle Bild dieser krankhaften Neugierde läßt sich noch ausdrücklicher an dem anderen Beispiel ablesen, das sie so oft um ihrer eigenen Ehre willen im Munde führen. Eudoxos wünschte und bat die Götter, daß er einmal die Sonne aus der Nähe sehen dürfe, um ihre Gestalt, Größe und Schönheit zu begreifen, auch wenn er gleich danach von ihr verbrannt würde. Er will um den Preis seines Lebens zu einem Wissen kommen, dessen Nutzen und Besitz ihm sogleich wieder genommen wird, und für diese momentane und flüchtige Einsicht alle anderen verlieren, die er gehabt hat und später hätte haben können«[25] (ebd.).

Augustinus folgend vereitelt die »curiosité« des Philosophen zweierlei: die Übereinstimmung mit der in der Natur offenbaren ›utilitas‹ und die nachfolgende ›fruitio Dei‹. Schon seinen eigenen Ansprüchen kann der Philosoph nicht genügen, denn im Wissensakt des Eudoxos hebt sich nicht nur das aktuelle Wissen des Philosophen auf, sondern auch das virtuelle. Um des Wissens willen wird das Wissen faktisch aufgehoben. Mit dieser Form der Selbstaufhebung verbindet sich aber natürlicherweise auch das Ende der Nutzung der Natur. Schon die ›conservatio sui‹ als die Vorbedingung einer Ausnutzung natürlicher Anlagen ›ad salutem‹ – welches ›Heil‹ dabei auch immer angesetzt wird – ist mit dieser Einstellung unmöglich.

G. Die Thales-Anekdote

Die Verachtung der »niederen und irdischen Dinge« ist dabei noch nicht unmittelbar ein Zeichen für eine ›impia superbia‹. Montaigne macht das durch die Art und Weise deutlich, wie er die bekannte Thales-Anekdote mit der thrakischen Magd wiedergibt. »Ich bin ganz einverstanden mit der milesischen Magd«, bekennt Montaigne und versetzt sogleich die ursprünglich auf eigene Kosten schadenfrohe Zuschauerin in die Rolle einer aktiven Hilfskraft des Moralisten, »die den Philosophen Thales dabei beobachtete, wie er, unablässig mit der Betrachtung des Himmels beschäftigt, die Augen nur nach oben gerichtet hatte, und ihm schließlich irgendetwas in den Weg

[25] In der Übersetzung folge ich hier H. Blumenberg, *Das Lachen der Thrakerin. Eine Urgeschichte der Theorie*, Frankfurt am Main 1987, S. 71.

warf, um ihn zum Stolpern zu bringen und dadurch daran zu erinnern, es sei noch Zeit, seine Gedanken mit den Gegenständen in den Wolken zu befassen, wenn er erst über das bescheid wisse, was vor seinen Füßen liegt. Es war ein guter Rat, den sie ihm gab, mehr auf sich die Aufmerksamkeit zu richten als auf den Himmel« (519). Es scheint so, als könne dem Philosophen noch geholfen werden. Zumindest ein Ausgleich zwischen der Beschäftigung mit dem Fernliegenden und dem Naheliegenden wird nahegelegt, sonst würde der wohlgemeinte Eingriff der Magd sinnlos sein[26]. Allerdings muß man wohl unterscheiden zwischen dem angeratenen Versuch, sich im Bestehenden auszukennen, und dem Anspruch, auch noch über die Gründe für das Bestehende Rechenschaft geben zu können. Wenn Montaigne der Fabel die Dramatik nimmt, nicht nur, indem er die Magd selbst aktiv werden läßt, sondern auch durch den Umstand, daß dem Thales am Ende der Sturz in den Brunnen erspart bleibt, so auch wohl deshalb, weil mit der Mahnung zur besseren Selbstkenntnis noch nicht das Aufspüren letzter Gründe verlangt wird. Es geht offenbar noch nicht um die ›superbia‹, die sich mit dem Anspruch des Wissens meldet, sondern um die Notwendigkeit, sich in der alltäglichen Lebenswelt, in der sich die Magd auskennt, einzurichten, bevor man sich aus dem Bereich eingespielter Praxis auf das Feld der Theorie hinauswagt.

So ist es für Montaigne vielmehr die Ablehnung des Forschens »nach großen und verborgenen Dingen«, den »choses occultes et grandes«, mit der er Anschluß an die Augustinische Philosophenkritik findet. Augustinus gibt im 3. Kapitel des 5. Buches der »Bekenntnisse« ein Schlüsselerlebnis wieder, das ihn an den gnostischen Lehren der Manichäer zum ersten Mal wirklich zweifeln ließ. In der Begegnung mit dem »sehnsüchtig« erwarteten Rhetor und Lehrer Faustus wird Augustinus klar, daß die gnostischen Wahrheiten über den Kosmos in ihrer Anlage nicht nur spekulativ und äußerst vage sind, sondern auch empirisch falsifizierbar. »So also steht es«, resümiert er im 5. Kapitel desselben Buches, »über Himmel und Sterne, über die Bewegung von Sonne und Mond hat er Falsches behauptet«. Um dies festzustellen, hat sich Augustinus der »saecularis sapientia« erinnert, mit ihrer »Methode [...], die sich an Zahlen hielt, an die tatsächliche Ordnung der Zeitabläufe und an das augenfällige Zeugnis der Gestirne«[27]. Mit dem Zweifel, den die Philosophie gegenüber den »Behauptungen des Mani« anmeldet, wird sie aber zugleich zu einer möglichen Alternative und damit zur Gefahr für die noch kommende Bekehrung. Deshalb geht Augu-

---

[26] Zur Montaigneschen Fassung der Fabel vgl. Blumenberg, *Das Lachen der Thrakerin*, (a.a.O.), Kapitel VII, *Beifall und Tadel der Moralisten*, S. 71–86.
[27] Augustinus, *Confessiones*, V, 3,6.

stinus im selben Kapitel auch gleich zur Kritik der Philosophie über. Wenn auch die Methode Erfolg hat, wenn auch die Berechnungen stimmen und die Voraussagen eintreffen, sie »forschen nicht frommen Sinnes, woher sie die Geisteskraft haben, mit der sie jene Dinge erforschen«[28]. Die Herkunft, der letzte Grund der Dinge ist ihnen verborgen, und deshalb auch der Weg zum Heil: »Sie kennen diesen Weg nicht und dünken sich erhaben und leuchtend wie die Sterne, und siehe, sie sind herabgestürzt auf die Erde, und *verfinstert ward ihr törichtes Herz*«[29]. Den »superbis« nähert sich Gott nicht, »mögen sie auch mit dem Eifer der Kennerschaft«, der »curiosa peritia« »die Sterne zählen und den Sand, die Himmelsräume ausmessen und nach den Bahnen der Gestirne spüren«[30]. Damit ist in der Thales-Anekdote, wie Blumenberg erkennt, das »Nächstliegende« gegenüber dem »Fernliegende(n)« neu bestimmt. Wichtig und naheliegend ist für Augustinus der erste Ursprung in Gott, und mit ihm »die Wahrnehmung und Anerkennung der illuminativen Bedingtheit des eigenen Wahrheitsvermögens«[31]. Was der Philosoph für das ihm nächste hält, ist auch hier in Wahrheit das fernste, insofern es mit dem gesuchten Heil nichts zu tun hat. So kommt es zu dem Paradox, daß die Philosophen zwar »auf weite Zukunft die Verfinsterung der Sonne vorhersehen«, dabei aber »die eigene Verfinsterung, die schon da ist«, nicht »sehen«[32].

Gerade die Vorhersage der Phänomene, über die die »Unwissenden staunen« und mit der »die Wissenden prahlen«, begründet für Augustinus auch das Renommee der Philosophen und bewirkt, daß sie von der Menge »hoch gepriesen« werden. Folgerichtig scheinen deshalb nun die Phänomene dazu geeignet, den »Hochmut« der Philosophen zu brechen, die sich nicht voraussagen lassen. So wie sich aber die »Weisheit« Gottes nicht »rechnen«[33] läßt, so gibt es auch Erscheinungen dieser Weisheit, das sind die Wunder, die sich ebensowenig vorausberechnen lassen. Generell gibt es nun zwei Möglichkeiten, mit den außergewöhnlichen Erscheinungen theoretisch umzugehen. Die eine besteht darin, das Wunder als echtes Wunder gelten zu lassen, also anzuerkennen, daß es sich um eine echte Ausnahme von der Regel handelt, die ansonsten mit Notwendigkeit und damit ausnahmslos befolgt wird. Die andere nimmt dem Wunder etwas von seinem Wunderbaren, indem erklärt wird, nur den am Ereignis teilnehmenden Menschen sei der fragliche Vorgang unbegreiflich, eine höhere Weisheit

---

28 Ebd., V, 3,4.
29 Ebd.
30 Ebd., V, 3,3.
31 Blumenberg, *Die Legitimität der Neuzeit*, (a.a.O.), S. 359.
32 Augustinus, *Confessiones*, V, 3,4.
33 Ebd.

könne aber durchaus einsehen, daß es damit seine Richtigkeit habe. Im
einen Fall wird also die Einmaligkeit des Ereignisses gegenüber der Regel
behauptet, im anderen gegenüber der Erscheinung die ausnahmslose Geltung der Regel auf Kosten der Möglichkeit ihrer aktuellen Einsicht. Beide
Möglichkeiten spielt Augustinus im *Gottesstaat* am Beispiel des Berichts
aus der *Römischen Genealogie* des Marcus Varro über eine außergewöhnliche Veränderung am Sternenhimmel durch[34]. Der »schönste aller Sterne«,
die Venus, referiert Augustinus im 8. Kapitel des 21. Buchs, habe in der
Frühzeit der Könige »Farbe, Größe, Gestalt und Lauf« geändert, »was in
dieser Weise weder vor- noch nachher jemals geschah«. Zuerst nun interpretiert Augustinus die Erscheinung als der Natur konform, denn wie
»könnte auch etwas wider die Natur sein, was nach Gottes Willen geschieht, da es doch der Wille des großen Schöpfers der Natur jedes geschaffenen Dinges ist?«, mit dem Fazit: »Wunder sind also nicht wider die Natur, sondern wider die uns bekannte Natur«. Der Eindruck, es fehle dem
Menschen nur an Einsicht, um die verborgene Gesetzmäßigkeit des angeblichen Wunders zu durchschauen, verstärkt sich noch, wenn er rhetorisch
weiter fragt: »Was sonst ist vom Urheber der Natur des Himmels und der
Erde so planvoll angelegt wie der wohlgeordnete Lauf der Gestirne? Was
durch unverbrüchliche, feste Gesetze so sehr gesichert?«. Dann aber wendet er das Argument, um den Voluntarismus Gottes gegen einen vermeint-
lichen Determinismus der Natur auszuspielen. Der Grund für diese Wendung liegt sicher in Augustinus' Zögern, der Gesetzmäßigkeit der Natur so
viel Raum zu geben, daß ihr Studium sich als ein Selbstzweck gegenüber
der christlichen Lehre behaupten könnte[35]. So aber »mußte, als Gott es
wollte, [...] der von allen durch Größe und Glanz hervorstechendste Stern«
nicht nur »Farbe, Größe, Gestalt«, sondern auch noch »Ordnung und
Regel seines Laufs ändern«. So sieht Augustinus nun ganz bewußt hinter
der Inszenierung des Wunders am Sternenhimmel die Absicht Gottes, die
›superbia‹ der Philosophen in die Schranken zu weisen. Gott »verwirrte
also damals die von den Astronomen aufgestellten Richtlinien, wenn es sie
damals schon gab, nach denen sie mit angeblich unfehlbarer Sicherheit die
vergangenen und künftigen Bewegungen der Gestirne bestimmten und
denen sie folgten, als sie zu sagen wagten, solch ein Vorgang an Lucifer
(dem Morgen- und Abendstern) habe sich weder vor- noch nachher zuge-
tragen«.

---

[34] Ich folge hier der Darstellung von Blumenberg, *Die Legitimität der Neuzeit*, (a.a.O.),
S. 373 ff.
[35] Vgl. ebd.

H. Die Differenz zu Augustinus

An Montaignes Wiederaufnahme des Augustinischen Arguments gegen die
›curiositas‹ der Philosophen kann man nun ablesen, wie sich die Grenzen
der Kritik am Wissen nach dem Sebundischen Anstoß zu einer
»Wissenschaft vom Menschen« aus der Perspektive des Essayisten erweitert
haben. So kann Montaigne Augustinus ohne Änderung von Punkt und
Komma folgen, wenn es darum geht, das Selbstbewußtsein des Naturfor-
schers in Frage zu stellen. Augustinus will mit der Aufzählung von Wundern die Philosophen »überzeugen, daß sie, wenn sie eine gewisse Naturer-
scheinung beobachtet und sich damit aufs beste vertraut gemacht haben,
darum doch Gott keine Vorschriften machen dürfen, als könne er sie nicht
zu etwas ganz anderem umwandeln und verändern«. Die Grundvorausset-
zung der neuzeitlichen Naturwissenschaft, daß »Gott nicht würfelt«, noch,
vom Schöpfungsakt abgesehen, in den notwendigen Lauf der Natur ein-
greifen könne, teilt auch Montaigne nicht. Plinius den Älteren zeiht er der
»irreverence« (508), wenn er behauptet, es sei »für den Menschen kein
geringer Trost zu sehen, daß Gott nicht alles kann; denn er« könne »sich
nicht töten, selbst wenn er es wollte, was doch das größte Privileg« sei,
»das wir in unserem Stand haben; er könne nicht die Sterblichen unsterblich machen; noch die Toten wieder zum Leben erwecken, noch das Leben, das einer gehabt hat, ungeschehen machen; noch bewirken, daß einer,
der mit Ehren ausgestattet war, diese Ehren nicht hatte; da er doch über
die Vergangenheit keine andere Macht« besitze »als die, etwas vergessen zu
machen. Und damit diese Verbindung zwischen dem Menschen und Gott
noch mit einem amüsanten Beispiel besiegelt ist«, könne »Gott nicht machen, daß zwei mal zehn nicht zwanzig ist«. Selbst die Wissenschaft, die
seit der Antike das meiste Prestige besitzt, und, wie Montaigne bemerkt,
»glaubt, unter den Wissenschaften den Gipfel an Sicherheit erreicht zu
haben« (555), entgeht nicht dem Verdacht, neben den regelgerechten Ab-
leitungen notwendig auch Wunderbares zustande zu bringen. Es fänden
sich in der »Geometrie [...] unwiderlegbare Beweise, mit denen die Wahrheit der Erfahrung negiert werden könnte: wie Jacques Peletier« ihm »bei
einem Besuch« gesagt habe, hätte er »zwei Linien gefunden, die aufeinander
zulaufen, um sich zu treffen; er könne jedoch nachweisen, daß es ihnen
nie« gelingen werde, »auch wenn man sie bis ins Unendliche« weiterver-
folgte, »sich zu berühren« (ebd.). Was für Leibniz und Newton später
Anlaß zu neuem Optimismus sein wird, das System der Natur auf mathematischer Grundlage mit Prinzipien zu versehen, ist für Montaigne ein
weiterer nachhaltiger Grund, die Aussichten auf endgültige und sichere
Naturerkenntnis nur noch pessimistischer zu beurteilen. Wo der Mensch

glaubt, nicht nur hinter den wechselnden Erscheinungen bleibende Gesetze zu entdecken, sondern auch noch für sich beansprucht, die Natur und ihren Schöpfer darauf festlegen zu dürfen, so als hätte er ein einklagbares Recht gegenüber dem Gesetzgeber, hat er nach Montaigne die Grenzen seines Wissens bei weitem überschritten. »Du siehst nur die Ordnung und die Regierung des kleinen Kellergewölbes, in dem du wohnst, wenn du sie überhaupt siehst: seine Göttlichkeit hat eine unendlich weitere Rechtssprechung; dieser Teil ist nichts im Vergleich zum ganzen: [...] du führst lokales Recht an; du weißt nicht, was das allgemeine Gesetz ist. Halte dich an das, was für dich bestimmt ist, aber nicht ihn. Er ist nicht dein Kollege, dein Mitbürger oder dein Gefährte. Wenn er sich dir in irgendeiner Weise mitgeteilt hat, dann weder, um sich auf das Maß deiner Kleinheit zurechtzustutzen, noch um dir die Kontrolle über seine Macht zu geben« (504).

Hier deutet sich nun aber auch schon an, daß Montaigne, so sehr er die eine Möglichkeit ergreift, mit der Erinnerung an Wunder oder paradoxe Ergebnisse der Wissenschaften die Notwendigkeit und Allgemeinheit der entdeckten oder aufgestellten Gesetze zu bestreiten, dennoch die andere Möglichkeit nicht ausschließen will, hinter den wunderbaren Erscheinungen durchaus eine Gesetzgebung zu vermuten, deren einzelne Gesetze wir nur nicht einsehen können. Das allgemeine Gesetz kann es wohl geben, auch wenn wir es uns aus der beschränkten Sicht der Gemeinde, in der wir sind, nicht richtig vorstellen können. Montaigne beruft sich dafür auch auf das Argument, das zum Gemeinplatz geworden ist, wenn es gilt, christlichen Trost zu spenden. »Wenn uns« Gott »anstatt der Heilung den Tod schickt oder unsere Leiden noch schlimmer macht, [...] tut er dies gemäß der Einsicht seiner Vorsehung, die sicherer beurteilt, was uns zukommt, als wir dies tun können« (561).

Anders als Augustinus kann Montaigne offenbar an beiden Möglichkeiten, die Erscheinung von Wundern zu verstehen, gleichberechtigt festhalten. Der Grund dafür kann nun nicht darin liegen, daß für Montaigne die Neugierde einen höheren Stellenwert einnimmt als noch bei dem Kirchenvater – hier war er ja gerade mit Augustinus einig. Montaigne radikalisiert vielmehr das Mißtrauen, das Augustinus den Philosophen entgegengebracht hat, und in dieser Radikalisierung reicht es nun auch bis an die Grundlagen heran, auf denen Augustinus seine Kritik des Wissens formulieren konnte. Ausgangspunkt ist demnach wiederum die Stellungnahme des Augustinus selbst zum Wissen, das wir von Gott und seiner Einsicht haben können. Montaigne zitiert aus dem *Gottesstaat*, Buch XII, Kapitel 17: »Profecto non Deum, quem cogitare non possunt, sed semetipsos pro illo cogitantes, non illum sed se ipsos non illi sed sibi comparant« – »Sicher ist es nicht Gott, den die Menschen begreifen, denn sie können ihn nicht begreifen, sondern sich selbst an seiner statt; nicht Ihn vergleichen sie mit Ihm, sondern sich selbst mit sich« (512). Montaigne nimmt diese Aussage offenbar ernst, und was folgt, ist eine dialektische Überlegung, die sich in Kürze folgendermaßen rekonstruieren läßt. Gemünzt auf die Möglichkeit, Wunder als Wunder zu begreifen, und damit Gottes Überlegenheit über den menschlichen Geist zu demonstrieren, leitet das Augustinische Mißtrauen in die menschliche Vorstellungskraft eine weitere Desillusionierung ein. Wenn es denn stimmt, daß wir Gott als den Urheber der Wunder begreifen müssen, stehen wir vor einer Schwierigkeit. Geben wir an, daß Gott eine Ausnahme aus der von ihm selbst gegebenen Regel macht, muß man eines schon voraussetzen. Man muß schon wissen, daß die Regel, im Beispiel der Lauf der Sterne und Planeten, in der Tat die Regel ist, der auch Gott normalerweise folgen müßte. Der Eingriff Gottes in der Art einer momentanen Neuschöpfung der im Wunder fraglichen Regel wird erst dann zum Eingriff, wenn schon feststeht, was von höchster Instanz geändert werden soll. Gerade dies ist aber die Voraussetzung, die von den Astronomen unter den Philosophen auch schon gemacht wird, daß nämlich der Mensch in der Tat wissen kann, wie die Gesetze des Kosmos lauten. In gewissem Sinne ist damit aber wiederum zugegeben, was abgestritten werden sollte. Der Philosoph hat Einsicht in das Wesen der Natur und kann sinnvollerweise ihren Gesetzmäßigkeiten nachgehen.

Möglich wird dieses unfreiwillige Zugeständnis eines Wissens von der Natur durch die Festlegung Gottes auf die Rolle eines immer wieder aus seiner Allmacht neu schöpfenden Gottes. Wenn Augustinus recht hat mit der Feststellung, der Mensch begreife Gott nur nach seinem eigenen Maß – das zumindest ist die Quintessenz, die Montaigne aus dem Zitat zieht – dann fällt freilich auch diese Festlegung unter das Verdikt, man solle Gott keine Vorschriften machen. Sowenig man ihm vorschreiben darf, daß er selbstgegebene Gesetze nicht einfach, sei es auch nur temporär, aufheben darf, genausowenig darf man ihn in der Konsequenz darauf festlegen wollen, manche Gesetze in wunderbarer Weise in ihrer Geltung wieder aufzuheben. »Was«, folgert Montaigne, »gibt es beispielsweise eitleres als Gott durch Analogien und Konjekturen erraten zu wollen, ihn« in seinem Wesen »wie auch die Welt unseren Fähigkeiten und Gesetzen gemäß festzulegen [...] . Und, weil unser Blick nicht bis zu seinem ruhmreichen Sitz reicht, ihn hier auf Erden zu unserem Verderben und Elend zurückgebracht zu haben?« (493). Selbst der höhere Grund dieser Aufhebung, den Astronomen den Stolz auf ihr Wissen zu nehmen und für alle die überlegene Macht Gottes sichtbar zu machen, muß nun hinter dieser Überlegung zurückstehen, denn ganz offenbar haben sich für Montaigne die Fronten der Argumentation verschoben.

Augustinus geht also Montaigne nicht weit genug. In den Augen der Menschen sollte für Augustinus das Wunder als die Ausnahme von der Regel unbegreiflich sein. Nun muß aber für Montaigne in den Augen der Menschen auch unbegreiflich sein, was der Mensch über den Ausnahmecharakter des Wunders sagt und weiß. So erstaunlich, wie das Wunder für den Forscher ist nun auch die Diagnose des Wunders für den Weiterforschenden. Die Konsequenz aus dieser Überlegung ist weitreichend. Nicht nur das Aussetzen der Geltung eines Gesetzes erscheint nun als unbegreiflich, auch das Gesetz, von dem das Wunder die Ausnahme sein sollte, wird nun in den Augen Montaignes notwendigerweise unbegreiflich. Nichts anderes hatte er wohl gemeint mit der Aufforderung gleich zu Beginn der *Apologie des Raimundus Sebundus,* bei der Augustinischen Polemik gegen die Philosophen nicht stehen zu bleiben. »Il faut plus faire«, man muß den Zweiflern nämlich jetzt auch noch »beibringen, um sie von der Hinfälligkeit ihrer Vernunft zu überzeugen, daß man nicht außergewöhnliche Beispiele heranschaffen muß, und daß sie«, gemeint ist die Vernunft, »so mangelhaft und blind ist, daß es keine leicht einsehbare Evidenz gibt, die ihr klar genug wäre; daß das Leichte und das Schwierige für sie eins ist; daß alle Dinge in gleicher Weise, und die Natur im allgemeinen ihre Richterschaft und Einmischung mißbilligt« (426 f.). Der »menschliche Geist« wird deshalb nun von Montaigne ein »großer Handwerker« genannt, der »Wunder« hervorbringt (557). Da die Grenze zwischen Regel und Ausnahme nun verwischt ist, wird alles zur Ausnahme, das Wunder wird alltäglich. »Wieviele Dinge nennen wir nicht wunderbar und wider die Natur? Jeder Mensch und jedes Volk tut das nach dem Maß seiner Unwissenheit. Wieviel verborgene Eigenschaften und Quint-Essenzen finden wir nicht? Denn der Natur gemäß zu verlaufen bedeutet für uns nichts anderes als gemäß unserem Verständnis zu verlaufen, soviel es nachzuvollziehen weiß und soviel wir darin sehen: was darüber hinausgeht, ist monstruös und ungeordnet. Nun wird in dieser Hinsicht also den Schlausten und den Geschicktesten alles monstruös erscheinen: denn jene hat die menschliche Vernunft davon überzeugt, daß sie weder eine feste Basis noch irgendeine Grundlage hat, nicht einmal um zu versichern, daß der Schnee weiß ist (Anaxagoras sagte sogar, er sei schwarz); ob es etwas gibt, oder vielmehr nichts; ob es Wissenschaft oder Unwissenheit gibt (Metrodorus von Chius leugnete, daß der Mensch es sagen könnte); oder ob wir leben: wie Euripides im Zweifel darüber ist, ob das Leben, das wir leben, Leben ist, oder ob das, was wir Tod nennen, nicht Leben ist [...] .« (506 f.). Am Ende greift so das Mißtrauen, das Augustinus gegen die selbstbewußte Philosophie und speziell die Astronomie hegt, auf die Grundlagen der Theologie selbst über. In der Dialektik gesteigerter Wissensansprüche kontaminiert die

Unsicherheit in Fragen der Naturordnung das Bewußtsein von der göttlichen Ordnung, und mit ihr die Sicherheit um das Wissen von Gott selbst. Die Opposition, die damit entsteht, löst das alte Gegenspiel von heilsbringender Offenbarung und neugieriger Zerstreuung, von göttlicher Erleuchtung und existenzieller Verdunklung ab. Der Schatten des Zweifels an allem Weltlichen legt sich nun auch auf das Wissen von Gott. Von der Gewißheit im Glauben bleibt nur noch der Glaube in die Gewißheit, die der vom Geist Erleuchtete haben muß. Der »wird sich« zum Wissen »aufschwingen, wenn Gott ihm auf außerordentliche Weise die Hand reicht« (589) heißt es ganz zum Schluß der *Apologie*, aber gleich zu Anfang war schon festgestellt worden, daß selbst eine solche Beglaubigung die Menschen »kaum« mehr »berührt« (427). So erweist sich also auch die neuentstandene Opposition zwischen einem fortschrittlichen Rationalismus und einem konservativen Fideismus als eine Scheindifferenz. Beide Richtungen können für Montaigne den Anspruch nicht einlösen, dem Leben eine sichere Grundlage im Wissen zu verschaffen. Sie gleichen den beiden sich aufeinander zubewegenden Linien, die sich nun auch bei unendlicher Verlängerung paradoxerweise nicht berühren und deshalb für Montaigne beide ins Leere laufen. Glauben und Wissen dissoziieren sich erneut, weil sie einander gleichgültig geworden sind. Damit ist nun auch der Fluchtpunkt, auf den hinblickend Sebundus den Versuch unternommen hatte, den Forderungen der rationalistischen Skeptiker mit theologischen Vernunftgründen zu begegnen, wieder in weitere Ferne gerückt.

V. MONTAIGNES NEUFASSUNG EINER »WISSENSCHAFT VOM MENSCHEN«

A. Die These vom fernen Gott

Die Einwände der Fideisten und der Rationalisten gegen das Sebundische »liber creaturarum« müssen also für Montaigne gar nicht wirklich widerlegt werden, weil sie sich als gegenstandslos erweisen. Daß man sich von ihnen ausgehend dennoch um eine *Apologie* bemühen muß, hat seinen Grund in einem Unbehagen, das Montaigne selbst befällt, als er sich fragt, was denn vom Anspruch einer »Wissenschaft vom Menschen« weiterhin aufrechtzuerhalten ist. Schon bei der Übersetzung der *Theologia naturalis* hatte er sich erlaubt, an einigen Stellen im Text vorsichtig einzugreifen[1]. Er nimmt in seinen Augen allzu affirmative Aussagen mit skeptischen Wendungen wieder ein Stück weit zurück. An die Sebundische Feststellung, daß die Wissenschaft die Wahrheit lehrt, wie sie ist, fügt er einschränkend hinzu, daß sie dies wohl nur tun könne, soweit es der natürlichen Vernunft möglich sei. Wie Friedrich richtig beobachtet hat,[2] sind es vor allem die »anthropologischen Kapitel«, die »mit den Vorspielen der natürlichen Theologie zu tun haben«, die den stilistischen Ehrgeiz des Übersetzers aufleben lassen, während die systematischen Ausführungen mit der Präsentation der »Gewißheitsresultate«[3] nur nach Maßgabe nötiger Textnähe abgehandelt werden.

Was sich in der Übersetzung als bloße Erscheinung eines gegenüber dem Horizont des Autoren schon erweiterten Bewußtseins ankündigt, zeigt sich dann in Montaignes *Apologie* in Form einer ausdrücklichen Distanznahme. Um den Sinn einer »Wissenschaft vom Menschen« aufrechtzuerhalten, um dem Wissen des Menschen von sich selbst weiter eine zentrale Bedeutung zu geben, sieht sich Montaigne veranlaßt, einen Schritt hinter die theologische Beweisabsicht des Sebundus zurückzutreten. An einer systematisch entscheidenden Stelle nimmt er deshalb eine auf den ersten Blick marginale Veränderung vor, die sich aber in ihren Auswirkungen wie das Lösen des Schlußsteins im Bogen der gesamten Argumentation be-

---

[1] Zu den stilistischen wie auch inhaltlichen Änderungen, vor allem im *Prolog*, vgl. J. Coppin, *Montaigne, traducteur de Raymond Sebon*, Lille 1925, sowie J. Porcher, *La Théologie naturelle et les théories de la traduction au XVIe siècle*, in: Œuvres complètes de Montaigne, Band X, Paris 1935.

[2] Vgl. Friedrich, *Montaigne*, (a.a.O.), S. 97.

[3] Ebd.

merkbar macht. Was zuerst nur wie eine formale Verschiebung des Beweisgrundes aussieht, hat so fast unabsehbare inhaltliche Folgen für das Verständnis des Menschen von sich und der Welt.

Montaigne bezweifelt nämlich nun genau die These des Sebundus, die Descartes später voraussetzen muß, um das Gespenst eines »genius malignus« wieder in die Schranken sicher gegründeten Wissens zu weisen. Referierend und illustrierend eröffnet Montaigne sein Argument: »Wir sind nicht fähig, die Welt geschaffen zu haben: es gibt also ein vortrefflicheres Wesen,« – bezeichnenderweise spricht Montaigne dabei schon von einer »nature« – »das hier Hand angelegt hat. Es wäre deshalb eine dumme Einbildung, uns für die vollkommenste Sache dieses Universums zu halten; es gibt also etwas Besseres« als wir es sind, und »das ist Gott. Wenn Sie ein reiches und prachtvolles Anwesen sehen, selbst wenn Sie nicht wissen, wer davon der zugehörige Herr ist, sagen Sie doch nicht, daß es für Ratten gemacht ist. Was nun diese göttliche Architektur des himmlischen Palastes betrifft, haben wir nicht, so wie wir sie sehen, Grund zu glauben, daß dies die Wohnung eines größeren Herrn ist, als wir es sind? Ist nicht das höchste immer auch das Würdigste? Und wir finden uns an unterer Stelle wieder« (511 f.). Soweit kann Montaigne noch vorbehaltlos zustimmen, bestätigt der Gedankengang doch noch die Selbstbescheidung, die er vom Menschen mehr denn je einfordert. Nun entwickelt das Argument aber das Verhältnis von dem, der ganz oben in der Hierarchie steht, zu dem, der sich ganz unten findet, und hier glaubt Montaigne nun, einen Einwand vorbereiten zu müssen, liegt doch eine Gefahr darin, aus unserer Beziehung zu Gott fragliche Folgerungen zu ziehen. Je näher wir uns Gott wähnen, umso größer wäre auch der Grund, uns in falscher Weise gottähnlich zu denken. So eröffnet er nun einen ganzen Reigen von Beispielen – die er übrigens aus dem dritten und dem zweiten Buch von Ciceros *De natura deorum* herausgelesen hat – in denen sukzessive das Bedingungsverhältnis der Eigenschaften von Gott und Mensch fraglich wird, bis es sich am Ende gegenüber dem Anfang ganz und gar umzukehren scheint. Er beginnt mit der Feststellung: »Nichts Seelen- und Vernunftloses kann ein beseeltes und vernunftbegabtes Wesen hervorbringen. Die Welt hat uns hervorgebracht, also hat sie Seele und Vernunft. – Jeder Teil von uns ist weniger als wir. Wir sind ein Teil der Welt. Die Welt ist also mit Weisheit und Vernunft ausgestattet, und das reicher, als wir es sind. Es ist eine schöne Sache, eine große Regierung zu haben. Die Regierung der Welt kommt folglich einem glückseligen Wesen[4] zu. – Die Sterne fügen uns keinen

---

[4] Montaigne ersetzt auch hier wieder den Begriff des gemeinten höchsten Wesens umstandslos mit »nature«.

Schaden zu; folglich sind sie voller Güte. – Wir benötigen Nahrung; also
brauchen sie auch die Götter, und sie ernähren sich von den Dämpfen
unserer Welt hier unten. Die Güter dieser Welt sind nicht Güter für Gott;
also sind es auch keine Güter für uns. Unrecht tun und Unrecht leiden
sind gleichermaßen Zeichen moralischer Schwäche; es ist deshalb töricht,
Gott zu fürchten. Gott ist von Natur aus gut, der Mensch durch seinen
Fleiß, und dies ist mehr. – Die göttliche Weisheit unterscheidet sich von
der menschlichen nur dadurch, daß die erste unsterblich ist. Nun wird die
Weisheit aber durch ihre Dauer nicht größer; daraus folgt, daß wir nun
›compagnons‹ sind« (512). Dieses letzte Paradox bringt auf den Nenner,
was die vorangegangenen Beispiele im Einzelnen auseinandergelegt haben:
jedes der Argumente für eine Gottähnlichkeit des Menschen ist mit einem
zu konfrontieren, das diese Ähnlichkeit verneint. Immer wenn es einen
Grund gibt, uns mit Gott auf einem Fuße zu wähnen, wird dieser Grund
auch gleich wieder für nicht stichhaltig erklärt.

Die Folgerung, die Montaigne nun daraus ableitet, präsentiert sich aus
zwei verschiedenen Perspektiven. Zum einen aus der Sicht des Menschen:
»Alles in allem genommen werden der Aufbau und der Abbau« der Vorstellung Gottes, »die besonderen Züge der Gottheit durch den Menschen
geprägt, gemäß seiner Beziehung auf sich« (ebd.). So unorthodox diese
Folgerung klingt, der Bruch mit der Sebundischen *Theologia naturalis* ist
damit noch nicht einmal vollzogen. Denn es war ja gerade die These des
Sebundus, der Mensch könne mit Blick auf sein eigenes Wesen das Wesen
Gottes erkennen. In der Reflexion auf sich selbst gibt die Natur des Menschen als Spiegel der ganzen Schöpfung die Weisheit des Schöpfers zu erkennen. Der Mensch braucht dazu nur im Buch der Natur zu lesen, das in
ihm selbst aufgeschlagen bereits vorliegt. Die »scientia de homine« ist allerdings für ihre Gültigkeit darauf angewiesen, daß der Abstand zwischen
Mensch und Gott in welcher Form auch immer absehbar bleibt. Stünde es
nämlich ganz im Belieben des Menschen, sich selbst auf der Stufenleiter des
Seins seine Sprosse zu suchen, würde die Stufung selbst unsinnig. Das Ende
der Skala würde sich immer nach Maßgabe des Menschen verschieben.

Schon der nächste Ausruf Montaignes ist aber gegen diese Voraussetzung
des Sebundus gerichtet. Der Mensch, der die Idee Gottes nach seinem eigenen Vorbild prägt, wird nun apostrophiert: »Welch ein Meister und welch
ein Modell! Strecken wir, erheben wir und vergrößern wir die Eigenschaften des Menschen soviel wie wir wollen; blähe dich auf, mehr und mehr
und mehr« und nun spielt Montaigne mit einem Zitat aus den Horaz-
Satiren[5] auf die später bei La Fontaine berühmt gewordene Fabel vom

---

[5] Vgl. Horaz, *Sermones*, II, 3, Vers 317–319.

Frosch an, der so groß wie ein Ochse sein wollte. So viel, das ist die Moral, kann der Mensch seine Qualitäten nicht vergrößern, als daß er damit an die Gestalt Gottes heranreichen könnte.

Nun wird der Bruch mit Sebundus vollends unabwendbar. Nachdem die Verhältnisbestimmung von Mensch und Gott schon in den Raum des Subjektiven gestellt wurde, löst nun Montaigne auch den letzten Anker einer objektivitätsstiftenden Gottesnähe. Das Gottesverhältnis des Menschen aus der Perspektive des Menschen wird ergänzt durch den Blick auf dieses Verhältnis aus der Sicht Gottes, einer Sicht, die sich in der Folge allerdings gleich wieder als eine Brechung der ersten menschlichen Hinsicht erweisen wird. Der Grund dafür, daß der Mensch auch mit großer Anstrengung nicht fähig sein wird, sich entscheidend mit seiner Erkenntnis in die Nähe Gottes zu bringen, liegt dabei in einer für Montaigne bisher undurchschauten Zweideutigkeit des Bezugs von Schöpfer und Geschöpf.

Das Argument beginnt mit dem Obersatz: »Bei den natürlichen Dingen lassen die Folgen nur zur Hälfte auf ihre Ursache schließen« (ebd.). Nun folgt der Untersatz in Form der Frage, »wie« es »bei jener« steht, und dabei ist nicht die natürliche Ursache der natürlichen Gegenstände, sondern Gott gemeint, insofern er Grund für die Schaffung des Menschen und die Schöpfung im ganzen ist. Die Schlußfolgerung ist dann, daß man ebensowenig vom Wesen des Menschen oder auch der Natur auf das Wesen des Schöpfers schließen kann wie vom Wesen natürlicher Konsequenzen auf die Substanz der natürlichen Ursachen. Bleibt nun bei den natürlichen Phänomenen immerhin noch der begründete Verdacht einer Familienähnlichkeit zwischen Stammvater und Abkömmling, insofern die »Hälfte« der ursächlichen Eigenschaften in der Folge wieder auftauchen, ist selbst dies zwischen Mensch und Gott nicht mehr garantiert. Die göttliche Ursache stehe nämlich auch noch »über der Ordnung der Natur; ihr Stand« sei »zu hoch angesiedelt, zu weit entfernt, zu souverän, um unseren Folgerungen zu erlauben, sie zu binden und zu knebeln«. Deshalb sind wir »dem Himmel nicht näher, wenn wir auf dem Mont-Cenis stehen als wenn wir auf dem Grund des Meeres sind« (ebd.). Daß Montaigne bei der Fassung der natürlichen Grund-Folge-Beziehung in der Tat das Paradigma der Fortpflanzung im Auge hat, zeigt sich an den gleich darauf folgenden Erläuterungen. Bringe man nämlich Gott in einen solchen Zusammenhang, werde er »bis auf das Niveau der fleischlichen Beziehungen der Frauen herabgewürdigt: für wieviele Male, für wieviele Zeugungen?« (512 f.), und es folgen reihenweise Beispiele dafür, wie Frauen dem Wahn erlegen seien, sich mit einem Gott zu paaren. Selbst wenn man also diesem Wahn erliegt und glaubt, über die Stammbäume Auskunft über die göttliche Herkunft des Menschen zu erhalten, so ist für Montaigne doch klar, daß die zwischenge-

schobenen Glieder der Kausalkette bei weitem zu zahlreich sind, als daß
sich der erste Grund damit auch nur in Umrissen zurückverfolgen ließe.

Von welcher Seite man sich also nun auch der Beziehung Mensch-Gott
nähert, ob auf natürlichem Wege oder direkt auf dem Heilswege, für Montaigne ist klar, daß sich das bei Sebundus eng geknüpfte Band deutlich
gelockert hat. Das Prinzip der Schöpfung ist viele Stufen weiter wegge-
rückt, so viele, daß es als solches kaum noch erkennbar ist. Jeden Versuch,
die Verbindung auf philosophischem oder theologischem Weg wieder
aufzunehmen, wertet Montaigne dabei eher noch als ein Einfügen immer
neuer Zwischenschritte. Anstatt den Weg zu verkürzen, verlängern sie ihn
nur noch, und die Vielheit der Versuche ist, davon gibt schon der schiere
Umfang der essayistisch aufbereiteten Beispielserien Zeugnis, nur ein Argument mehr in den Augen Montaignes für die zunehmende Distanz, die
jeden dieser Versuche von ihrem Beweisziel trennt.

Der Prolog der *Theologia naturalis* hatte begonnen mit der Feststellung,
daß die »Wissenschaft vom Menschen« den Menschen in gleicher Weise
»sich selbst« wie auch »seinen Schöpfer«[6] erkennen läßt, und er hatte geschlossen mit der Versicherung, daß jene Wissenschaft »nichts anderes« sei
als die Erkenntnis der »in die Kreaturen eingeschriebenen Weisheit«[7]. Mit
dem Abstand, den der Schöpfer bei Montaigne gegenüber der Schöpfung
nimmt, ist nun die Erkenntnis in allen drei Hinsichten eine andere geworden. Denn die *Theologia naturalis* kann sich nun nicht mehr als eine Aus-
formulierung des »liber creaturarum« verstehen, und indem sie dies nicht
mehr kann, ist auch die »scientia de homine« nicht mehr dieselbe. Was auf
dem Rückzug der Theologie verloren ging, ist gerade der Anspruch des
Wissens auf eine Weisheit, die Sebundus noch in den Dingen verkörpert
sehen wollte. Je weiter sich nämlich das Schöpfungsprinzip vom Prinzipi-
ierten entfernt, umso weniger weit reicht der Einfluß des Schöpfers auf
sein Werk. Selbst wenn Montaigne immer noch zugeben kann, daß Gott
das vollkommenste Wesen ist, das sich denken läßt, so hilft die Feststellung
dieser Vollkommenheit dem Menschen bei seiner Einrichtung in der Welt
doch nichts mehr. Durch die vielen Kopien und Pausen ist die Schrift des
großen Werkmeisters undeutlich geworden. Damit ist aber auch nicht
mehr davon auszugehen, daß sich die Dinge in der Ordnung halten, die ihr
Schöpfer für sie vorgesehen hatte. Genauer müßte man noch sagen, daß
Montaignes Schöpfer nicht einmal auf die Absicht einer solchen Ord-
nungsstiftung festgelegt werden darf, da er wohl im Bewußtsein seines
Abstands von der Welt sich und sein Verhältnis zu ihr begreift. Noch

---

6 Sebundus, S. 26*.
7 Ebd., S. 39*.

genauer müßte es schließlich heißen, der Abstand, den Gott von der Welt im skeptischen Rückblick Montaignes auf die Tradition nun hält, läßt sich weder als erzwungene Vernachlässigung noch als überlegene Fürsorge deuten. Fest steht für Montaigne nur, daß sich unsere Rückschlüsse auf dem weitgewordenen Weg hin zum Ursprung im Ungewissen verlieren müssen. Die Ordnungsleistung Gottes ist entweder fraglich geworden, oder aber wir können sie nicht verstehen. Zwischen beiden Optionen können wir nach Montaigne nicht mehr entscheiden.

Odo Marquard[8] hat den Blumenbergschen Aufweis der *Legitimität der Neuzeit* als einen Versuch gedeutet, nach der traditionellen Entgegensetzung von Mittelalter und Neuzeit die Kontinuität beider Epochen auszuloten. Möglich sei das geworden, weil spätestens seit dem Marxistisch-utopistischen Zukunftsdenken die Last der Humanität auf neue Schultern verteilt wurde. Die weltverschlingende Macht des Bösen, wie sie sich in der Gnosis als Gegenpol zur göttlichen Schöpfung zu erkennen gibt, werde nun durch das Werk der wissenschaftlich gesicherten Geschichtsdialektik in Schach gehalten. Das schaffe den Raum dafür, das Mittelalter aus der ›Finsternis‹, in die es Petrarca zuerst gestellt habe, wieder herauszuführen, weil nun auch schon auf der Neuzeit der Renaissance und der Aufklärung der Schatten des Vergangenen liege. Mittelalter und frühe Neuzeit werden so zu Epochen, deren Prinzipien verschiedene, selbst schon überholte Alternativen sind, das weltverneinende Prinzip zu überwinden.

An dem historischen Ort, an dem Glaubenskriege und innere politische Umwälzungen das Vertrauen in die Fähigkeiten Gottes erschüttert haben, die Schöpfung dauerhaft zum Guten zu wenden, habe der Mensch sich gezwungen gesehen, selbst die welterhaltenden Maßnahmen zu ergreifen. So wie zuvor Gott im Glauben an eine Vorsehung die überlegene Planung und beste Einrichtung der Welt übertragen wurde, so werde nun der Wissenschaft, der Kunst und einer naturrechtlich begründeten Politik zugetraut, das Werk Gottes weiterzuführen. Der Triumph des Humanismus und der Renaissance ist dann nur ein Versuch der Einlösung unendlicher Heilserwartung mit den endlichen Mitteln einer neuen Zeit.

Montaigne gehört danach für Blumenberg auch schon zu den Neuerern. Er könne zwar noch nicht eine wirkliche Therapie für den Fortschritt anbieten, spreche aber dennoch eine, wenn auch zurückhaltende Warnung aus[9]. Montaigne sei nicht einer von jenen vollkommenen Skeptikern, die einfach alle Theorie verabschieden wollten, er wolle vielmehr mit Blick auf

---

[8] Vgl. O. Marquard, *Schwierigkeiten mit der Geschichtsphilosophie*, Frankfurt am Main 1974, S. 52–65.
[9] Vgl. Blumenberg, *Das Lachen der Thrakerin*, (a.a.O.), S. 74 ff.

das »gelebte Leben« die Philosophie neu entstehen lassen. Er wird damit
zum Paradigma des »zögernden und zuwartenden Weltweisen«[10], ein Mo-
ralist also, der durchaus etwas Richtungsweisendes zu sagen hat, dabei aber
noch eine anfängliche Vorsicht walten lassen muß. Eine Vorsicht, die von
Voltaire et alii später mühelos abgelegt werden kann[11].

Wenn es nun stimmt, daß das mittelalterliche Vertrauen in Gott durch
das Vertrauen des Menschen in seine eigenen Fähigkeiten abgelöst wurde,
und wenn es weiter so ist, daß dieses Selbstvertrauen wiederum nur durch
eine Erweiterung des Schaffenshorizonts ins Geschichtliche und Zukünftige aufrechterhalten werden konnte, wobei die dialektisch begriffene Geschichte zum eigentlichen Handlungssubjekt wird; wird dann nicht das
Licht wiederum von neuem ein anderes, das auf den Epochenwechsel fällt,
wenn nun auch der selbständig gewordene Fortschritt als Subjekt der Geschichte seinerseits vom Vordergrund des Geschehens wieder zurückzutreten scheint? Sieht sich die Montaignesche Stellungnahme zur noch lange
im Vergehen begriffenen Metaphysik nicht eher wie eine Reaktion auf »le
passé d'une illusion«[12] an, denn als eine ahnungsvolle Ankündigung des
nachfolgenden Triumphzugs des Rationalismus? Gibt nicht das Abklingen
einer doch nur vermeintlich universellen Geschichtsmetaphysik wieder
mehr ›Zwischentöne‹ der Montaigneschen *Essais* zu verstehen, die sie mehr
im Ringen um einen Neuanfang zeigen als im Vollenden eines ersten
Schrittes?

B. Die These vom Rückfall in den Naturzustand

Ein Argument dafür kann man nun in Montaignes Reaktion auf die Distanz finden, in die er den Schöpfergott gegenüber allem Geschaffenen für
den Menschen gebracht hat. Montaigne wiederholt die Ausgangsfrage des
Sebundus unter den neuen Voraussetzungen, die sich aus der Kritik des
Fideismus und des Rationalismus ergeben haben. Wie sieht eine »Wissenschaft vom Menschen« aus, wenn sich der Schöpfer in und mit seinem
Werk nicht mehr identifizieren läßt? Wie sieht das Wissen aus, das der
Mensch erhält, wenn er dann auf seine eigene Natur blickt, um die Natur
des höchsten Wesens wie der niedersten Dinge zu erkennen? Was erkennt
der Mensch in der Selbstreflexion, wenn ihm das von Gott offenbar ge-
machte Wissen in seinen Konsequenzen doch als unerreichbar gelten muß?

---

[10] Ebd., S.75.
[11] Vgl. ebd., S.78 ff.
[12] Vgl. F. Furet, *Le passé d'une illusion. Essai sur l'idée communiste au XXe siècle.* Paris
1995.

Montaignes Antwort auf diese Frage hat ihren Ausgangspunkt in einem
›Versuch‹, der sich aufs ganze gesehen als der eigentliche Kern der *Essais*
herausstellt. Es ist die in seinen Augen wohl gar nicht mehr so fiktive Annahme, die symbolische Ordnung der Welt sei in sich so weitgehend zu-
sammengebrochen, daß nur noch das bloße »Daß« der Schöpfung mit
Sicherheit behauptet werden kann. Auszugehen ist also vom Menschen in
seiner bloßen, naturgemäßen Existenz: »Betrachten wir für einen Augenblick den vereinzelten Menschen, ohne fremde Hilfe, nur mit seinen eigenen Waffen bewaffnet, nicht versehen mit göttlicher Gnade und Wissen,
die seine ganze Ehre ausmachen, seine Kraft und den Grund seines Seins.
Sehen wir einmal, wieviel Standfestigkeit er mit dieser schönen Ausstattung hat« (427). Der so in den Zeugenstand gerufene natürliche Mensch
soll nun Auskunft geben »mit der Kraft seiner Vernunft, worauf er die
große Überlegenheit gegründet hat, die er glaubt, über die übrigen Lebewesen zu besitzen« (ebd.).

Das unmittelbare Ergebnis einer solchen Vernehmung kann entsprechend auch nichts anderes sein als die Negation der Ordnungsfunktion, die
der Mensch nach Sebundus noch ausüben konnte. In der *Theologia naturalis* erfüllte er diese Aufgabe in zweierlei Hinsicht, insofern der Mensch als
das natürliche Ziel erscheint, auf das hin sich alle geschaffenen Dinge auszurichten haben, mit demselben Recht wie er als der ontologische Mittelpunkt der Welt gilt. Hier bekommt nun das Zitat, das Cassirer zum Beleg
für Montaignes Vollzug der Kopernikanischen Wende anführt, eine neue
Färbung. Montaigne ruft aus: »Wer hat« den Menschen »in den Kopf gesetzt, daß dieser bewundernswürdige Reigen des Himmelsgewölbes, das
ewige Licht dieser Flammenkörper, die so erhaben über seinem Haupt
kreisen, die ungeheuren Bewegungen dieses unendlichen Meeres zu seiner
Annehmlichkeit und zu seinen Diensten geschaffen und so viele Jahrhunderte in Gang gehalten werden? Läßt sich etwas Lächerlicheres ausdenken,
als wenn dieses elende und erbärmliche Geschöpf, das nicht einmal seiner
selbst Herr und von allen Seiten jeder Unbill ausgesetzt ist, sich für den
Herren und Meister des Alls ausgibt, von dem auch nur den geringsten
Teil zu überschauen, geschweigedenn zu beherrschen, nicht in seiner
Macht steht? Und das Privileg, das er sich zuschreibt, der einzige in diesem
großen Gebäude zu sein, der die Fähigkeit besitzt, seine Schönheit und
Teile zu erkennen, der einzige, der dafür dem Architekten Dank sagen und
darüber Auskunft geben kann, was in der Welt entsteht und was vergeht,
wer hat ihm dieses Privileg beglaubigt? Er mag uns das Beglaubigungs-
schreiben dieses großen Auftrags zeigen« (ebd.).

Es ist klar, daß die Schlußwendung rhetorisch gemeint ist, denn das Be-
glaubigungsschreiben, das hierzu notwendig wäre, ist schon nicht mehr im

Kurs, und auch für die neue kosmische Weltordnung gibt es nach Montaignes Überzeugung noch keinen Gläubiger, der genügend Kredit für eine sichere Zukunft der Wissenschaft vorzuweisen hätte. Was an Stelle des ausstehenden Wechsels nun eingelöst werden muß, ist nach Montaigne als ein Durchgang durch die Wissensgebiete zu beschreiben, die von der bisherigen symbolischen Ordnung entbunden werden. Damit ist allerdings nur erst einmal äußerlich jede Schranke aufgehoben, von einem Gebiet in das andere übergangslos zu wechseln. Der Eindruck, der manchen Leser dazu verleitet, Montaigne Glauben zu schenken, wenn er seine Schriftstellerei als eine Fortbewegung »à sauts et à gambades« bezeichnet, muß zumindest dahingehend korrigiert werden, daß sich die neue Unordnung im Text doch noch deutlich aus der alten Ordnung der Vorlage speist. Konkret heißt das, Montaigne folgt in Grenzen weiter nun dem systematischen Aufbau der *Theologia naturalis* in seiner *Apologie des Raimundus Sebundus*, freilich mit der Maßgabe, die Illustrationen für die Glaubenswahrheit nun auf ihren ›tatsächlichen‹, und das heißt natürlichen Gehalt hin zu befragen.

C. Die Gliederung der *Apologie des Raimundus Sebundus* in Fortsetzung des Gedankengangs der *Theologia naturalis*

So ergibt sich nun eine Gliederung, die im wesentlichen drei Teile umfaßt. Sie orientiert sich an den drei großen Werken, die Gott in den Augen des Sebundus noch hervorgebracht hat, auch wenn deren Konsistenz nun nach und nach bei Montaigne mit der zunehmenden Distanzierung Gottes von seinem Werk fraglich wird. Es handelt sich dabei um die Schaffung der Welt – das »opus conditionis« – die Menschwerdung Gottes – das »opus restaurationis seu reparationis« – und die Aufhebung der Welt – das »opus glorificationis seu finalis retributionis«. Bei Sebundus schon werden diese drei Werke vor allem in ihrem Bezug auf den Menschen thematisiert. Sie erscheinen deshalb aus der Sicht Gottes als Schöpfung, Offenbarung und Jüngstes Gericht. Aus der Sicht des Menschen ist darin seine natürliche Ursache begründet wie auch die Möglichkeit seiner Erleuchtung und schließlich die Vervollkommnung des Einzelnen wie der Gattung am jüngsten Tag.

Indem Montaigne nun die »scientia de homine« aus dem Kontext der ›natürlichen Theologie‹ löst und in den Zusammenhang einer ›theologisierten Natur‹ stellt, gewinnt er dem von Sebundus zugrundegelegten Selbstbezug des Menschen seine neuen Züge ab. Die Zielrichtung der Selbsterforschung könnte man auch bei Sebundus schon mit dem vagen

Titel einer ›Suche nach Identität‹ belegen. Indem diese Form des bewußten Selbstseins zum Problem wird gibt Montaigne der Selbstbeglaubigung des eigenen Wissens und Wertes eine moderne Wendung.

Der erste Teil der essayistischen Betrachtung fragt nämlich nun nach der Identität des natürlichen Menschen. Gemeint ist damit der Mensch im Zustand vor dem Sündenfall. Wie entwickelt dieser sein Selbstbewußtsein, wenn er noch von keinem ›Baum der Erkenntnis‹ gegessen hat? Was wird aus der zuvor noch theologisch wie teleologisch gesicherten Überlegenheit des Menschen, wenn er seinen Wert im direkten Vergleich seiner Naturanlagen mit denen der übrigen Schöpfung ableiten soll? Hier geht es also um die Ausbildung einer ›Naturidentität‹ des Menschen.

Im Gegensatz dazu geht Montaigne im zweiten Teil der Betrachtung den Schritten nach, die der Mensch auf dem »Weg zum Heil« bei Sebundus anscheinend noch mühelos absolvieren konnte. Voraussetzung ist bei Montaigne nun allerdings, daß der Mensch nach seinem Sündenfall keinen Ausweg aus dem ›Tal der Tränen‹ mehr gewiesen bekommt. Es gilt, wenn man so will, nun weiter die Annahme des Menschen in einem Naturzustand, mit dem Unterschied freilich, daß in der ersten Betrachtung der Mensch, wie die Schöpfung ihn unmittelbar hervorgebracht hat, noch ganz und gar ›natürlich‹ war, während seine ›Natur‹ sich mit dem Sündenfall nun ebenfalls ändert. Es ist dem Menschen damit wesentlich, daß er sich mit sich selbst in ein Verhältnis bringt. Menschsein ohne Selbstreflexion ist nun selbst unnatürlich. Seine Natur ist also schon durch diese Voraussetzung immer eine doppelte.

Wie es die Voraussetzung einer Versetzung des Menschen zurück in den Urzustand verlangt, kann die gesuchte Identität nicht durch die Gewißheit bestimmt sein, die der Mensch zuvor noch aus Gottes Wort entnimmt. Gott ist für Montaigne nicht mehr der Partner im Gespräch, wie ihn Augustinus in den *Bekenntnissen* als ein verläßliches Gegenüber annehmen konnte. Die »dignitas hominis« ist damit nichts mehr, von dem man unbesehen ausgehen könnte.

Hier setzt deshalb der zweite Vergleich des Menschen mit den Kreaturen anderer Stufen der Schöpfung ein. Wird der erste mit der Maßgabe begonnen, daß die natürlichen Eigenschaften des Menschen durchaus das natürliche Maß nicht überschreiten, bei genauer Prüfung sogar eher den äquivalenten Eigenschaften anderer Lebewesen unterlegen sind, so ist bei der zweiten Sondierung der kreatürlichen Seinsordnung nun die Maßgabe, daß auch die vermeintlich gottgegebenen Privilegien des Menschen nicht so ausschließlich ihm zukommen, wie er glaubt. Für Montaigne besteht vielmehr die Möglichkeit, daß andere Lebewesen genauso begabt sind wie die Menschen. Ist der Mensch also im Vergleich der natürlichen Eigenschaften den Tieren sicher unterlegen, so ist er im Vergleich der geistigen Fähigkeiten deshalb noch nicht zwingend überlegen. Auch im Herrschaftsbereich der Ratio bleibt ein Zweifel, ob nicht die Tiere in manchem vernünftiger sind, als wir es ihnen zugestehen wollen. Montaigne führt den Gedanken noch ein Stück weiter in Richtung eines Rousseauismus ›avant la lettre‹, wenn er feststellt, daß die Natur mit der ›Vernunft‹ der Tiere wohl sinnvoller umzugehen weiß als der Mensch dies mit all seiner Kunst tut.

Sind die Umrisse der Selbstbestimmung des Menschen schon unscharf geworden, nachdem er im Vergleich mit der übrigen Schöpfung seinen Platz im oberen Teil der Hierarchie räumen mußte, so verwischen sich nun die Grenzen zu den ihn umgebenden Lebewesen noch weiter. Ist er nur ein Teil von vielen innerhalb der Natur, so ist er nun möglicherweise auch nur noch ein Lebewesen unter vielen, die zur Reflexion fähig sind. Gerade seine Eigenschaft, sich an die Stelle des anderen versetzen zu können, sogar auf unterschiedlichen Stufen der Seinsordnung, macht die Bestimmung dessen, was er selbst ist, schwieriger.

Die Definition der Selbstidentität wird schließlich in einer ganz besonderen Weise prekär, schaut man auf die Stellung des Menschen, die er mit Blick auf das dritte Werk Gottes, das ›Jüngste Gericht‹ einnimmt. Die Naturidentität des Menschen schließt bereits die Sicherung der Grenzen eines ›Ich‹ aus, weil das Leben in der Unmittelbarkeit des Naturzustandes alle Besonderheit in den Zusammenhang einer Naturordnung stellt. Dabei würde das Reflektieren auf die Besonderheit wiederum den Ausgang aus dem Naturzustand bedeuten. Das einzige Subjekt, in dem der Mensch selbst ›aufgeht‹, ist entsprechend die Natur selbst. Mit ihr ist aber eine unmittelbare Einheit nur um dem Preis zu haben, daß die eigene Identität zu ihren Gunsten aufgegeben wird.

Ebenso ist nun die Selbstidentität, die sich in Absehung von der Menschwerdung Gottes herstellen muß, der Art, daß sie ohne definiertes Vorbild auszukommen hat. War es doch gerade die Gottesebenbildlichkeit des Menschen, die ihm Gemeinsamkeit wie Unterschied, Nähe wie Abstand zum Ideal garantieren konnte. Gibt sich nun Gott nicht mehr zu erkennen, so ist nicht nur keine Instanz mehr da, die ihm seine Stellung innerhalb der Schöpfung garantiert, es ist damit auch das ›tertium comparationis‹ weggefallen, das den Unterschied zwischen Mensch und Tier zu dem verschiedener Seinsstufen macht. Damit fehlt grundsätzlich das Urbild, als dessen Abbild sich der Mensch verstehen kann. Ist es nun so, daß mit der zunehmenden Gottesferne alle Schöpfungen in ähnlich unbestimmten Abstand zum Prinzip rücken, dann ist die einzige Identität, die sich für den Menschen aus dem Gottesgedanken weiter ableiten läßt, nur die, selbst zur Schöpfung zu gehören wie alle anderen Geschöpfe auch. Mit der potentiellen Vervielfältigung einer solchen Identität – alles und jedes rückt zu einem prinzipiell äquivalenten anderen auf – verliert sich aber jede positive Bestimmtheit einer möglichen Selbstidentität.

Kann nun also der Mensch in dem Naturzustand einer ›gnadenlosen‹ Existenz bei der Betrachtung der Natur und seiner selbst in den bloßen Tatsachen nicht die Züge eines Schöpfers erkennen, der ihn und die Natur hervorgebracht hat und nach dem er sich bestimmen könnte, dann macht es für ihn auch keinen Sinn mehr, für die Zukunft eine Vervollkommnung seines Wesens anzunehmen. Ohne ein Ideal, das er als seine eigene und eigentliche Natur erkennt, ist die Idee unsinnig, den Abstand zum Ideal als vorläufig in dem Sinne anzunehmen, daß der Schöpfer ihn in einem letzten Akt überbrücken würde.

Gerade an dem Punkt, an dem sich für die Identität des erleuchteten Menschen alles entscheiden müßte, insofern er hoffen darf, am jüngsten Tag mit seiner wahren Bestimmung eins zu werden, wird für den Menschen im Urzustand eines ausschließlich natürlichen Wissens nun überhaupt nichts mehr entschieden. Denn wo sich kein Maßstab für ein gültiges Verhaltensmuster des Menschen finden läßt, ist das Richten im Sinne des Zurechtmachens der Seele ›sub specie aeternitatis‹ ebenso sinnlos wie das vorangehende Richten im Sinne eines Be- oder Verurteilens, dem ›himmlische Belohnung‹ oder ›Höllenstrafe‹ folgt. Anstatt sich auf eine höhere Instanz verlassen zu können, die am Ende das Ausmaß des sündigen Abfalls vom Ideal feststellt und dann wieder gutmacht, was der Mensch aus eigener Kraft nicht zustande bringen konnte, wird nun der Mensch erst einmal wieder vor die Frage nach dem Ideal selbst gestellt.

Damit steht nun auch die Rolle des Weltenrichters zur Disposition, der bisher über die Einhaltung der letzten Ziele zu bestimmen hatte. Auf sich selbst zurückverwiesen hat es der Mensch im Naturzustand nun selbst in der Hand, einen Maßstab anzulegen, dessen Skala sich ausschließlich nach seinem eigenen Augenmaß eichen läßt. Die Frage nach der Identität, die mit Blick auf die Existenz eines Einzelnen hergestellt werden sollte, kann somit erst dann sinnvoll gestellt werden, wenn klar ist, was die Totalität des Lebens ausmacht. Gerade an dem Punkt, an dem Sebundus den systematischen Abschluß der »Wissenschaft vom Menschen« aus der Sicherheit einer letzten Anpassung des Menschen an das Gottgewollte begründen wollte, öffnet sich nun in der Fiktion eines neuerlichen Naturzustandes für den Fragenden ein ganzer Fächer möglicher Seinsbestimmungen. Der in der *Apologie des Raimundus Sebundus* in den Zeugenstand zitierte Urmensch weiß nun über den Inhalt seines Wesens nur noch Unbestimmtes zu sagen. Montaigne wird ihm gerade dies allerdings als eine ›sokratische Tugend‹ anrechnen.

1. Zum ersten Teil der Gliederung

a) Die Vertrauensfrage

Hugo Friedrich versucht, Montaignes »Konservatismus« in politischen wie auch in Glaubensfragen mit seiner Anhängerschaft der pyrrhonischen Skepsis zu begründen. Wenn der Zweifel an einer Position wie auch an ihrer Gegenposition grundsätzlich gleich schwer wiegt, empfiehlt es sich, sich des Urteils zu enthalten. In praktischen Angelegenheiten, in denen auch die Enthaltung vom Urteil einer Parteinahme gleichkommt, ist es dann ratsam, sich an das Bestehende zu halten. Es hat nämlich den Vorteil für sich, bereits eine Ordnung zu begründen. Wo keine Aussicht auf Verbesserung besteht, weil nicht entschieden werden kann, was denn besser an der einen oder anderen Alternative ist, tut man gut daran, zu erhalten, was schon ist[13].

Man kann nun allerdings auch Richard Popkin folgen, wenn er behauptet, Montaigne sei zu seinem Skeptizismus – und damit zu seinem Konservatismus – nicht gekommen, indem er seine Renaissance-Vorgänger einfach nachgeahmt habe; »Montaigne«, sagt Popkin, »developed his doubts through reasoning«[14]. Auf diesem Wege zeigt sich dann, daß der Essayist sein Beharren auf dem Bestehenden auf eine Basis gründet, deren Möglichkeit sich bei der Prüfung der natürlichen Fähigkeiten des Menschen auftut. Der »Konservatismus« Montaignes erscheint dann nicht mehr als ein Nebenprodukt seiner allgegenwärtigen Skepsis, als die einzige, wenn auch nicht sehr elegante Möglichkeit, sich aus der Verlegenheit eines notwendigen Selbstbezugs allen Zweifels zu befreien; sein Festhalten an dem, was ist, erweist sich dann im Gegenteil vielmehr als die Folge eines neuen Vertrauens. Kann man nämlich glaubhaft machen, daß der Mensch im Grunde seines Wesens Teil der Natur ist, so wie alles ihn umgebende auch, dann hat er selbst auch Teil an der Ordnung, in der die Natur alles hält, was zu ihr gehört. Das Vertrauen in den Sinn des Bestehenden ist dann von dem Vertrauen in den Sinn alles Natürlichen nicht mehr zu trennen. Daß die Dinge so sind, wie sie sind, hat die Natur zu verantworten. Wenn wir keine Einsicht in die letzten Dinge wie auch in die Geheimnisse Gottes haben, so kann man doch verstehen, wie der Lauf der Dinge von der Na-

---

13 Vgl. Friedrich, *Montaigne*, (a.a.O.), S. 183 ff. Eine psychologische Erklärung für den Zusammenhang von universellem Wandel und Festhalten am Bestehenden schlägt R. A. Sayce vor. Vgl. R. A. Sayce, *The Essays of Montaigne: A Critical Exploration*, London 1972, Kapitel 10, *The Conservative and the Revolutionary*, S. 233–259.

14 Popkin, (a.a.O.), S. 54.

tur bestimmt ist. Befragt man nämlich den Menschen im Naturzustand darüber, was er bei einer Prüfung seiner selbst zu verstehen im Stande ist, dann ist es dies: die Notwendigkeit natürlicher Existenz und seine eigene Teilhabe an der Natur.

Dies führt Montaigne nun in zwei Schritten aus. Im ersten wird vorgeführt, daß der Mensch mit seinen natürlichen Eigenschaften durchaus nicht über die natürlichen Eigenschaften der Tiere und der übrigen Geschöpfe hinausragt. Im zweiten Schritt wird dann angekündigt, daß der natürliche Mensch, also der Mensch in dem von Montaigne nun vorausgesetzten Naturzustand, dem zivilisierten Menschen durchaus ebenbürtig ist. Das Argument wird in beiden Fällen jeweils so geführt, daß paradoxerweise sogar eine Überlegenheit der Natur über den selbstbewußten Menschen angenommen wird. Im einen Fall die Überlegenheit der Tiere über den Menschen, im anderen Fall die Überlegenheit des ›natürlichen‹ Menschen über den ›künstlichen‹ Menschen, insofern er sich nun selbst zu dem macht, was er ist.

b) Natürliche Qualitäten des Menschen und die Qualitäten der Tiere

Gleich nachdem Montaigne zu dem Gedankenexperiment eingeladen hat, den Menschen im Naturzustand über sich reflektieren zu lassen, folgt auch schon die These von einer Umkehrung der ›natürlichen‹ Hierarchie. Der unverstellte Blick des Naturmenschen erkennt den Anspruch des Menschen auf die Krone der Schöpfung als Anmaßung. Der Glaube an seine Ausnahmestellung erweist sich jetzt nicht mehr als gottgewollt. Im Gegenteil dazu meint Montaigne nun, gerade die Heraushebung des Menschen aus der natürlichen Ordnung sei als ein Abfall von der göttlichen zu betrachten. »Die Anmaßung ist unsere natürliche und ursprüngliche Krankheit. Die unglücklichste und zerbrechlichste Kreatur von allen ist der Mensch, und zugleich ist er auch die überheblichste. Sie fühlt und sieht sich hier inmitten von Abfall und Dreck versetzt, gebunden und gefesselt an den schlimmsten, den leblosesten und vermodertsten Teil des Universums, in der untersten Etage des Baus und am weitesten entfernt vom Himmelsgewölbe, zusammen mit den Tieren in der schlechtesten der drei Umgebungen;« – gemeint ist das Leben an Land im Gegensatz zum Leben im Wasser und in der Luft – »dennoch stellt sie sich in ihrer Einbildung über die Kreisbahn des Mondes und plaziert sich am Fuße des Himmels« (429).

Daß der Mensch den übrigen Kreaturen um ihn herum schon im Bereich des Körperlichen nicht entscheidend überlegen sein kann, scheint Montaigne evident. Entsprechend ist dies auch wohl ein Grund, warum er nur wenige Beispiele zur besseren Anschauung bereithält. Ein Punkt scheint ihm allerdings diskussionswürdig. Es ist die Frage nach der »Schönheit des Körpers« (461). Wenn jemand glaubt, er könne manche Tiere rundweg als häßlich bezeichnen, so erinnert Montaigne daran, daß man auch unter Menschen schon nicht ein allgemeingültiges Maß für Schönheit finden kann. Je nach Weltgegend und kulturellem Hintergrund finden jeweils verschiedene Züge des Menschen Beifall (vgl. 462). Wenn Schönheit nun schon unter den Menschen selbst ›relativ‹ ist, müßte man auch die Tiere nach ihren spezifisch eigenen Kriterien beurteilen, was wir nicht können. Selbst aber wenn man das zugibt, findet Montaigne schon viele Tiere zu Lande, zu Wasser und in der Luft unserem Aussehen überlegen. Denn, »wie es auch« um die Relativität der Schönheit »bestellt ist, die Natur hat uns darin alles in allem genausowenig bevorzugt, wie bei den allgemeinen Gesetzen« (ebd.). Schließlich gibt aber der Blick auf den Menschen, wie er aus dem Schoß der Natur kommt, das letzte Argument gegen eine menschliche Überlegenheit in Sachen Aussehen: »Wie sehr gleicht uns doch der Affe«, zitiert Montaigne zustimmend Ennius[15], »das häßlichste unter allen Tieren«, und bemerkt dann: »wenn ich den Menschen völlig nackt betrachte (selbst wenn es sich um das Geschlecht handelt, das den größeren Teil an der Schönheit zu haben scheint), mit seinen Fehlern, seinen natürlichen Verrichtungen und Unvollkommenheiten, finde ich, daß wir mehr Grund als jedes andere Tier gehabt haben, uns zu bedecken. Wir sind wohl zu entschuldigen, wenn wir uns von denen etwas leihen, die die Natur in dieser Hinsicht mehr als uns bevorzugt hat, um uns mit ihrer Schönheit zu schmücken und uns unter ihrer Hülle, ihrer Wolle, ihren Federn, ihren Haaren und ihrer Seide zu verstecken« (463).

Warum Montaigne im ganzen doch nur zögerlich die Überlegenheit der Tiere in ihren vergleichbaren natürlichen Eigenschaften illustriert, wird aber auch klar, wenn man sich seine Strategie für den zweiten Argumentationsgang vor Augen hält. Ging es zuerst darum, dem Menschen den Dünkel der Überlegenheit über die Tiere zu nehmen, so geht es ihm nun darum, den Abstand zwischen ›natürlichem‹ und ›zivilisiertem‹ Menschen ins rechte Licht zu rücken. Wenn man so will, wird hier der Grund gelegt für spätere Zivilisationskritiken, die man aus unserer Sicht als mehr oder weniger Rousseauistisch bezeichnen würde.

Für eine solche Kritik ist es nun verständlicherweise nicht günstig, eine Überlegenheit der Tiere über den Menschen als solchen festzustellen. Wären nämlich die Tiere dem Menschen in jeder Hinsicht ihr Stück voraus,

---

[15] Montaigne hat das Zitat wahrscheinlich aus Cicero, *De natura deorum*, I, 35.

wäre er in jedem Fall dazu verdammt, sich auf der untersten Stufe des Seins einzurichten. Montaigne will aber gerade zeigen, daß es durchaus einen Modus gibt, in dem der Mensch seinen Platz im Kosmos der natürlichen Dinge einnehmen kann, auch wenn dieser dann nicht mehr am oberen Ende der »scala naturae« anzusetzen ist, sondern eher eine mittlere Stellung einnimmt. Betrachtet also der Mensch in der Fiktion eines Naturzustandes nur das, was das Natürliche an seinem Wesen ausmacht, muß er durchaus zu einem anderen Ergebnis kommen als bei einer Kritik, die nach den Leistungen des Menschen überhaupt fragt. »Wir gestehen« den Tieren »ohne nachzudenken einen großen Vorteil über uns zu, indem wir es als eine Tatsache ansehen, daß die Natur sie mit mütterlicher Sanftmut begleitet und sie sozusagen an der Hand führt bei allen Handlungen und Annehmlichkeiten ihres Lebens, während sie uns dem Zufall und dem Schicksal überläßt und uns zwingt, mit Hilfe der Kunst zu suchen, was zu unserer Selbsterhaltung notwendig ist und uns zugleich aber die Mittel vorenthält, durch Lernen oder Nachdenken an die natürliche Geschicklichkeit der Tiere heranzureichen, so daß ihre tierische Dummheit bei allen nützlichen und angenehmen Dingen alles übertrifft, wozu unsere göttliche Intelligenz fähig ist« (433).

Wenn das aber stimmen würde, fährt Montaigne fort, dann »hätten wir allen Grund«, die Natur »eine Rabenmutter zu nennen. Dem ist aber nicht so. Unsere« körperliche »Einrichtung ist nicht so mißgestaltet und anormal« (ebd.). Dafür liefert Montaigne nun einen Grund, der für das Selbstbewußtsein des Menschen im Naturzustand ausschlaggebend werden wird. »Die Natur hat alle Geschöpfe ohne Ausnahme in sich aufgenommen; und es gibt keines, das sie nicht auf vollständige Weise mit allen nötigen Mitteln zur Selbsterhaltung ausgestattet hätte« (ebd.). Deshalb sind nun auch die »plaintes vulgaires«, die »gewöhnlichen Klagen« »ungerechtfertigt«, nach denen »wir das einzige auf der nackten Erde selbst nackt ausgesetzte Tier sind, gebunden, geknebelt, das sich nur mit der Haut eines anderen kleiden und bewaffnen kann [...].« (ebd.). Die Natur hat, so das Resümee, bei der »Einrichtung der Welt« unter den Geschöpfen für eine »größere Gleichheit« gesorgt und »gleichmäßigere Beziehungen« (434) geschaffen als es in diesen Vorhaltungen erscheint. Gemessen an ihrer natürlichen Ausstattung sind die Menschen folgerichtig auch gar nicht so stiefmütterlich behandelt worden. Montaigne stellt fest: »Unsere Haut ist mit derselben ausreichenden Resistenz gegen die Unbilden des Wetters versehen« wie die der Tiere: »das bezeugen alle Nationen, die noch keine Kleidung tragen« (ebd.). Ebenso produziere die Natur genug Nahrung und »biete sie« dem Menschen »an, um den notwendigen Hunger zu stillen«, ohne daß der Mensch es ihr mit »culture et artifice« abringen müsse (ebd.). Und weiter wird der Vergleich dann mit der Erörterung der natürlichen »Waffen« und der natürlichen »Sprache« (435) geführt.

Indem der natürliche Mensch sich nun als ausschließlich natürlich betrachtet, und damit selbst wieder zum Teil der Natur wird, scheint die Möglichkeit wiedergewonnen, mit dem Wissen von sich selbst auf sicheren Grund zu kommen. Als das einzige von den drei Werken Gottes war die Schöpfung selbst, und mit ihr das Daß der Existenz, unstrittig geblieben. Hierauf läßt sich nun die Ausführung der menschlichen Besonderheiten gründen, insofern sich die Strukturen der Schöpfung auch in einer wie auch immer gottfernen Natur erhalten haben. Schon früher wurde festgestellt, daß Montaigne an vielen Stellen umstandslos die Rede von Gott durch die Rede von der Natur ablöst, sonst aber Gott und Natur zumindest gleichsetzt. Ein sich wiederholendes Indiz dafür ist schon der Wegfall des bestimmten Artikels, wenn nur noch von »nature« als dem ersten Prinzip gesprochen wird.

Wenn bei Sebundus nun der Mensch in sich selbst noch die ganze »scala naturae« theoretisch abgehen konnte, so ist dies zwar nun auch noch bei Montaigne möglich und der Fall. Nur haben sich bei der Betrachtung der Natur die Gewichte der Individualität deutlich verschoben. Bei Sebundus bekam die Natur ihre Ganzheit nur durch den Umstand, daß sie im Menschen ein Abbild hatte, in dem sie zugleich vollendet und zusammengefaßt wird. Bei Montaigne scheint es nun genau umgekehrt zu sein. Der Mensch ist in sich unvollkommen und auf die Ergänzung durch die Natur angewiesen, angefangen bei den lebensnotwendigen Dingen bis hin zu einer geistigen Einheit mit sich. Denn gerade die Reflexion auf seine eigene Unvollkommenheit macht ihn zum Teilhaber der Natur, nun aber in genau dem Sinne, daß er selbst nur Teil eines Ganzen ist, das er selbst weder bestimmen noch abgrenzen kann. Es ist die Natur, die seine Eigenschaften in sich zusammenfaßt, indem diese mit jenen der Tiere auf eine Stufe gestellt werden. Und insofern der Mensch die ganze Natur auch in keinem Sinne mehr ›in sich‹ hat, kann er ihre Form nicht mehr hervorbringen. Er ist selbst nicht mehr der Spiegel, der ihn zugleich als eine »imago Dei« sehen lassen sollte. Jetzt ist vielmehr diese »große Welt, die etliche noch wie die Arten unter einer Gattung vervielfachen, [...] der Spiegel, in den wir schauen müssen, um uns im richtigen Winkel zu sehen« (157). Diesen Blickwinkel empfiehlt Montaigne seinem Schüler in seinem ›Erziehungsessai‹. Damit findet sich der Mensch nur noch als Fragment eines Urbildes wieder, dessen sinnstiftendes Abbild er selbst sein sollte. Nun muß er sich aber als bloßes Teilstück dieses Bildes begreifen.

c) Ein Rousseauismus ›avant la lettre‹?

Ein solches Wissen des natürlichen Menschen von sich als eines bloßen Teils der Natur ist für Montaigne nun alles andere als ein Selbstzweck. Worauf es ihm ankommt, sind vor allem die praktischen Konsequenzen eines solchen Wissens. Das zeigt schon das deutliche Übergewicht von Fragen der menschlichen Lebenswelt, die die *Essais* vom ersten bis zum letzten durchziehen. Systematisch bedeutsam ist das neue Wissen von der Natur unmittelbar nun für eine Gegenthese zur Annahme des Sebundus, der Mensch setze mit seinem gottgegebenen Willen die Ziele für das Streben der Kreaturen, die ihn umgeben. Wo die Natur die Bedürfnisse eines jeden Wesens festlegt und die Mittel für ihre Erfüllung bereitstellt, kann der Mensch nun keine Ausnahme mehr für sich beanspruchen, geschweigedenn der Natur vorschreiben, wie sie ihm nützlich sein soll. Der Mensch im Naturzustand folgt vielmehr wie die anderen Geschöpfe dem Lauf der Dinge, wie ihn die Natur auch für ihn vorsieht.

Man könnte nun annehmen, Montaigne stärke mit seiner Skepsis gegenüber dem Sebundischen Optimismus wiederum das Augustinische Mißtrauen gegenüber der Güte des freien menschlichen Willens. Die Zielrichtung seines Arguments ist aber eine andere. Weniger die theologische Bedeutsamkeit des freien Willens steht zur Debatte als seine säkuläre. Montaigne will mit Hilfe einer Fiktion des Naturzustandes fragen, wie weit man auf Distanz gehen kann gegenüber den Zuständen, die der Mensch sich selber geschaffen hat. Nicht seine Stellung gegenüber Gott muß korrigiert werden – denn Gott ist in seiner Funktion selbst zu einem fernen Schöpfungsprinzip verblaßt – sondern die Stellung des Menschen zu sich selbst.

So beginnt Montaigne die Argumentation mit der Parallelisierung eines Abfalls von der Ordnung der Natur mit dem klassischen Sündenfall: »Es gibt gewisse Unterschiede, es gibt Rangstufen und verschiedene Grade; aber all dies mit Blick auf eine einzige und selbige Natur [...] . Man muß dem Menschen Grenzen setzen und ihn innerhalb der Barrieren dieser Einrichtung« – gemeint ist die naturgegebene – »halten. Der Elende hütet sich tatsächlich davor, diese Barrieren zu übersteigen. Er ist gefesselt und gebunden, er ist demselben Zwang unterworfen wie die anderen Geschöpfe seines Ranges und er ist von mittlerer Beschaffenheit, ohne ein wahres und wesentliches Vorrecht oder einen wahren und wesentlichen Vorrang. Denjenigen, den er sich in seinen Gedanken und seiner Vorstellung selbst zuschreibt, hat weder Hand noch Fuß; und wenn es so ist, daß er das einzige unter den Tieren ist, das die Freiheit hat, sich Dinge einzubilden und dessen Gedanken verwirrt sind, indem sie ihm vorstellen, was ist, was nicht ist, was er will, das Falsche und das Wahrhaftige, so ist das ein Vorzug, der ihm teuer verkauft wurde und dessen er sich wenig zu rühmen hat, denn hieraus erwächst die hauptsächliche Quelle der Übel, die ihn bedrücken: Sünde, Krankheit, Unentschlossenheit, Verwirrung, Verzweiflung« (436 f.).

Man hätte gut daran getan, den Menschen aus dem von der Natur vorgezeichneten Kreis gar nicht zu entlassen, und würde der Mensch in der elenden Verfassung, in der er ist, darüber nachdenken, würde er es dem Naturmenschen in der Tat anempfehlen, seine Natürlichkeit beizubehalten. So vorsichtig müßte man nun das Fazit aus dem Montaigneschen Plädoyer ziehen, wenn man die Geschichte dieses neuverstandenen ›Sündenfalls‹ nur aus unserer Perspektive erzählen könnte. Für uns bliebe dann die Erzählung eine Fiktion, die wir dazu nutzen könnten, wenn nicht die Verirrungen, so doch zumindest die Schwankungen unseres Wissens von uns am Vergleich mit dem intakten ›Selbstbewußtsein‹ des Naturmenschen abzulesen.

Nun scheint Montaigne aber doch im Gedanken mit der Möglichkeit zu spielen, es gäbe auch noch eine Sichtweise, jenseits des Verlorenen den Verlust zu betrachten.

Was den zivilisierten Menschen im wesentlichen von dem Naturmenschen unterscheidet, ist die Art der »Begierden«, die ihn leiten. Ganz aristotelisch unterscheidet Montaigne zwischen solchen, die »natürlich und notwendig« sind, solchen, die »natürlich und nicht notwendig« sind, und schließlich denjenigen, die weder »natürlich« noch »notwendig« sind (450). »Die letzteren«, heißt es dann, finde man »so gut wie alle beim Menschen; sie sind alle überflüssig und künstlich« (ebd.). Diese »cupiditez estrangeres« hätten nun die Menschen erobert, ungefähr so wie »wenn in einer Stadt eine große Zahl von Ausländern [...] die natürlichen Einwohner vertrieben« oder »deren alte Autorität und Macht ganz und gar usurpiert« hätten (ebd.). Der ›Status quo‹ ist also der ›status corruptionis‹, und es steht fest, daß »das Leben durch Einfachheit (im Französischen: simplicité) angenehmer, unschuldiger und besser« (477) wird. Die Frage ist dann aber natürlich, ob es gemäß der Fiktion des Naturzustandes auch eine reale Möglichkeit gibt, mit den Augen der Unschuld den vom Menschen veränderten Lauf der Dinge zu betrachten. Ist das ›Paradies‹ menschlicher ›Simplizität‹ in der Tat mehr als eine literarische Rekonstruktion des Urzustandes, so daß es sich als ein mögliches Refugium für eine zivilisationsgeschädigte Menschheit anbietet?

Handelt es sich bei Montaigne also um einen Rousseauismus, der nun aber tatsächlich gegenüber dem vom Menschen gemachten Neuen die Alternative eines natürlichen Alten ins Spiel bringen will? Ist der Ausweg aus einer Zeit, die erst auf dem Wege zur Moderne ist, die frühzeitige Umkehr zum Alten?[16]

Es mag an manchen Stellen so scheinen, als sei dies tatsächlich gemeint, wenn Montaigne auch in der *Apologie des Raimundus Sebundus* für seine kritischen Überlegungen die Bräuche jener »Nationen« anführt, »die wir erst vor kurzem entdeckt haben« (435). Gemeint sind damit natürlich die überseeischen Entdeckungen. Diese Nationen hätten uns »gelehrt, daß das Brot nicht unsere einzige Nahrung ist, und daß unsere Mutter Natur uns schon ohne Feldarbeit so reichlich mit allen notwendigen Früchten versorgt hatte, und wahrscheinlich sogar umfassender und reicher, als sie es jetzt tut, da wir eigene Techniken anwenden«, zu einer Zeit, in der »das Überschäumen und Durcheinander unserer Gelüste alle Erfindungen übersteigt, die wir machen, um sie zu befriedigen« (ebd.).

---

[16] Karlheinz Stierle hat sich in seinem Aufsatz *Montaigne und die Erfahrung der Vielheit* – erschienen in: W.-D. Stempel und K. Stierle (Hrsg.), *Die Pluralität der Welten. Aspekte der Renaissance in der Romania*, München 1987, S. 417–448 – diese Frage gestellt und verschiedene Antworten darauf gefunden. Einmal heißt es, es »scheine Montaigne fraglos«, daß die »ursprüngliche Einheit«, die das »von der Vielheit bedrängte Ich« in der »Natur als Fluchtraum« vermutet, »erreichbar sei durch den einfachen Akt der Lösung aus den Verstrickungen eigener wie kollektiver praesomption« (437). Dann heißt es mit Blick auf die Gesellschaft, in der ein solcher »Akt der Lösung« geschehen müßte allerdings: »Am einfachsten wäre es, die Dinge der Gesellschaft der Natur zu überlassen. Da aber der Schritt in die offene, dynamische Ordnung unwiderruflich ist, sieht Montaigne allein in der Verlangsamung der Differenzierungsprozesse, in der Retardierung des Neuen, eine Möglichkeit, zumindest die Differenz zum ursprünglichen ordre universel nicht mutwillig zu steigern« (438). Die zweite Option schließt sich zweifellos an die Rousseausche Strategie an, den Naturzustand auf vermittelte Weise im Verlauf der Geschichte wirksam werden zu lassen, steht aber damit im Widerspruch zu der ersten Option, die – ganz unrousseauistisch – eine unmittelbare Wirkung vorsieht. Stierle versucht, den Widerspruch durch die Unterscheidung einer »öffentliche(n) und eine(r) private(n) Vernunft« (439) aufzuheben, indem im Bereich des Privaten für den Menschen wohl die Möglichkeit bestünde, sich sowohl im »Spielraum der Vielheit ungehindert zu bewegen« (ebd.), als auch den Rückzug zur Einfachheit der Natur anzutreten, während im Bereich des Öffentlichen nur die Unterwerfung unter die Regelungen der »Sphäre öffentlicher Geltung« schicklich sei (ebd.). Schwer vorzustellen ist allerdings, wie eine Trennung beider Bereiche in diesem Zusammenhang Sinn macht, da der Eintritt in den Naturzustand des Menschen ja durchaus keine private Angelegenheit ist. Es wird ja sicher keine Robinsonade anempfohlen. Auch unterscheidet sich die Gelehrtenexistenz in der Turmstube vom Ideal natürlicher Einfachheit. So stellt auch Stierle selbst fest, die »kulturelle Leidenschaft der Vielheit« werde bei Montaigne auf »die unausrottbare Natur des Menschen zurückgeführt« (436). Die Natur des Menschen ist eben schon von der Art, daß sie im Rückgang auf das Natürliche doch erneut wieder mit der drohenden »Vielheit« konfrontiert wird, in die das »Ich [...] zerfällt« (435). Letztlich heißt es denn auch bei Stierle, das »Lob des Wissensdurstes« und das »Lob des Verzichts auf Wissen« stünden einander »unvermittelt« gegenüber (439). Damit ist das Problem freilich erst benannt.

d) Die »Kannibalen« als Stellvertreter des natürlichen Menschen

Montaigne hat ganz offenbar ein Paradox im Sinn, das von nun an bis Rousseau und über ihn hinaus Schule machen wird. Zwar führt er auch gleich zu Beginn des Essais XXXI des ersten Buchs schon ein paar Beispiele an, die man in der Spätantike registrierte, bei denen die vermeintlich Ungebildeten ein seltenes Maß an innerer Ordnung und Organisation aufweisen (vgl. 200). Daß nun aber gerade die barbarischen Völker für die Humanität einstehen sollen, steht quer zur Tradition, vollends, wenn nun unter den Barbaren auch noch die barbarischsten, nämlich die Kannibalen, die Krone der Tugend für sich beanspruchen sollen. Für die Antike war eine solche Assoziation undenkbar, weil die »fremden Nationen« (ebd.) gerade deshalb barbarisch genannt wurden, weil sie nicht die Bildung der Griechen und damit auch nicht ihre zivilisierten Sitten aufweisen konnten. Für die Gesellschaft des Mittelalters muß die Montaignesche Zuordnung ein Skandalon sein, weil die Heiden – und um solche handelt es sich ja bei den Ureinwohnern von Amerika – wohl in ihren Sitten die größte Ähnlichkeit mit den zivilisierten Völkern aufweisen könnten, dennoch aber ohne das Wort Gottes eben auch ohne Erlösung bleiben müßten und damit auch keinen Zugang finden zu der einen großen Gemeinschaft der Christenheit. Seine besondere Pointe bekommt nun der Montaignesche ›Kannibalen‹-Essai durch den Umstand, daß es gerade das Credo des Humanismus war, die Kultur müsse durch den Akt einer ›Wiedergeburt‹ erneut auf die alte Höhe antiker Zivilisation gehoben werden. Wenn nämlich die Förderer der Renaissance mit ihrer Losung einer umfassenden Ausbildung der menschlichen Vernunft an den Punkt kommen, daß sie den Vergleich mit den scheinbar zivilisationsfernen Wilden nicht mehr bestehen, erscheinen die bestehenden Verhältnisse im Hinblick auf die zugrundeliegenden Absichten auf den Kopf gestellt[17]. Das zeigt sich nun auch an der geographischen Zuordnung der Begriffe, insofern das Exotische mit dem Barbarischen nicht schlechthin gleichgesetzt werden darf, oder anders gewendet, die Barbarei nun zuhause beginnt. Schon bei der Vorstellung des Zeugen für seine Neubewertung der Entdeckungen in Übersee setzt Montaigne dies voraus. Denn »der Mann«, den er vor sich »hatte, war ein einfacher und grobschlächtiger Mensch«, und dieser Umstand sei schon eine »geeignete Vorbedingung für ein wahrhaftiges Zeugnis;

---

[17] Ausführlich sind die Hintergründe des neuzeitlichen Aufeinandertreffens von Europäern und den ›Wilden‹ beschrieben bei Urs Bitterli, *Die ›Wilden‹ und die ›Zivilisierten‹. Grundzüge einer Geistes- und Kulturgeschichte der europäisch-überseeischen Begegnung*, München 1976.

denn die gewitzten Menschen (im Original: les fines gens) [...] stellen niemals die Dinge vor, wie sie sind, sie verbiegen sie und maskieren sie je
nachdem, wie sie ihnen erschienen sind« (202). Aus dessen »Bericht«, der
selbst so wahrhaftig ist wie die Natur es gegenüber dem Menschen sein
kann, nimmt Montaigne zuerst den Stoff für einen Zweifel allgemeiner
Natur: könnte es nicht sein, »daß diese Völker nichts Barbarisches oder
Wildes an sich haben, oder wenn doch etwas, dann nur deshalb, weil jeder
genau das Barbarei nennt, was in seinen Sitten nicht vorkommt; tatsächlich
scheint es nämlich so, als hätten wir keinen anderen Vergleichspunkt für
die Wahrheit und die Vernunft als das Beispiel und das Vorbild der Meinungen und Bräuche des Landes, in dem wir leben. Dort ist immer die
einzig richtige Religion, die einzig richtige Regierung, dort ist alles, was
man tut, musterhaft und vollkommen« (203). Konkret äußert sich der
Zweifel an der Wildheit der »sauvages« nun aber mit Blick auf die Maßstäbe, die uns die Natur setzt. Entsprechend wählt Montaigne sein Beispiel:
»Die Einwohner dieses fernen Landes sind Wilde in dem Sinne, wie man
als Wildobst solche Früchte bezeichnet, welche die Natur auf gewöhnli-
chem Wege von sich aus hervorgebracht hat. Nun müßten wir aber gerade
jene Früchte Wildobst nennen, die wir durch unsere Eingriffe verändert
und von ihrem natürlichen Wuchs abgebracht haben. In den natürlich
gewachsenen Früchten leben und wirken die eigentlichen, nützlichsten
und natürlichen Tugenden und Eigenschaften; diese haben wir in ihrer Art
verdorben bei denen, die wir um unseres heruntergekommenen Ge-
schmackes willen verändert haben« (ebd.). Das hindert uns nun nicht daran, gerade wiederum in den natürlich gebliebenen Früchten jener Gegen-
den im Vergleich zu den unsrigen eine »delicatesse« (ebd.) zu finden. Der
Sinn dieser Metapher ist für Montaigne mit Händen zu greifen: »Es ist
nicht richtig, daß die Kunst den Ehrenpreis gegenüber unserer großen und
mächtigen Mutter Natur gewinnt. Wir haben die Schönheit und den
Reichtum ihrer Werke durch unsere Erfindungen so überladen, daß wir sie
vollständig erstickt haben. Dennoch beschämt sie überall, wo sie in ihrer
Reinheit hervorleuchtet, auf wunderbare Weise unsere eitlen und nichtigen
Unternehmungen« (ebd.).

Ebenso schwierig wie die Frage zu beantworten ist, welchen Realitätssta-
tus der Annahme eines Naturzustandes zuzuschreiben ist, erweist sich die
Frage, wie ein solcher Zustand zeitlich einzuordnen ist. Räumlich sind die
Bereiche des alten Europa und der neuen, anderen Welt – Montaigne
spricht von einem »païs infini« (200) – deutlich voneinander getrennt, das
»grenzenlose Land« ist aber vom alten Kontinent aus erreichbar geworden.
Die Beschreibungen, die Montaigne von seinem Gewährsmann aus der
»France Antartique«, dem heutigen Brasilien übernimmt, tragen die deutli-

chen Züge eines Paradieses auf Erden. Das Klima ist dort so angenehm, daß »kaum ein Mensch krank ist« (205), die Menschen werden nicht »vom Alter gebeugt«, sie »verlieren ihre Zähne nicht«, sie fangen »nicht an zu zittern« (ebd.). Nahrung ist im »Überfluß« vorhanden, es gibt »Fische und Fleischsorten, die in keiner Weise den uns bekannten gleichen«. Man muß sie nicht umständlich zubereiten, es genügt, »sie zu kochen« (ebd.). Die Menschen leben ganz im Rhythmus der Natur. Sie »stehen mit der Sonne auf, essen dann [...] einmal für den ganzen Tag« und verbringen den Rest der Zeit damit, »zu tanzen« (ebd.).

So gleichzeitig nun auch dieses Paradies ist, insofern die Berichte der Reisenden ja noch Gültigkeit haben, so unendlich scheint nun für Montaigne zugleich die Distanz zu sein, die uns von dieser Naturherrschaft mit Blick auf die Vergangenheit trennt. Denn man kann offenbar in der europäischen Geschichte gar nicht weit genug zurückgehen, um an Vorfahren zu erinnern, die sich einer solchen Einfalt und Einheit mit der Natur erfreuen durften: »Diese fremden Völker kommen uns so barbarisch vor, weil sie vom menschlichen Geist so wenig zurechtgemacht wurden und ihrem ursprünglichen Zustand noch sehr nahe sind[18]. Die Naturgesetze sind bei ihnen noch in Geltung und erst sehr wenig durch die unsrigen in ihrer Art verändert; es ist dies sogar noch in einer solchen Reinheit vorhanden, daß ich es manchmal sehr bedaure, daß die Nachricht von ihnen nicht früher in unser Land gekommen ist, zu einer Zeit, als es Menschen gab, die darüber hätten besser urteilen können als wir. Es ist schade, daß Lykurg und Platon nichts davon gewußt haben; denn es scheint mir, daß alles, was wir jetzt von diesen Völkern erfahren, nicht nur alle Bilder übertrifft, mit deren Hilfe sich die Dichter das goldene Zeitalter ausgemalt und dazu alle ihre Einfälle ausgeschmückt haben, um sich einen glücklichen Zustand der Menschheit zu jener Zeit vorzustellen; es scheint sogar, daß die Berichte von den neuentdeckten Völkern auch noch die Idealvorstellungen und Wünsche der Philosophen übersteigen. Die Alten konnten sich keine so

---

[18] Im Original spricht Montaigne hier von der Nähe zur »naifveté originelle«. Der Ausdruck hat seine Wurzel im lateinischen ›nativus‹, bekommt hier aber eine neue Wendung durch seinen Bezug auf die ›mütterliche Natur‹, der der Mensch entwachsen ist. Damit ist der Grund gelegt, die Bedeutung von Naivität als einer Einfachheit des Gemüts ins Positive zu wenden, da sie sich nun mit dem Zustand eines unverstellten Zugangs zu den Dingen verbindet. So kann Voltaire in der Naivität das Zeichen eines unverbildeten Geistes sehen, dem Vorurteile nicht erst ausgeredet werden müssen, dessen Verstand vielmehr wie eine unbeschriebene Wachstafel für die Aufnahme der Wahrheit bereitsteht; für Rousseau wird Naivität dagegen als ein Zeichen zu werten sein, daß die Herzensbildung noch nicht mit falscher Pädagogik an ihrer natürlichen Entfaltung gehindert wurde.

reine und einfache Naturverbundenheit[19] ausdenken, wie wir sie nun ver-
wirklicht sehen; keiner hat es für möglich gehalten, daß unsere Gesellschaft mit so wenigen künstlichen Veranstaltungen und so wenigen
menschlichen Bindungsmitteln bestehen könne« (204). Nicht nur liegt der
Naturzustand des Menschen jenseits aller Berichte, die man von der geschichtlichen Herkunft der Europäer haben kann, er liegt auch jenseits
aller Phantasie, mit der man sich eine ideale Gesellschaft ausmalen konnte
und auch noch fern der Begrifflichkeit, die für eine menschliche Gemeinschaft überhaupt als grundlegend angenommen werden mußte. Wie ernst
es Montaigne mit der Vorstellung eines Lebens innerhalb der bloßen
Grenzen menschlicher Naturbestimmtheit ist, wird deutlich, wenn er im
fiktiven Gespräch mit Platon dem Philosophen den Abstand der amerikanischen Wilden zu den Bewohnern seines Idealstaats vor Augen hält:
»Wenn es möglich wäre, würde ich Platon sagen: hier lebt ein Volk, in
dem es keine Art von Handel gibt, keine Schrift, keine Rechenkunst, weder Magistrat noch politische Herrschaft; keine Dienenden, keine Reichen
und keine Armen, keine Verträge, kein Erbrecht und keine Erbteilung; es
herrscht ausschließlich Müßiggang; keine Rangordnung in der Familie,
dafür aber Respekt gegenüber allen und jedem; keine Kleidung; keine
Landwirtschaft, kein Metall, keine Weinkultur oder Getreideanbau. Nicht
einmal Begriffe gibt es, die Lüge, Verrat, Heuchelei, Geiz, Neid, Verleumdung, Verzeihung bedeuten« (ebd.). Mit einem Wort, das Montaigne aus
Senecas Briefen borgt: es handelt sich um »viri a diis recentes«, »Menschen,
die eben aus der Hand der Götter gegeben wurden«. Platon, dem hier zwar
noch zugetraut wurde, gegenüber den Zeitgenossen einen geschärften Sinn
für das Ursprüngliche zu haben, rückt damit ebenfalls in die Nähe der
Aufklärer, denen Montaigne das Paradox eigener Barbarei vorhält. Auch
die Gemeinschaft, die nach der Idee geformt ist, schafft immer noch Kultur
auf Kosten einer Identität des Menschen, die offenbar nur noch die Natur
in ihrer Reinform garantieren kann. Der Naturzustand wird damit jenseits
der Grenzen aller antiken Vorstellung integrer Gemeinschaften, wie konservativ auch immer man diese schon bewertet, angesetzt. Wo die Bildung
der Vernunft als eine natürliche Form der Gerechtigkeit in Anspruch genommen wird, ist für Montaigne bereits der Schritt aus der Unversehrtheit
menschlicher Selbstverhältnisse heraus getan.

---

[19] Im Original gebraucht Montaigne hier wieder den Ausdruck »naifveté«. Vgl dazu
die vorangegangene Anmerkung.

e) Der natürliche Mensch im Zyklus der Geschichte

Ist nun der Anfang in der Menschengeschichte in der Tat bei jenen Menschen zu suchen, die mit sich selbst noch einig sein können, weil die Reflexion auf sich selbst noch nichts vom möglichen Menschenglück abgezogen hat, so ergibt sich daraus nun eine doppelte Möglichkeit, den Abstand zum Ideal auszumessen. Zum einen wird er im direkten Vergleich des Naturmenschen mit dem Kulturmenschen bestimmt, insofern sich beide als Zeitgenossen, wenn auch verschiedener Weltgegenden, gegenüberstehen. Hier wäre der Naturmensch der Spiegel, in dem der Kulturmensch die Verzerrungen seines eigenen Daseins wahrnehmen kann. Zum anderen bestimmt sich nun aber der Abstand in der Zeit, insofern der Kulturmensch sich fragen kann, was aus dem Naturmenschen seiner Welt geworden wäre, wäre er natürlich geblieben. Die Frage ist nämlich nicht mit der Vorstellung abgetan, der Mensch bliebe einfach nur sich selbst gleich in alle Zeit. Seine Identität mit sich ist ja nur durch die Natur vermittelt zu denken. Der Mensch im Naturzustand ist demnach keineswegs vor Veränderungen sicher, denn so wenig wie die Natur sich selbst gleich bleibt, so wenig bleibt es das Natürliche, das sie hervorbringt. Selbst die »Menschen aus der Hand der Götter« sind in ihrer Gattungsgeschichte einem Schicksal unterworfen, das sie nun zuerst einmal noch nicht selbst – auch nicht teilweise – verantworten müssen. Auch in der Fiktion einer Menschheitsgeschichte, die vom Eingriff des Menschen in seine eigenen Geschicke verschont geblieben wäre, macht die Spezies nach Montaigne wie alle anderen eine zielgerichtete Entwicklung durch.

Grundlage für diese Dynamisierung des Naturzustandes ist für Montaigne eine »erstaunliche Korrespondenz und Beziehung in der allgemeinen Einrichtung der Werke der Natur«, die wohl zeige, daß diese »Organisation« weder »zufällig« ist, noch »von verschiedenen Werkmeistern ausgeführt wurde« (662). Nach der Voraussetzung einer natürlichen Selbstbetrachtung des Menschen ist für Montaigne nun wie selbstverständlich die christliche Heilsgeschichte nicht mehr in Anschlag zu bringen, wenn es um das besondere Schicksal der menschlichen Gemeinschaften geht. Er folgt nun vielmehr Polybios und Machiavelli in der Parallelisierung staatlicher Entwicklung mit organischem Streben: »Die Krankheiten und die Beschaffenheiten unseres Körpers zeigen sich auch in den Staaten und ihren Verfassungen. Die Königreiche, die Republiken werden geboren, wachsen, blühen und welken im Alter, wie wir es tun. Wir sind voll von unnützen und schädlichen Säften und sind diesen unterworfen [...]. Die Staaten sieht man oft an einer solchen Fülle erkranken« (662 f.).

Dabei scheint nun die Natur auch bei der Staatenentwicklung eine besondere Ökonomie walten zu lassen. Im Haushalt der Kräfte halten sich demnach Wachstum und Niedergang letztendlich die Waage. Die »neue Welt« erscheint als eine der »Kinderwelten«, wie Starobinski sagt[20], als eine »monde enfant« (887), während »nostre monde« schon als die alte Welt ihrem Untergang entgegengeht. »Wenn wir mit unserem Schluß richtig liegen, daß unsere Welt ihr Ende erreicht hat und dieser Poet« – gemeint ist Lukrez, den Montaigne zuvor mit einer Äußerung über die Jugend der Welt und den Fortschritt der Künste zitiert hat – »mit seinem Schluß über die Jugend seines Zeitalters richtig liegt, wird diese andere Welt erst ihren Tag haben, wenn unsere schon ihre Nacht erreicht hat. Die Welt wird Lähmungen haben. Das eine Glied wird erlahmen, das andere wird kräftiger werden« (887). Die »andere Welt« ist damit auch schon nicht mehr im Bereich des »ganz anderen« zu suchen, sie ist zu etwas Greifbarem geworden, eine Wiederholung der bestehenden Welt an anderer Stelle mit zeitlichem Abstand unter vergleichbaren Voraussetzungen.

Allerdings wäre es verfrüht, aus der natürlichen Teleologie der menschlichen Geschichten auf ihre Berechenbarkeit zu schließen. Zwar heißt es: »Es ist eine und dieselbe Natur, die ihren Lauf nimmt. Wenn man ausreichende Kenntnis des gegenwärtigen Zustandes hätte, könnte man daraus mit Sicherheit alle Zukunft und die ganze Vergangenheit ableiten« (445). Dabei ist es aber für Montaigne schlechthin ausgeschlossen, daß wir ein solches Wissen auch nur annähernd von der Gegenwart bekommen können, geschweigedenn von der Vergangenheit. »Wenn alles das, was über die Vorzeit zu uns gelangt ist, auch wahr wäre und einer alles wüßte, so wäre es doch im Vergleich zu dem, was verborgen bleibt, weniger als nichts; und von diesem Bilde der Welt, das vor unseren Augen vorübergeht, während wir darin leben, wie unbedeutend, wie zusammengezogen ist davon die Kenntnis der aufmerksamsten Forscher? Nicht bloß von den einzelnen Begebenheiten, welche das Glück oft exemplarisch und merkwürdig macht, sondern von dem Zustande großer Reiche und Völker entwischt uns hundertmal mehr als davon zu unserer Kenntnis gelangt« (886). Hinzu kommt, daß auch die Kenntnis der Bewegungen im Kosmos, zu denen die Entwicklung der Menschen analog gedacht werden soll, für Montaigne alles andere als gesichert gilt. Die Skepsis gegenüber der neuen Kopernikanischen Himmelskunde ist deshalb ein Argument mehr, der Berechenbarkeit menschlicher Angelegenheiten nicht zu trauen.

Schließlich ist für Montaigne allerdings entscheidend, daß es neben den natürlichen Ursachen auch noch andere gibt, die den Lauf der Dinge beein-

---

[20] Starobinski, *Montaigne*, (a.a.O.), S. 415.

flussen. Unter Berufung auf Platon[21] stellt er fest: »Alle Dinge sind von der Natur, oder vom Zufall, oder durch Kunst hervorgebracht. Die schönsten und größten durch die eine oder andere der ersten beiden Ursachen; die geringsten und unvollkommensten durch die letztere« (204). Geht man davon aus, daß die Geschichte der Naturmenschen, gäbe es sie denn, eher zu den »schönen« Werken gehören muß, da der Mensch nicht versuchen würde, künstlich in die Geschehnisse einzugreifen, so bleibt doch noch die Kategorie des Zufalls übrig, unter die das eine oder andere Ereignis rubriziert werden kann. Wie groß nun der vermeintliche oder tatsächliche Anteil des Zufalls am Unwissen des Menschen von der Abfolge einzelner Geschichten ist, niemals wird auch im Verlauf völlig natürlicher Menschenentwicklung Anfang und Ende genau bestimmbar sein. Was man angeben kann ist allenfalls die Tendenz, die der Verlauf nehmen muß. Es steht fest, daß nach der Geburt das Wachstum folgt, nach der Reife das Alter und der Tod. Wann die eine Phase auf die andere folgt, muß dahingestellt bleiben.

Für die Gegenüberstellung der zivilisierten Zeitgenossen Montaignes und der erwachsen gewordenen Brüder aus der Zeit des Naturzustandes würde das aber nun bedeuten, daß auch sie nun bereits in einem ›status corruptionis‹ sein müßten, wenn auch einem ›natürlichen‹. Wenn man auch nicht sagen kann, an welchem Punkt genau die natürliche Entwicklung des Menschen angekommen sein würde, fest steht doch, daß die Distanz auf jeden Fall eine wäre, die sich nur innerhalb eines allgemeinen Verfalls bestimmen ließe. Vielleicht könnte man noch mutmaßen, daß die Zivilisation den Verfall vorantreibt, so wie sie offenbar die Reinheit der Sitten amerikanischer Wilder schon zur Zeit der Berichterstattung von ihrem paradiesischen Zustand getrübt hat. »Ich fürchte wohl«, sagt Montaigne, »daß wir den Niedergang und den Ruin« der neuen Welt »durch unsere Ansteckung sehr beschleunigt haben und sie die Übernahme unserer Ideen und Künste haben teuer bezahlen lassen« (887).

Einmal auf dem Wege des Verfalls ist nun allerdings der Grad der Korruption für die Frage nach dem Status des Naturzustandes nicht mehr entscheidend. Denn fest steht, daß die ursprüngliche Einfachheit aufgegeben ist, wenn die »monde enfant« selbst auf welchem Wege auch immer zu einer ›monde adulte‹ wird. Der Mensch aus der Zivilisation würde sich in der Spätzeit der Menschengeschichte von den Nachkommen der Naturmenschen bestenfalls durch die Art seiner Fehler unterscheiden. Ein Kontrast zu einem unverfälschten Urbild ließe sich so nicht erkennen. Nimmt man Montaignes metaphorische Parallelisierung von Menschenentwick-

---

[21] Vgl. Buch X der *Nomoi*.

lung und Staatenentwicklung, von körperlicher Konservierung und Staatengesundheit ernst, so kann die »monde enfant« im Grunde auch gar nicht altern. Nicht nur ist es, wie im Essai *Über die Kannibalen* bereits angesprochen, selten, »daß ein Mensch krank ist« – entsprechend bedingt Klima und Umgebung, daß die ›Körpersäfte‹ fast immer in der richtigen Mischung bleiben, wie auch das Gemeinwesen offenbar keine selbstverschuldeten Krisen kennt – auch alle natürlichen Merkmale des Alters treten bei den »Wilden« erst gar nicht auf. Daß sie überhaupt sterben müssen, spricht Montaigne nur im Zusammenhang ihrer kriegerischen Auseinandersetzungen an. Wie sähe auch ein natürlicher Tod, bei dem der Mensch quasi in Jünglingsgestalt, mit »klarem Blick«, »festem Schritt«, tadellosem »Gebiß« und »aufrechtem Gang« (vgl. 205) seinen Abschied von der Welt nimmt? Ein natürlicher Grund ist für den Eintritt des Todes nach einer solchen Beschreibung des Alters schwer vorzustellen.

Und so scheint nun auch der Naturzustand selbst, in dem sich solche Menschen bewegen, ein zeitloser Ort zu sein, ein Ort der sich immer gleichbleibenden Gegenwart. Mit ihm ist ein Stadium der Menschheit benannt, das so weit vor aller Menschengeschichte liegt wie es ihr auch immer gleichzeitig ist und auch nachfolgend gedacht werden kann, weil es keinen wirklichen Teil dieser Geschichte ausmacht. Ob nun vor der Zeit gelegen, die mit dem »goldenen Zeitalter« der Poeten beginnt, oder vor der Zeit der europäischen Entdeckung Amerikas oder aber nach dem Niedergang der bestehenden okzidentalen Kulturen – für Montaigne ist die Distanz zum Urzustand jeweils immer um das Stück zu verlängern, das mit dem Gedanken einer Überbietung alles dessen eingefügt wird, was sich die menschliche Vernunft an menschlicher Gemeinschaft nach menschlichem Ermessen vorstellen kann – wie Montaigne dies mit der Unangemessenheit auch eines idealen Staatsentwurfs nach dem Vorbild Platons zum Verständnis des Naturzustandes exemplarisch anspricht (vgl. 204).

Fragt man deshalb nach Montaignes Einstellung zu einer Rückkehr in den Naturzustand als gangbare Alternative zu einem Leben im Zustand einer korrupten Zivilisation, kann man nur Starobinskis Fazit zu diesem Punkt unterstreichen: Die Ankündigung einer »Hochzeit«, einer »Wiederkehr des goldenen Zeitalters« ist ein »Traum«, dem »Montaigne kaum gewogen« ist: »natürlich spricht er von den amerikanischen Gesellschaften im Sinne der Beschreibungen, die er gelesen hat, indem er ihnen die Farben der Idylle und des Goldenen Zeitalters [...] oder die der wunderbaren Prachtentfaltung [...] leiht. Aber es handelt sich um ›Kinderwelten‹, deren Reiz kein anderer als der der Nostalgie sein kann: sie treten für uns hinter unserer Gegenwart und gleichsam seitab in den Blick. Überdies sind es

Welten, die die Barbarei der europäischen Konquistadoren bereits zum Verschwinden verurteilt hat«[22].

f) Der zivilisierte Mensch im Zyklus der Geschichte

Der Verfall hat also bereits durch die natürliche Entwicklung auch den ursprünglich gebliebenen Menschen erreicht. Die Korruption greift auf den Naturzustand über, sobald der ›Wilde‹ in Kontakt mit Erfahrungen kommt, wie wir sie im Stand der Zivilisation machen. Die ›andere Welt‹ wird unversehens zur ›neuen Welt‹, die sich mit Hilfe von Technik und Kunst erschließen lassen wird. Der Naturzustand wird so an die Ränder erfahrbarer Geschichte gerückt. Er steht an der Grenze zu einem Bereich, der mit jedem Schritt über diese Grenze um eben diesen Schritt weiter zurückweicht und somit nur in der Phantasie wirklich betreten werden kann. Schon die Gewährsleute, die Montaigne für seine Berichte aus Amerika findet, werden von ihm nicht nur dafür bedauert, daß sie vor ihrer Reise nach Übersee nicht gewußt hätten, »wieviel sie eines Tages das Wissen über die hiesigen korrupten Zustände an Ruhe und Glück kosten wird« (212); Montaigne »setzt« auch »voraus«, der Verfall sei bei ihnen durch den neuen »Umgang [...] bereits fortgeschritten«, und man müßte sie wohl »sehr unglücklich« nennen, weil »sie sich durch ihre Neugierde hätten täuschen lassen und« deshalb »das milde Klima unter ihrem Himmelsstrich verlassen« hätten, um »den unsrigen zu sehen« (ebd.). Nur der Berichterstatter, der zumindest schon zur Hälfte im Ausgang aus dem Naturzustand begriffen ist, kann uns überhaupt erst verständlich von der Einfalt und Ursprünglichkeit seiner Herkunft erzählen. Wo es, wie Montaigne sagt, keine »Worte für Lüge, Verrat, Heuchelei, Geiz, Neid, Verleumdung, Verzeihung« (204) gibt, ist auf Fragen danach von Autochtonenseite her schwer zu antworten. Im direkten Kontakt mit dem Fabelwesen Naturmensch wäre es Montaigne womöglich so gegangen wie mit dem Dolmetscher, der ihm bei seinem »sehr langen Gespräch« mit einem der Brasilianischen Ureinwohner »so schlecht assistierte«: Montaigne gesteht, er habe nur »wenig Freude« an der Unterhaltung gehabt (213). Der Umstand, daß der Verfall mit der Zeit alles Naturzuständliche erfaßt, hat nun erstaunlicherweise nicht zur Folge, daß die Macht der Natur nur auf die Reservate eines wahrhaftigen Naturzustands eingeschränkt wird. Hier wäre denn auch eine Entfaltung nach ›natürlichem‹ Schema gar nicht denkbar, da in dieser reinen ›Gegenwart‹ gar keine eigentliche Ent-

[22] Starobinski, *Montaigne*, (a.a.O.), S. 415.

wicklung und Abfolge vorgesehen ist. Im Gegenteil erweist sich die Natur
für Montaigne nun gerade als die einzig wirklich geschichtsmächtige Instanz. So wie nämlich der Verfall auf die Natur übergegriffen hat, so greift
in derselben Bewegung des Übergangs nun auch die Natur auf die Kultur
über. Alles was überhaupt hervorgebracht wird, also nicht nur das Natürliche und Zufällige, sondern auch das Technische, ist jetzt letztendlich in
der Hand der Natur. Montaigne geht sogar soweit, nicht nur die Natur als
die Schicksalsmacht einzusetzen, die Gott mit seiner Vorsehung ablöst.
Der natürliche Lauf aller Dinge umfaßt zusätzlich auch noch das Entstehen und Vergehen des Glaubens, der zuvor noch Aufstieg und Abstieg,
Schöpfung und Vernichtung als Bestandteile der Vorsehung erscheinen
ließ: »Wenn die Natur den Glauben, die Urteile und die Meinungen der
Menschen ebensogut wie alle übrigen Dinge in die Grenzen ihres gewöhnlichen Fortschritts weist, wenn der Glaube ebensogut seine Revolution,
seine ›Saison‹, seine Geburt und seinen Tod hat wie die Kohlköpfe; wenn
der Himmel ihn ebenso bewegt und an sein Ziel rollt, was für eine herr-
schaftliche Autorität wollen wir ihm denn also zuschreiben? Wenn wir,
wie uns die Erfahrung lehrt, mit Händen greifen können, daß die Form
unseres Wesens von der Luft, vom Klima und von der Art des Bodens
abhängt[23], wo wir geboren werden, dabei nicht nur der Teint, Größe,
Temperament und Handlungsweisen betroffen sind, sondern auch die
Kräfte der Seele [...]; auf eben die Art wie die Früchte verschieden wachsen
und die Tiere, so werden auch die Menschen geboren, mehr oder weniger
kriegerisch, gerecht, gemäßigt und gelehrig; hier dem Wein ergeben, dort
der Unzucht, oder mit Neigungen zum Diebstahl; hier tendieren sie zum
Aberglauben, dort zum Unglauben; hier zur Freiheit, dort zur Knecht-
schaft; sie sind fähig zu einer Wissenschaft oder einer Kunst, grobschlächtig
oder feinsinnig, gehorsam oder rebellisch, gutmütig oder boshaft, je nach
der Neigung, die vom Ort, an dem sie wohnen, vorgegeben wird und
wechseln ihr Temperament, wenn man sie an einen anderen Ort versetzt,
wie die Bäume; [...] Wenn wir bald die eine Kunst, bald die andere, bald
eine Meinung, bald eine andere im Kurs sehen und dies durch irgendeine
Bewegung am Himmel verursacht wird; wenn dieses Jahrhundert solche
Naturen erzeugt und das Menschengeschlecht dazu bringt, diesen oder
jenen Zug anzunehmen; wenn der Geist des Menschen das eine Mal üppig,

---

[23] Montaigne zitiert im folgenden aus Ciceros *De fato* eine Belegstelle, es ist aber bekannt, daß die Vorstellung schon älter ist und auf Hippokrates' *Peri aeron, hydaton,
topon* zurückgeht. Nach Jean Bodin wird es vor allem Montesquieu sein, der die Klima-
theorie wieder aufnimmt und aus der Verschiedenheit der Weltgegenden auf die Verschiedenheit der Formen schließt, die der *Esprit des Lois* in den jeweiligen Gemeinwesen
annehmen muß.

das andere Mal mager ist wie unsere Felder; wie steht es dann mit all den herrlichen Vorzügen, derer wir uns so gerne schmeicheln?« (560; vgl. dazu auch 428 f.).

Die Art, wie Montaigne den Renaissance-Glauben an die Allmacht der Sternenbewegungen auf den umfassenden Einfluß der Natur auf die Geschicke alles Menschlichen ausdehnt, läßt die Identitätsfrage für den Zeitgenossen Montaignes in einem neuen Licht erscheinen. Hätte man zuvor noch glauben können, es sei mit der Versicherung getan, ein Rückzug ins Private, in die natürliche Umgebung der Familie auf dem angestammten Grundbesitz der Vorfahren könnte auch den zivilisationsverfallenen Menschen wieder in die Nähe der Natur bringen und ihm so eine verlorengeglaubte Identität zurückgeben, so endet nun der Weg zu einem naturnahen ›Ruhestand‹ doch wieder im Ungewissen. Die Flucht in die Natur als eine Alternative zur Kultur ist eine Illusion, sie läßt sich nur im Salongespräch mit den Botschaftern der vermeintlich ›Wilden‹ kultivieren.

g) Naturbestimmung und Ichbestimmung

Die Naturidentität, um die es Montaigne an dieser Stelle geht, muß deshalb eine sein, die sich nicht jenseits, sondern innerhalb des Zivilisationsprozesses verwirklichen kann. Zu einem Problem wird diese Identität nun aus zwei Gründen. Zum einen stellt sie sich ja nur her, wenn sie die ›Selbstaufgabe‹ des Einzelnen schon voraussetzt, also sein Aufgehen in der Natureinheit annimmt. Das ist eigentlich nur dann vollständig der Fall, wenn die Reflexion auf das Selbst gar nicht stattfinden kann oder noch nicht stattgefunden hat, mit anderen Worten, wenn der Prozeß der Kultivierung des Menschen noch nicht eingesetzt hat. Ist der Freiraum für eine Selbstbesinnung aber einmal geschaffen, müßte das potenzielle Ich von dem gewonnenen Terrain bereits wieder etwas abgeben. Das wird nun besonders schwierig, wenn die mögliche Identität des Einzelnen innerhalb der Kollektive, in denen er sich bewegt, mit der Erweiterung der persönlichen Abgrenzungen in seinem Bestand gefährdet ist. Konkret gesprochen: in einer Situation, die von Montaigne und seiner Zeit gemeinhin als die des Verfalls charakterisiert wird, erscheint es geradezu als ein Paradox, sich der Kraft des Verfalls, also der Schicksalskraft der Natur, zu überantworten, um die Möglichkeit eigener Identität zu behaupten. Der Schritt über eine mögliche Selbstabgrenzung hinaus führt so in eine Gemeinschaft mit der Natur, in der sich das Selbst eben nicht behauptet, sondern sich gerade mit seinem Willen zur Identitätsstiftung vielmehr seinem Untergang verschreibt.

Daß Montaigne sich dieses Dilemmas sehr bewußt ist, zeigt sich nicht
zuletzt an seinen Reaktionen auf die ›Endzeit‹, die er heranbrechen sieht.
»Unsere Sitten sind außergewöhnlich verderbt und zeigen einen außerordentlichen Hang, sich weiter zu verschlimmern; unter unseren Gesetzen
und Gebräuchen gibt es mehrere, die barbarisch und ungeheuer sind: dennoch, wegen der Schwierigkeit, uns in eine bessere Verfassung zu bringen
und der Gefahr des Einsturzes des ganzen Gebäudes, hätte ich die Möglichkeit, einen Wirtel in unser Rad zu schlagen und es an dem Punkt aufzuhalten, an dem wir angekommen sind, ich würde es mit ganzem Herzen
tun [...] . Das Schlimmste an unserem gegenwärtigen Zustand ist, wie ich
finde, die Instabilität und daß unsere Gesetze, so wenig wie unsere Kleider,
eine bleibende Form annehmen können. Es ist wohl leicht, eine Verfassung unvollkommen zu heißen, denn alle endlichen Dinge sind dies in
vieler Hinsicht; es ist wohl leicht, einem Volk Verachtung für alle Ge-
wohnheiten beizubringen: das ist noch immer einem jeden geglückt; aber
eine bessere Verfassung an die Stelle derer zu setzen, die man zuvor zugrunde gerichtet hat, das hat schon manchem den Schneid genommen, der
sich daran versucht hat. Den Stellenwert meiner eigenen Klugheit setze ich
nicht sehr hoch an und füge mich gerne den öffentlichen Verordnungen.
Glücklich ist das Volk, das dies, was man ihm befiehlt, besser tut als die,
die es befehlen, ohne sich über die Ursachen den Kopf zu zerbrechen,
glücklich, wer sich willig fortbewegen läßt, als ob man den Bewegungen
am Himmel folgte. Der Gehorsam ist niemals bei demjenigen rein und
ruhig, der rechtet und diskutiert« (639 f.). Aus Passagen wie diesen hat man
gerne Montaignes konservative Haltung definieren wollen. Entsprechend
ist es fast eine Überschrift zu der zitierten Stelle, wenn er sagt: »Nach meinem Geschmack gibt es in den öffentlichen Angelegenheiten keine noch so
schlechte Handlungsweise, von der man nicht sagen kann, sie sei besser als
der Wechsel und die Bewegung, vorausgesetzt, sie verfügt über Alter und
kontinuierliche Geltung« (639). Abgesehen von aller politischen Polemik,
mit der man einer solchen Haltung begegnen kann[24], zeigen sich hier nun
vor allem die Konsequenzen für das handelnde Ich, die Montaigne aus dem
neuen Vertrauen auf die Natur zu ziehen bereit ist.

Zwei radikale Lösungen bieten sich für das Problem der Endzeitbestim-
mung des zivilisierten Menschen an. Die eine bestünde im vollkommenen
Rückzug von der Welt, die ihrem Untergang naht. Es wäre die bekannte
Flucht in die Privatsphäre, die ihrerseits aber nicht so ›privat‹, so abge-
schnitten von aller menschlichen Umgebung sein kann, als daß sie sich

---

[24] Vgl dazu exemplarisch: M. Horkheimer, *Montaigne und die Funktion der Skepsis*, in:
Zeitschrift für Sozialphilosophie, VII, 1938, S. 1-54; Neudruck München 1980.

nicht als Illusion erweisen würde. Auch bei der anderen Lösung handelt es
sich um einen Akt, der sich bei seiner tatsächlichen Ausführung zu den
Ausmaßen einer Großtat steigern müßte, nur mit dem Unterschied, daß
nun die Richtung der Handlung eine andere ist. Während die Flucht ins
Private einen Rückzug aus der Welt bedeutet, liefe die Alternative dazu auf
eine vollständige Eroberung der Welt hinaus. Man müßte als einzelner
schon das »Rad« der Fortuna, und damit der ganzen Geschichte aufhalten,
wollte man dem Verfall anstatt durch Enthaltung nun durch Taten ent-
kommen. »Je le ferais de bon coeur« (639), ich würde es mit ganzem Herzen tun, sagt Montaigne im Modus des Konditionals, unter der Bedingung
nämlich, daß überhaupt jemand dazu in der Lage wäre. Beide Großtaten
sind für Montaigne nicht von menschlicher Art. Sie würden dem Verfall
der Zustände ein Ende machen, das nicht nur das Ende des Niedergangs
bedeutete, sondern auch das Ende des Wechsels selbst. Die Zustände, die
damit anvisiert sind, sind jenseits der Naturordnung. Wie Starobinski bemerkt, wäre es erneut eine Option für die »reine *Gegenwart*«[25].

Daß man beide Vorschläge auch in einem anderen Licht sehen kann, be-
weist der Fortgang einer Tradition, die sich gemeinhin auf die Natur als
Grundlage des Rechts beruft. Anders als bei Montaigne und den Alten
bestimmt die Natur oder Gott hier nun nicht mehr die Grenzen des
Machbaren und Wünschbaren. Die Abläufe in der Natur sind nicht mehr
Vorbild für den Verlauf menschlichen Handelns et vice versa, der Wandel
im Kosmos ist nicht mehr der Spiegel, in dem der Mensch den Charakter
von Umwälzungen im Sozialen oder Politischen im großen Zusammenhang abgebildet sieht. Im Gegenteil dazu erscheint nun die Natur als etwas,
das selbst unvollkommen ist und, spätestens mit dem Blick auf den Status
quo der beginnenden Neuzeit nun als der Vervollkommnung bedürftig
angesehen werden muß. So kann man es als einen Schritt der Radikalisierung des Montaigneschen Endzeitgedankens ansehen, wenn Hobbes keine
70 Jahre später das für Montaigne noch Undenkbare als die eigentliche
Lösung vorstellt. Dem ewigen Wandel und Wechsel der Machtverhältnisse
muß demnach ein Ende gemacht werden, umso mehr, wenn es dem Betrachter so erscheinen muß, als sei man auf dem Rad der Geschichte deutlich im Abschwung begriffen. Macht man sich nämlich die implizite Folgerung Montaignes aus seiner Naturzustandsbeschreibung zu eigen, einen
wirklichen Urzustand des Menschen könne es eben auf Grund seiner Menschennatur innerhalb einer erfahrbaren Geschichte gar nicht geben, dann
fällt auch die Hoffnung weg, mit einer Umwälzung des Ganzen, analog der
stoischen Konsumption der Welt im Feuer mit einer anschließenden Wie-

---

25 Starobinski, *Montaigne*, (a.a.O.), S. 413.

dergeburt, würde sich prinzipiell am Los der Menschen etwas ändern. Es bleibt dann die ›condition humaine‹, im ewigen Kreislauf vom Besseren zum Schlechteren fortzuschreiten, also niemals wirklich Aussicht auf Ruhe zu erfahren. Hatte nun Montaigne schon das Phänomen der Verfallsbeschleunigung für den Fall ausgemacht, daß der Mensch versucht, seine Geschicke selbst – auch und gerade mit dem Willen zur Besserung – in die Hand zu nehmen, so muß Hobbes wohl die Permanenz der Religions- und Bürgerkriege wie die unverminderte Fortdauer des schon im vorangegangenen Jahrhundert Diagnostizierten erscheinen. Die Menschen, wie sie sich mit ihrer Vernunftbegabung im Naturzustand gegenüberstehen – denn als ein solcher erscheint der innere wie äußere Kriegszustand einer Gesellschaft dem Staatstheoretiker – steigern durch ihre Vorsicht und ihre Anstrengungen nur weiter die Potenzen zum Krieg, gegen den sie, noch jeder für sich oder in wechselnden Allianzen, ankämpfen. Sie machen den Ausgang bevorstehender Auseinandersetzungen mit jeder Zurüstung unberechenbarer, insofern sie die Möglichkeiten wechselseitiger Reaktionen vervielfältigen. Dem vormals allein von der Natur initiierten Untergang wird damit durch das menschliche Planen eine zusätzliche Dramatik verliehen.

In einem Zustand, in dem die Natur gerade keinen Ausweg mehr zu einem wirklichen, das heißt dauerhaften Frieden anbietet, auch nicht auf der großen Skala einer Erneuerung der Welt, sieht Hobbes nun doch eine Möglichkeit darin, den Menschen selbst das Gewünschte hervorbringen zu lassen. Anstatt auf natürliche Erneuerung zu warten soll nun aus eigener Kraft mit einem ›Schöpfungsakt‹ der Misere ein Ende gemacht werden. Ein Wesen, das größer ist als alle anderen Kreaturen – in Erinnerung an das biblische Ungeheuer im Buch Hiob nennt Hobbes ihn den »Leviathan« – muß geschaffen werden, und dieses Wesen soll in der Lage sein, das »Rad« der natürlichen Menschengeschichte, um im Bild Montaignes zu bleiben, stillzustellen. Der Leviathan soll dem natürlichen Wechsel, der Kontingenz und dem anmaßenden Eingriff der Einzelnen gleichermaßen ein Ende bereiten. Ein Wesen, selbst »dazu geschaffen, um sich nie zu fürchten«[26], soll dem Menschen die Furcht vor dem unnatürlichen Tode nehmen. Das Mittel, ein solches Wesen hervorzubringen, ist dann ebenfalls kein natürliches; bekanntermaßen handelt es sich bei dem Gründungsakt um einen Vertrag. Und gemessen an dem, was in diesem Gesellschaftsvertrag an strukturellem Wechsel und Veränderung intendiert ist, handelt es sich nun in der Tat um eine Überwindung des üblichen Zeitschemas in Richtung auf eine ›reine Gegenwart‹. Wenn auch nicht von einem Einzigen, sondern einer Pluralität von Individuen gebildet, wenn auch nicht im Hinblick auf

---

[26] Buch Hiob, 41, 25.

eine tatsächliche neue Kolonisierung der Welt konzipiert, sondern mit
Rücksicht auf die Frage, wie sich bestehende Rechtsgemeinschaften legitimieren lassen, wird hier doch mit der scheinbar utopischen Annahme eines
großen Eingriffs in den Lauf des Menschengeschicks ernst gemacht.
»Endlich«, heißt es nicht umsonst in der berühmten Einleitung zum
»Leviathan«, »gleichen die *Verträge* und *Übereinkommen,* durch welche die
Teile dieses politischen Körpers zuerst geschaffen, zusammengesetzt und
vereint wurden, jenem *Fiat* oder *Laßt uns Menschen machen,* das Gott bei
der Schöpfung aussprach«[27].

Auch die andere der beiden Alternativen, sich gegen den Verfall einer natürlich motivierten wie auch von Menschen beschleunigten Geschichte zu
stellen, findet mit Rousseau[28] einen späteren Vertreter. Freilich kann mit
der Anknüpfung kein Aufruf zur Einsiedelei gemeint sein. Das würde
wiederum zu dem Mißverständnis über die Möglichkeit einer Rückkehr in
den Naturzustand Anlaß geben. Dennoch ist mit der »reinen Gegenwart«
eines solchen Zustandes durchaus ein Vergleichspunkt angezeigt, der bei
der Formulierung eines Gesellschaftsvertrags nun im Auge behalten wird.
Was durch die künstliche Institution einer »volonté générale« bezweckt
wird, ist nichts anderes als die Wiederherstellung der natürlichen Einfachheit und Freiheit des Menschen auf dem Niveau der Kultur. Die Kultur des
Herzens wird ihrerseits wieder natürlich – nun allerdings im Sinne einer
zweiten Natur – wenn sich die vormals Einzelnen im Geist des Vertrages
vorbehaltlos einigen und damit wiederum »als Körper jedes Glied als

---

[27] Th. Hobbes, *Leviathan,* deutsche Ausgabe hrsg. v. I. Fetscher, Frankfurt am Main
1984, S. 5.
[28] Eine übersichtliche Darstellung von Montaignes möglichem Einfluß auf Rousseau
findet sich bei C. Fleuret, *Rousseau et Montaigne,* Paris 1980. Allerdings legt Fleuret den
Akzent auf die Parallelen persönlicher Denkentwicklungen und verzichtet weitgehend
auf eine philosophische Gegenüberstellung der geschichtlichen Perspektiven. So stellt
sie zwar einleuchtend eine Verbindung zwischen Montaignes *Kannibalen-Essai* und dem
ersten Teil des zweiten *Discours* her, die dynamischen Folgen des verlorenen Ideals im
zweiten Teil des *Discours* nehmen für Fleuret allerdings »dialektische« Formen an, die
erst das 18. Jahrhundert habe hervorbringen können (vgl. 59). Um dies zu entscheiden,
müßte freilich zuerst diskutiert werden, ob die Rousseausche Geschichtsphilosophie des
zweiten *Discours* in der Tat schon die Möglichkeit eines »droit nouveau« als ein
»équivalent du droit naturel« (59) ins Spiel bringt. Ist nicht das Scheitern der zu Ende
des *Discours* angenommenen ›Gesellschaftsverträge‹ vielmehr ein Zeichen für die Un-
aufhaltsamkeit eines Verfalls, der durch die Eingriffe des Menschen eher beschleunigt
denn vermieden wird? Es wäre zu prüfen, ob Rousseau ausgehend von einem derartig
›natürlichen‹ Geschichtsverständnis nicht vielleicht in noch grundlegenderer Weise die
Nachfolge Montaignes antritt, als es in den direkten Bezugnahmen, wie Fleuret sie
nachweisen kann, deutlich wird.

untrennbaren Teil des Ganzen«[29] aufnehmen. Auch mit dem Vertragsschluß ist der Verlust des Naturzustandes besiegelt. Die Hoffnung auf eine vermittlungslose Einheit mit sich selbst außerhalb eines jeden Wechsels der geschichtlichen Umstände in Gemeinschaft mit anderen bewahrheitet sich aber zumindest für den einen Augenblick der Staats- oder Stadtgründung selbst, wie fiktiv auch immer von ihm gesprochen werden muß. Alles weitere sind dann auch in den Augen Rousseaus nur noch Versuche, wirkungsvolle Maßnahmen gegen den Einbruch der Geschichte, und damit zugleich des Verfalls in die zeitlos angesetzte Integrität des Gemeingeistes zu treffen.

Für Montaigne sind freilich beide Begründungsoptionen auch nicht in Ansätzen zu denken, da ihm die Hoffnung, mit technischen Mitteln das Los des Menschen zu verbessern, noch ungewiß und fremd bleiben muß. Noch immer steht für ihn die Technik im Schatten einer Natur, die es primär nachzuahmen gilt, weil in seinen Augen die Überlegenheit ihrer Wirkungen über die Effekte menschlicher Leistungen in allen Bereichen noch augenscheinlich ist. Erst mit Bacons ausdrücklichem Bezug einer Kultur der Technik auf die Hoffnung einer entscheidenden Verbesserung des menschlichen Lebensloses wird zusammen mit der mathematischen Grundlegung der Erfahrungswissenschaften bei Descartes einem menschlichen Selbstbewußtsein der Weg geebnet, das sich in der Folge auch eigenmächtige Veränderungen an der Basis wechselseitiger Verhältnisse in der Gemeinschaft zutraut. Für Montaigne ist allerdings die Berufung auf die Vernunft bei einer solchen grundlegenden Umgestaltung der öffentlichen Verhältnisse nur eine weitere Verlängerung des Übels, insofern sie allein der Menschenvernunft entspringt und dabei nicht zufällig mit der natürlichen Vorsehung übereinstimmt. Die Möglichkeit, aus der Geschichte und dem Wechsel, wie ihn die Natur vorsieht und vorschreibt, auszubrechen, bleibt für Montaigne illusorisch, und jede Anstrengung, die darauf abzielt, ist eine ›vaine folie‹.

Die Möglichkeiten, die Montaigne demgegenüber favorisiert, um innerhalb des Wechsels der Zeiten dem drohenden Verfall der Lebenswelt des Menschen zu begegnen, scheinen entsprechend den genannten naturrechtlichen Vorschlägen geradezu entgegengesetzt. Zum einen kann man nach Montaigne nun versuchen, auf einem Niveau in den Lauf der Dinge einzugreifen, auf dem die Dimensionen der Folgen nicht im Kosmischen enden. Die »bessere Verfassung« eines Staates an die Stelle der bestehenden zu stellen wäre eine solche Möglichkeit. Montaigne bemerkt dabei allerdings, daß die Aussichten auf Erfolg wohl von der Größe des Individuums ab-

---

[29] J.-J. Rousseau, *Gesellschaftsvertrag*, I, VI.

hängen, das die Reform unternimmt. Der Ehrgeiz, der hinter solchen Unternehmungen steckt, ist wohl einem Alexander angemessen, bei »unserem Mühen« aber schlicht ein »Laster« (1000). Wahrscheinlich muß der Zeitgenosse Montaignes seine Wirkung auf einen noch kleineren Kreis einschränken. Er selbst rät in dem späten Essai »sur la façon de régler sa volonté«, also »über die Art und Weise, mit dem Willen hauszuhalten«, der »Spielraum unserer Wünsche« solle »auf ein enges Feld der allernächsten und erreichbarsten Annehmlichkeiten beschränkt sein; und ihr Lauf« dürfe »außerdem nicht in einer geraden Linie gehalten werden, die irgendwo an anderer Stelle endet, sondern« müsse »in einen Kreis einmünden, der nach einem kurzen Bogen zu uns zurückkehrt und sich schließt. Alle Handlungen, die ohne diesen Rückbezug auf sich selbst getan werden, wohlgemerkt einen naheliegenden und tatsächlichen Rückbezug, wie die des Geizigen, des Ehrgeizigen und so vieler anderer, die geradewegs voranlaufen und deren eigener Lauf sie immer weiter nach vorn zieht«, seien »falsche und krankhafte Handlungen« (988 f.).

Wenn es stimmt, wie Montaigne sagt, daß die Ähnlichkeit im Aufbau zwischen den Werken der Natur so groß ist, dann ist vielleicht nun in der Tat das ›an der Zeit‹, was für den Autor der *Essais* gilt, wenn er sich in den späten *Essais* nur noch eine kurze Lebensspanne zumißt und daraus schließt, »mon monde est failly, ma forme est vuidée«, »meine Welt ist in sich zusammengefallen, meine Form ist leer; ich gehöre ganz und gar der Vergangenheit an und bin gehalten, sie zu rechtfertigen und meinen Abgang entsprechend zu gestalten« (988). In der neuerlichen Entsprechung des Mikrokosmos mit dem Makrokosmos – nun allerdings auf natürlicher Basis – gälte es denn, keinen Versuch mehr zu unternehmen, einen großen »Wechsel« vorzubereiten und »sich in eine neue Lebensform zu stürzen« (987). Nicht einmal eine »Ausweitung« (ebd.) der Lebensverhältnisse steht mehr in Aussicht. Resignierend bekennt Montaigne: »Alles in allem bin ich dabei, diesen Menschen zu seinem Ende zu führen, und will nicht aus ihm einen anderen machen. In der Folge einer langen Gewöhnung ist mir diese Form zur Substanz geworden, und meine ›Fortune‹ zur Natur« (988). Der große Wurf, mit dem der öffentlichen Misere eine Ende bereitet werden könnte, ist deshalb möglicherweise gar nicht erwünscht, denn Montaigne zweifelt, daß ein solcher Wurf in dem fortgeschrittenen Lebensalter der Kultur überhaupt noch gelingen könnte. Der Kreis der Wirkung unserer Handlungen darf deshalb sinnvollerweise nur noch soweit reichen, wie auch die natürliche Entwicklung dafür noch Terrain vorgesehen hat. Was über eine vorhersehbare Epochenschwelle hinausreichen soll, muß demnach auf das Naheliegende zurückgebracht werden. Das ferne Ziel gilt es auf das Allernächste zurückzulenken.

Wo dies nicht geschieht, hat man es mit einer anderen Form menschlichen Eingriffs zu tun, der uns zwar freisteht, insofern er überhaupt realisierbar ist, dessen Folgen aber in Montaignes Augen abzulehnen sind. Der Grund findet sich zuerst in einer moralischen Inkongruenz von Mitteln und Zielen. Einen ganzen Essai hat Montaigne für das Thema reserviert: »Über schlechte Mittel zum Verfolg eines guten Zieles« (662 – 666). Wenn es geschieht, stellt er darin fest, daß wir zu zweifelhaften Mitteln greifen, so wohl aus »Schwäche« (664). Den Faden nimmt er an einer späteren Stelle wieder auf, wo bezogen auf Umsturzversuche im Staat rhetorisch nachgefragt wird: »Aber gibt es irgendein Übel in einer Verfassung, das es verdient, mit einer so tödlichen Medizin bekämpft zu werden? Nein, antwortete Faonius[30], nicht einmal die Usurpation der Herrschaft und tyrannische Machtergreifung im Staat. Auch Platon stimmt nicht zu, daß man der Ruhe seines Landes Gewalt antue, um es zu heilen, und verwirft jede Verbesserung, die das Blut der Bürger und ihren Ruin kostet, indem er bestimmt, daß die Pflicht eines redlichen Mannes in diesem Falle darin besteht, alles so zu lassen, wie es ist und nur Gott zu bitten, daß er auf außerordentliche Weise zu Hilfe komme [...]. Ich frage mich oft, ob unter so vielen Leuten, die sich in ein solches Geschäft mischen, einer von so blödem Verstande sein mag, den man in allem Ernste überredete, er arbeite an der Wiederherstellung einer Sache (im Original: reformation) durch die letzte aller möglichen Entstellungen; daß er sich auf seine Seeligkeit mit den ausdrücklichsten Gründen zubewege, die wir für eine sichere Verdammnis haben« (1019 f.).

Ein Handlungsverzicht wird für Montaigne nun noch plausibler, wenn man in einem solchen Fall staatlicher ›Unordnung‹ nicht wirklich sicher sein kann, ob schon der Vorsatz des Eingreifenwollens selbst sinnvoll ist. Einen Zweifel in dieser Hinsicht leitet er wiederum aus der Analogie körperlicher Übel und öffentlicher Mißstände ab. »Die Beschaffenheit der Krankheiten ist nach dem Vorbild der Beschaffenheit der Tiere« zu verstehen. »Ihr Schicksal und ihre Dauer an Tagen sind mit ihrer Geburt vorbestimmt. Wer versucht, sie mit Gewalt und auf herrschsüchtige Weise mitten in ihrem Verlauf abzukürzen, der verlängert, vervielfältigt sie und stachelt sie an, anstatt sie zu mildern« (1066). Entsprechend kann man nun schließen, daß der Staatsreformer wie auch – für Montaigne ausdrücklich – der Reformator des Glaubens gerade das Gegenteil von dem bewirken, was sie beabsichtigen. Wenn der Lauf der Dinge seiner Richtung nach von der Natur vorherbestimmt ist und die Zeichen auf Untergang deuten, dann ist auch für den Menschen in diesem Strom kein Halten. Egal welche Seite er

---

[30] Montaigne hat das Beispiel aus Plutarch, *Das Leben des Brutus*, III.

für die richtige hält, um seine Schulter ans ›Rad‹ der Zeit zu legen, durch seinen Einsatz beschleunigt er immer nur den Verfall. Nur ein Subjekt ist wirklich fähig, einen Neuanfang zu machen, und das ist die Natur selbst. Sie kann nach dem Untergang der einen Kultur eine andere zur ›Blüte‹ führen, wie Montaigne dies im Falle Amerikas voraussetzt. Für den Menschen bedeutet dies aber, daß er nur dann wirklich klug ist, wenn er sich dem Kreislauf der Dinge fügt. Das Festhalten am Bestehenden ist dann kein ernstgemeinter Versuch, den ›Status quo‹ durch ein Einfrieren der Verhältnisse aufrechtzuerhalten, sondern der Versuch, die natürliche Entwicklung der Dinge ihren natürlichen Gang gehen zu lassen. Das Festhalten am Bestehenden besteht dann darin, sich auf die Veränderungen einzulassen, die man sowieso nicht aufhalten kann. Innerhalb der Entwicklungen, die man als solche erkannt hat, findet sich nun allein der Freiraum für die Gestaltung dessen, was sich innerhalb einer Lebensspanne verwirklichen läßt, sei es die Lebensspanne des Politikers selbst oder die der Gemeinschaft, der er vorsteht. Konservativ sein heißt dann schließlich für Montaigne, alle Übel abzuwehren, die eintreten, wenn man meint, über die von der Natur gesetzten Grenzen hinaus etwas bewirken zu wollen. Montaignes konservative Haltung ist so gesehen also wohl eine Frucht seiner Skepsis gegenüber den Möglichkeiten des Menschen, das Richtige zu wissen und auch zu tun. Diese Skepsis kann sich aber erst auf der Grundlage eines Vertrauens in die Natur ausbilden. Von ihr wird bis dahin angenommen, daß sie es ist, die als einziges der von Gott hervorgebrachten Werke weiter Bestand hat, wenn die Welt mit den Augen des natürlich gebliebenen Menschen gesehen wird. An der Stelle aber, die in der Vorlage des Sebundus noch die Aussicht auf den höchsten Abschluß der Welt und des Menschen freigegeben hatte, nämlich in der Vorstellung einer Endzeit, in der alles nach dem festen Maß Gottes gerichtet werden wird, bleibt nun ein Widerspruch offen. Nicht nur gibt es aus dem Blickwinkel des natürlichen Menschen nun die Möglichkeit einer Wiederholung der Schöpfung, bei der unter anderen Bedingungen an anderem Ort noch einmal ein weiterer Kreislauf der Kulturentwicklung angestoßen werden kann; das Bewußtsein desjenigen, der sich dem Montaigneschen Versuch einer Rekonstruktion unverstellten Selbstwissens stellt, wird an dem ehemaligen Ort seiner systematischen Vollendung gerade von einer Erinnerung an sein eigentliches Selbst befreit. Im Nachgeben gegenüber den Tendenzen der Natur und im Einfügen in ihren Kreislauf erweitert sich die Reflexion auf das eigenste in einem Maße, daß alle Grenzen einer möglichen Ich-Identität überschritten werden. Die Frage, was das Wesen des einzelnen ausmacht und wer er ist, wird mit der Antwort auf eine anonyme Teilhabe des Menschengeschlechts im Allgemeinen am Naturgeschehen beschieden.

2. Zum zweiten Teil der Gliederung

Montaignes ›Versuch‹ der *Apologie des Raimundus Sebundus* in Form einer Rehabilitation einer unter neuen Voraussetzungen haltbaren »Wissenschaft vom Menschen« geht damit in seine zweite Phase. In der ersten ging es darum, den Menschen in seinem nun wieder angenommenen Naturzustand in der Auseinandersetzung mit seiner natürlichen Umwelt zu beobachten. Würde er seine Überlegenheit auf der »scala naturae« behaupten können, die er noch ohne Wissen vom Schöpfungsbericht aus der bloßen Betrachtung der übrigen Kreaturen bei Sebundus hatte annehmen dürfen? Montaignes Antwort ist negativ, denn das einzige Selbstbewußtsein, das er aus einer solchen Betrachtung gewinnen kann, ist das einer unmittelbaren Identität mit der Natur selbst, das er mit allem Kreatürlichen teilen muß.

Nun hat sich bei dem Versuch allerdings gezeigt, daß sich die Natur des ursprünglichen Menschen, der in den Zeugenstand geladen wurde, nur in der Fiktion frei von aller Reflexion auf sich selbst halten läßt. In dem Stadium, in dem die Kultur nun angekommen ist, kann es nicht mehr darum gehen, eine solche Fiktion aufrechtzuerhalten oder gar wiederbeleben zu wollen: »Alles in allem bin ich dabei«, sei Montaigne noch einmal zitiert, »diesen Menschen zu seinem Ende zu führen, und will aus ihm keinen anderen machen. In der Folge einer langen Gewöhnung ist mir diese Form zur Substanz geworden, und meine ›Fortune‹ zur Natur« (988). Die Kultur ist selbst zur Natur des Menschen geworden, und damit ist auch klar, wer hier zur Aussage vorgeladen wird. Nicht die Wilden Amerikas oder die Barbaren der fernsten Vorzeit werden verhört, sondern wir selbst, insofern wir die Konditionen der Zeit und der Kultur teilen, und der Kronzeuge, der stellvertretend Auskunft gibt, ist niemand anders als der Autor der *Essais* selbst. Schon in seinem kurzen Vorwort *An den Leser* hatte er dies angekündigt: »Wenn ich die Gunst der Welt hätte gewinnen wollen, hätte ich mich besser geschmückt und mit mehr Bildung geglänzt. Ich möchte, daß man mich in meiner einfachen, natürlichen und gewöhnlichen Art ansieht, ohne Künstlichkeit und Geziertheit: denn ich bin es, den ich hier darstelle« (2). Nun heißt es also für den kultivierten Menschen, sich selbst den Bedingungen zu stellen, die zuvor schon für die Wahrheitsfindung beim Naturmenschen festgelegt wurden. Es sind Bedingungen, die ihrerseits nun gar nichts von der Künstlichkeit eines ›Versuches‹ im naturwissenschaftlichen Sinne haben, so als ob von den zufälligen natürlichen Faktoren gerade abgesehen werden müßte, um ein Ergebnis zu erhalten, das sich bei vergleichbarer Versuchsanordnung beliebig wiederholen ließe. Im Gegenteil ist in diesem Versuch gerade alles auf die Einmaligkeit des Ergebnisses abgestellt – »c'est le seul livre au monde de son espece« (364) wird

Montaigne Madame d'Estissac im 8. Essai des zweiten Buches zu verstehen
geben – und die Bedingungen, denen man sich im Nachvollzug dieses Versuchs fügen muß, sind ebensowenig künstlich wie der Probant, der auf sie
zu reagieren hat. Es sind nun offenbar die Voraussetzungen, die vom zivilisierten Menschen gemacht werden müssen, wenn er seine eigentliche Natur, und damit sich selbst verstehen will. Noch einmal also die Ausgangs-
formel der Untersuchung: »Betrachten wir für einen Augenblick den
vereinzelten Menschen, ohne fremde Hilfe, nur mit seinen eigenen Waffen
bewaffnet, nicht versehen mit göttlicher Gnade und Wissen, die seine ganze Ehre ausmachen, seine Kraft und den Grund seines Seins. Sehen wir
einmal, wieviel Standfestigkeit er mit dieser schönen Ausstattung hat«
(427).

Die »Standfestigkeit« des »vereinzelten Menschen« bestimmt sich nun gegenüber dem ersten Versuch nicht mehr auf der »scala naturae«, sondern
auf der »scala gratiae«. Göttliche Gnade und vor allem göttliches Wissen
sind ihm auch diesmal vorenthalten, allerdings wird dies nun auf eine neue
Weise bedeutsam. War das göttliche Wissen sekundär, insofern die Ordnung der Natur die Handschrift des Schöpfers ohne fremde Hilfe hätte
erkennen lassen sollen, so wird jetzt das göttliche Wissen als primäre Quelle für die Erkenntnis Gottes angenommen. War zuvor die Stellung des
Menschen abhängig von seiner Stellung gegenüber der Natur, so ist sie es
jetzt gegenüber dem Schöpfer und der Natur, insofern sie also als die
Schöpfung des Schöpfers erscheint.

a) Wissen von Gott und Wesen der Sprache

Gemeinsam ist beiden Versuchsanordnungen, daß sich die neue ›conditio
humana‹ als eine bestimmt, in der nicht mehr mit der Gottesebenbildlichkeit des Menschen gerechnet werden darf. Im Falle des unsündigen Naturmenschen war der Grund dafür, daß die Attribute des Menschen nicht
mehr umstandslos von den Attributen Gottes hergeleitet werden konnten,
insofern nach Montaignes Auffassung vom Weltenschöpfer dieser im Prozeß der Schöpfung selbst bereits zuviel Abstand von seinem bislang als
bevorzugt geltenden Geschöpf genommen hat. Die natürliche Ausstattung
des Menschen verrät keine Bevorzugung vor der anderer Lebewesen, und
sie kann es auch nicht, weil vor der Ableitung einer Perfektion das Wesen
ihrer Ursache mit ihrer Existenz erschließbar sein müßte. Montaigne revi-
diert an dieser Stelle den Ansatz einer Synthese des Thomas von Aquin,
durch die der christliche Schöpfungsmythos mit der Prozeßrationalität der
Antike verbunden werden sollte. Die außerhalb der Welt liegende Weltur-

sache wird von Thomas dabei ganz Aristotelisch als ein zur Welt gehörendes Prinzip der Bewegung aufgefaßt. So wie eine Ursache der Zeit qua Ursache nur in der Zeit sein kann, so wird nun auch der Schöpfer im Zusammenhang einer nach Verläufen überschaubaren Welt denkbar[31]. Montaigne besteht dagegen erneut darauf, das Schöpfungsprinzip nicht mit der Schöpfung vorschnell zu identifizieren. Stünde der Schöpfer mit der Kreatur in Verbindung wie der Beweger mit dem Bewegten, so ließen sich hier zumindest Berührungspunkte feststellen. Im Anstoß, der das Wesen zum Sein bringt, würde sich der Charakter des Anstoßenden zumindest partiell mitteilen können. Anstatt selbst Abbild zu sein, wäre am Menschen nur noch der Abdruck der Schöpferhand festzustellen, aber auch das ist Montaigne immer noch zu viel der Spekulation. Denn schon innerhalb der Zeit ist die Weitergabe der ursprünglichen Merkmale nicht gesichert, vom Effekt läßt sich immer nur zur Hälfte auf die Ursache schließen. Vollends wird eine nachvollziehbare Deszendenz unsinnig, wenn das Prinzip gar nicht in einer linearen Abfolge der Generationen gesucht werden darf. Die Ausnahmestellung Gottes überhebt ihn ja gerade über jeden zeitlichen Affekt, sein Wesen bleibt von Ewigkeit zu Ewigkeit dasselbe. Das Ziel des kosmologischen Gottesbeweises, auf ›natürlichem‹ Wege die Existenz Gottes herzuleiten, führt mit dem Beharren darauf, daß dabei gerade die besondere Existenz Gottes in Frage steht, für Montaigne zu dem Schluß, daß entweder der Beweis nicht stichhaltig ist, oder dem Wesen Gottes nicht entsprochen wird. Hält man nun an der hergeleiteten Existenz Gottes oder an seinem Wesen fest, in keinem Fall läßt sich mehr eine natürliche Auszeichnung des Menschen behaupten, die seinen Wert auf der »scala naturae« im natürlichen Vergleich erkennen läßt.

Im Falle des ›sündig‹ gewordenen Menschen läßt sich nun verständlicherweise seine mögliche Abbildfunktion nicht mehr an einem Vergleich natürlicher Ausstattung erkennen. Da seine Natur nun die Aktualität des Wissens einschließt, kommt es für seine Verhältnisbestimmung zum Schöpfer auf das Wissen an, das er von ihm hat. Je nachdem, was sich in einer Definition Gottes aussagen läßt, bestimmt sich dann die Stellung des Wissenden in seinem Gottesbezug. Die zugrundeliegende Strategie in der Diskussion dieser Voraussetzung einer humanen Selbstbestimmung ist dieselbe wie schon bei der ersten Versuchsanordnung. Montaigne stellt erneut die Möglichkeit einer Verbindung in Frage, die in den Summen der Scholastik noch für beweiswürdig gehalten wurde, nämlich eine Koppelung der Transzendenz Gottes mit seiner Immanenz, das Hinausgehen über menschliches Begreifen und das Begreifen dieses Hinausgehens selbst,

---

[31] Vgl. Th. v. Aquin, *Summe der Theologie*, I, 2, 3.

im ganzen also der Versuch, eine einsehbare Beziehung zwischen den beiden Zentren der Theologie, Mensch und Gott herzustellen. Spätestens seit Thomas von Aquin verbirgt sich hinter diesem Syntheseversuch auch der Wunsch, die mit den philologischen Funden und Importen wiedergewonnene Rationalität der Alten mit der Kirchenautorität der Patristik in Einklang zu bringen.

Man kann Montaignes Fortführung des Gedankens deshalb wiederum als eine Explikation der Schwierigkeit ansehen, die in dem scholastischen Gottesbegriff bereits angelegt war. Die *Theologia naturalis* hatte für ihr Konzept der Wissenschaft vom Menschen neben dem eigentlichen Versuch einer ›natürlichen Theologie‹ auch auf das Instrument des ontologischen Gottesbeweises zurückgegriffen. Bereits bei Anselm von Canterbury findet sich allerdings schon eine Spur jener systematischen Schwierigkeit, den Begriff Gottes beim Nachweis seiner Existenz aus dem Begriff selbst in sich stimmig zu erhalten. Ist es nämlich in der Tat so, daß sich Gottes Existenz aus dem Begriff, den wir uns von ihm machen, beweisen läßt, dann muß sich das höchste Wesen mit Hilfe von Eigenschaften bestimmen lassen, die ihm positiv zugeschrieben werden. Gott ist so der Inbegriff aller Steigerung von Qualitäten bis zum Grade ihrer vollständigen Perfektion, damit auch der Qualität des Seins, weshalb aus seinem Begriff seine Existenz notwendigerweise abzuleiten ist. Als ein solchermaßen positiv bestimmbarer begibt sich Gott aber seiner Transzendenz, er wird faßbar und für den Verstand greifbar, wo er doch bei genauer Nachfrage nur mit negativen Prädikaten bedacht werden dürfte. Gott ist gerade derjenige, der sich jenseits aller positiven Bestimmungen hält, dessen Wesen, wie Sebundus sagt, sich den Festlegungen des Menschen grundsätzlich entzieht. Auch Anselm ist diese Inkonsistenz offenbar nicht wirklich entgangen. So spricht er im 15. Kapitel des Proslogion von zwei »Gottesbegriffen [...], einem rationalen, der durch die Steigerung des Denkbaren zur Unüberbietbarkeit definiert ist, und einem transzendenten, der die Grenze des Denkbaren zu übersteigen fordert [...]: *Ergo Domine, non solum es quo maius cogitari nequit sed es quiddam maius quam cogitari possit*«[32]. Entweder hält man also an dem notwendigen Beweis der Existenz Gottes aus seinem Begriff fest, dann läßt sich aber der Begriff Gottes theologisch nicht mehr konsistent denken. Oder aber man hält am Gottesbild des ›deus absconditus‹ fest, dann läßt sich aus seinem Begriff aber nicht mehr schlüssig auf seine Existenz schließen, weil das Schließen selbst schon einem solchen Gegenstande unangemessen erscheinen muß. So lautet also das Dilemma einer rationalen

---

[32] Blumenberg, *Der Cusaner. Die Welt als Selbstbeschränkung Gottes*, in: ders., *Die Legitimität der Neuzeit*, (a.a.O.), S. 564.

Bestimmung des wesentlichen Seins Gottes, das für Montaigne bereits unauflösbar ist. Im Scheitern des ontologischen Gottesbeweises wird so auch manifest, daß das Sein Gottes keinen wirklichen Anhaltspunkt bietet, um die eine Seite – und damit eben auch die andere – in der Abbildbeziehung Mensch – Gott festzulegen. Wo die menschlichen Qualitäten nicht mehr mit ihrer quantitativen Vermehrung im Göttlichen konfrontiert werden, wie unendlich weit die Steigerung dabei auch getrieben würde, sondern in der göttlichen Sphäre gegenüber solchen Qualitäten auch noch alle denkbare Perfektion überboten wird, wird auch der Abbildgedanke prekär. Denn es ist nun weit schwerer einzusehen, in welchem Sinne der Mensch das göttliche Sein ›abzubilden‹ im Stande ist.

Montaigne schließt sich nun in seiner Kritik an einem perfektibilistischen Gottesbegriff, der als Grundlage für eine abbildliche Selbstbestimmung des Menschen bereitstünde, einer Form der Sprachanalyse an, die in gewissem Sinne das Gegenstück zur aufkommenden Mystik ist. Anstatt den Versuch zu unternehmen, mit den Mitteln der Sprache ein ganz anderes Erfahrungsfeld begehbar zu machen, geht es auf der ›via moderna‹ der Sprachbehandlung vielmehr um eine Reduktion der Bedeutungsleistung auf ihre pragmatische Bezeichnungsfunktion. Anstatt einer Erweiterung der Bedeutung der Sprache für ein Jenseits handelt es sich also um eine Beschränkung auf die instrumentelle Leistung der Sprache im Diesseits.

Wie sehr Montaigne dabei noch auf den Spuren des Sebundus ist, zeigt der Anfang seines Essais *Über den Ruhm*. Er folgt hier dem inzwischen weitgehend etablierten Nominalismus mit einer Paraphrase aus dem 191. Titulus der *Theologia naturalis*: »Es gibt den Namen und es gibt die Sache. Der Name ist ein Laut, der die Sache bezeichnet und bedeutet; der Name ist weder ein Teil der Sache noch der Substanz, er ist der Sache beigegeben als etwas Fremdes, das ihr äußerlich bleibt« (601)[33]. Die Einsicht in die Verschiedenheit von Wort und Wesen der Sache findet bei Sebundus nun ihre Anwendung auf die Frage, was Gott durch unser Lob gewinnt. Montaigne referiert: »Gott, der an sich ganz und gar Fülle und der Gipfel an Perfektion ist, kann in sich nicht mehr erhöht oder gesteigert werden; aber sein Name kann erhöht und gesteigert werden durch die Segnung und das Lob, das wir seinen äußeren Werken zukommen lassen. Dieses Lob schreiben wir seinem Namen gut, das heißt dem ihm am nächsten liegenden äußerlichen Ding, weil wir ihm das Lob nicht einverleiben können, da seine Güte ja nicht gesteigert werden kann« (ebd.). Nun entwickelt Montaigne den nominalistischen Gedanken selbständig zu einem Argument, die Ruhmesunwürdigkeit des Menschen zu unterstreichen. Letztlich ist dies

---

[33] Vgl. Sebundus, S. 269.

wiederum ein Argument dafür, die gewachsene Distanz zwischen einer unendlich gedachten Perfektion Gottes und der eigenen Beschaffenheit anzuzeigen. »Dies ist« nämlich für Montaigne nun »der Grund, warum allein Gott Ruhm und Ehre gebührt. Was kann es für uns Unvernünftigeres geben als auf eigene Rechnung dem Ruhm nachzujagen? Denn, an sich bedürftig und notleidend, ist unser Wesen unvollkommen und bedarf ständig der Verbesserung, und genau daran müssen wir arbeiten. Wir sind hohl und leer; wir sollten uns nicht mit Wind und Worten anfüllen. Wir bedürften einer solideren Substanz, um uns wieder in Stand zu setzen« (601 f.).

Nachdem die ontologische Verbindung zwischen Namen und Sache durch den Verweis auf die nominalistische Trennung schon gelockert wurde, erscheint das Verhältnis von Wesen und Beschreibung nun auch noch durch den interessierten Eingriff des Menschen weiter belastet. So wie der Mensch Gott immer zu wenig zuschreibt, wenn er ihn lobt, weil Gottes Güte die Vorstellungskraft des Menschen überschreiten muß, so schreibt er sich selbst gerne zuviel zu. Die sprachliche Unangemessenheit von Wort und Sache, die bei Sebundus noch auf die vollständige Beschreibung Gottes beschränkt war, tritt in der Montaigneschen Wiedergabe nun auch bei der Selbstbetrachtung des Menschen auf. Der Mensch wird den positiven Eigenschaften, die er sich selbst im Vergleich zu Gott zuschreibt, nicht gerecht. Der Grund dafür liegt nicht so sehr in der Usurpation der Begriffe, sondern in der Unfähigkeit, mittels der Sprache das Wesen Gottes und des Menschen eindeutig zu definieren. Das hat nun eine wesentliche Folge für das Selbstverständnis des Menschen mit Blick auf Gott. Wenn das Wort nicht mehr das Wesen der Sache ausspricht, weil es prinzipiell unangemessen ist, dann begreift das Wort auch nicht mehr das, was an jedem einzelnen seine Teilhabe am Wesen ausmacht. Auf das Verhältnis Gott – Mensch übertragen bedeutet das, mit der Selbstzuschreibung von Eigenschaften – ruhmvolle im Beispiel Montaignes, die ihn Gott annähern müßten – trifft der Mensch nicht mehr das, was ihn am Wesen Gottes teilhaben lassen müßte. Je mehr sich der Mensch seines eigenen Wesens rühmt, folgert Montaigne, umso mehr entfernt er sich von seiner wahren Natur, wobei sich allerdings die Natur des Menschen selbst wiederum nicht einfach durch eine Umkehrung der Bewertung menschlichen Seins fassen ließe. Was mit Natur des Menschen gemeint ist, bestimmt sich zuerst einmal nur durch die Unangemessenheit gegenüber dem Vorbild der göttlichen Natur. Sie ist am Ende der Überlegung nur der Platzhalter für die Distanz, in der sich das vormals Teilhabende von der es teilhaben lassenden Idee nun befindet. Dabei ist bei Montaigne unübersehbar, daß von dieser Distanznahme nicht nur das Verhältnis der idealen Gottesgestalt zur unvollkommenen Menschenform betroffen ist, sondern auch das Verhältnis der unvollkommenen Menschenform selbst als einem Wesen zu seinen Erscheinungen, den konkreten Menschen. Denn wo sich die Form, wie unvollkommen sie auch immer sein mag, in Abhängigkeit von einer Form befindet, im Verhältnis zu der sie sich als unvollkommen definiert, verliert mit der faßbaren Gestalt der einen auch die andere ihre Definitionsgrundlage. Und wo schließlich nicht mehr klar ist, was denn – bei allem Mangel gegenüber dem höchsten Wesen – die Vollkommenheit des Menschen ausmacht, ist auch nicht mehr auszumachen, was den einzelnen an eine solche Idee bindet. Die Worte, die den Ruhm bedeuten, ähneln dann, stellt Montaigne an Cicero und Seneca erinnernd fest, den »Schatten«: »ce sont choses excellamment vaines« (605).

Es sind Schatten, die sich in der logischen Folge auch auf das Wesen des Menschen selbst legen. Montaigne läßt zu Ende der *Apologie des Raimundus Sebundus* Plutarch[34] die Konsequenz zunehmender Gottesferne für das Wissen des Menschen um die eigene Wesenhaftigkeit ziehen: »Wir haben keinerlei Teilhabe am Wesen, weil die ganze menschliche Natur immer auf halbem Wege zwischen Geburt und Tod ist und von sich selbst nur eine undurchsichtige Erscheinung gibt und Schatten produziert sowie eine unsichere und schwache Meinung von sich hat. Und wenn sie zufällig einmal ihre Gedanken darauf lenken, ihr Wesen zu erfassen, wird das genau so sein, wie wenn jemand eine Hand voll Wasser schöpfen wollte; denn je mehr er das festhalten will, was seiner Natur nach überallhin zerfließt, umso mehr wird er verlieren, was er gerade ergreifen wollte. Da solcherart nun alle Dinge dem Zwang unterliegen, von einem Wechselzustand in den anderen überzugehen, wird die Vernunft, die darin eine wirkliche Subsistenz sucht, enttäuscht, indem sie nichts Subsistierendes und Dauerndes erfassen kann, da alles entweder dabei ist, in die Existenz zu treten, dabei aber noch nicht wirklich existiert, oder aber zu sterben anfängt, noch bevor es geboren ist« (586).

Mit dem Zusammenbruch der Hierarchie unter den Wesen ist auch das Wort nicht mehr der Ort der Wahrheit. Die Beziehungen, die bei Sebundus noch rein sprachlich zwischen den Wesen der verschiedenen Seinsstufen hergestellt werden konnten, erscheinen nun als interessengeleitete Illusion, die der Mensch aufrechterhält, um eine Stellung in der Natur weiter zu stützen, die er mit dem Gedanken an einen Rückzug Gottes aber eigentlich hätte aufgeben müssen. Die Worte sind der Sache nun so äußerlich geworden, daß eine Reflexion auf ihr Wesen nicht in der Ordnung der Dinge, sondern nur noch in der Verirrung endet. Weit entfernt davon,

---

[34] Aus Plutarch, *Was bedeutete das Wort »ei«?*, XII.

über die Sache etwas auszusagen, sagen die Worte nun auch über sich selbst
nichts mehr aus. So äußerlich, wie Sebundus sie gegenüber dem Wesen
Gottes eingeschätzt hatte, sind sie nun auch gegenüber dem Wesen des
Menschen geworden und damit letztlich auch gegenüber sich selbst, da sie
selbst nicht mehr »real« sind und deshalb nicht nur über keine eigene Substanz verfügen, sondern auch keine eigene Substanz bezeichnen. Montaigne spielt darauf in einer Sprachkritik an, die er seinen skeptischen Kernsät-
zen in der *Apologie des Raimundus Sebundus* voranstellt: »Unsere Sprache
hat ihre Schwächen und Fehler, wie alles andere auch. Meistens, wenn es in
der Welt Probleme gibt, haben sie einen grammatikalischen Ursprung.
Unsere Prozesse entstehen nur durch die Debatten über die Interpretation
der Gesetze, und die Mehrzahl der Kriege entsteht aus der Ohnmacht und
Unfähigkeit, die Vereinbarungen und Einigungsverträge der Fürsten klar
und deutlich ausdrücken zu können. Wieviele Streitfälle – und wie wichtige – hat in der Welt schon der Zweifel über den Sinn der Silbe ›hoc‹ hervorgebracht«. Montaigne hat hier offenbar den Streit zwischen der katholischen und der protestantischen Fraktion um die Transsubstantiationslehre
im Auge, die um den Sinn des Satzes »Hoc est corpum meum« kreist[35]. Bis
zu diesem Punkt geht es Montaigne allerdings nur um die Bandbreite einer
Auslegung, die in seinen Augen anscheinend nicht entscheidend begrenzt
werden kann, um Streitfälle in weltlichen wie in geistlichen Angelegenheiten zu schlichten, insofern sie aus einer wechselseitigen Berufung auf dasselbe Schriftstück entstehen. Das entscheidende Argument für die Unzulänglichkeit der Sprache sieht er dann aber in einem von den antiken
Skeptikern[36] übernommenen Argument, das die Selbstreflexion der Sprache in einem Paradox enden läßt: »Nehmen wir die Proposition, die uns
die Logik selbst als die klarste vorstellt. Wenn Sie sagen: Es ist schönes
Wetter, und Sie die Wahrheit sagen, ist es also schönes Wetter. Ist das nicht
eine Art und Weise, richtig zu sprechen? Dennoch täuscht sie uns. Daß
dem so ist, wird deutlich, wenn man das Beispiel weiter verfolgt. Wenn Sie
sagen: Ich lüge, und Sie sagen die Wahrheit, lügen Sie also. Die Kunst, die
Überlegung und die Kraft der Schlußfolgerung dieser Behauptung ist gleich
jener der vorangegangenen Behauptung; in jedem Fall haben wir uns in
schwerem Gelände festgefahren« (508). Die Selbstreferenz des Satzes – via
dem Sprecher des Satzes – verhindert seine Entscheidbarkeit, und ganz im
Gegensatz zu den Logikern des 20. Jahrhunderts, die wie Bertrand Russell
Bedingungen formulieren, die die Entscheidbarkeit von Sätzen auch bei
selbstreferentiellen Aussagen garantieren sollen, ist es Montaigne im Ge-

---

[35] Vgl. dazu 1563.
[36] Montaigne übernimmt das folgende Beispiel aus Ciceros *Academica*, II, XXIV.

genteil darum zu tun, den Zweifel in die Wahrheitsfähigkeit der Sprache noch auszuweiten. So wie der Satz, der ein Paradox formuliert, unentscheidbar bleiben muß, so ist nach Montaigne auch noch der sicherste Satz, den wir äußern können, generell einem Zweifel über seinen Wahrheitsgehalt ausgesetzt. Letzte Sicherheit ist in allen Bezügen, die die Sprache herstellt, nicht zu haben, und besonders prekär ist die Situation, wenn man die Aufmerksamkeit vom Weltbezug der Sprache auf ihren Selbstbezug lenkt. Hier zeigt sich nämlich die Äußerlichkeit des Wortes im Vergleich zur Sache an dem Umstand, daß das Wort sich selbst keine Sache sein kann. Die Übereinstimmung von Wort und Sache erscheint in der Beliebigkeit einer Gleichberechtigung von Wahrheit und Falschheit, weil im Selbstbezug das zweifelhafte Entsprechungsverhältnis von Sprache und Gegenstand zum Vorschein kommt. Wo für Montaigne der ›Schatten‹ auf sich selbst einen ›Schatten‹ werfen soll, sind keine Konturen der Wahrheit mehr auszumachen.

Auch der letzte Ausweg, Selbstsicherheit in der Sprache durch die Reduktion auf ihre rein ›natürlichen‹ Bestandteile zu finden, ist auf dieser Stufe der Menschenbetrachtung nicht mehr gangbar. In der Tat hat Montaigne in der *Apologie des Raimundus Sebundus* zuvor auf das Konzept einer natürlichen Sprache angespielt. Unter den Möglichkeiten des Menschen, sich urzuständlich mit den übrigen Kreaturen zu messen, kommt er auf die Art und Weise einer natürlichen Verständigung zu sprechen: »Was das Sprechen angeht, so ist sicher, daß es nicht notwendig ist, wenn es nicht natürlich ist« (435). Daß es dennoch Sprache auch unter natürlichen Bedingungen geben kann, versucht Montaigne mit der Fiktion eines ›enfant sauvage‹-Schicksals zu belegen: »Ich glaube jedoch, daß ein Kind, das man in vollständiger Einsamkeit aufwachsen ließe, fern jedes menschlichen Umgangs (was nicht leicht zu bewerkstelligen wäre), eine Form von Sprache besäße, um seine Gedanken auszudrücken; und es ist nicht glaubhaft, daß die Natur uns nun jenes Mittel« zur Verständigung »vorenthalten hätte, das sie vielen anderen Tieren gegeben hat; denn was anderes als sprechen ist es, wenn wir sehen, wie Tiere jammern, sich freuen, sich gegenseitig zu Hilfe holen, zu Liebesspielen auffordern, und zu all dem ihre Stimme gebrauchen?« (435 f.). Nun stünde in Aussicht, daß sich beim Menschen wie bei den Tieren in dem Gewebe natürlicher Bedürfnisse sprachliche Strukturen isolieren ließen, die wegen ihrer Herkunft zwei Eigenschaften aufweisen könnten, die der Sprache neue Substanz geben: Universalität der Geltung und Stabilität der Gebrauchskriterien, das heißt Unwandelbarkeit des Idioms in Abhängigkeit von der Konstanz der anderen natürlichen Eigenschaften des Menschen. So wie der Mensch Teil der Natur ist und wie die Tiere der Notwendigkeit natürlicher Abläufe folgen müssen, so würde auch die Entwicklung einer rudimentären Natursprache außerhalb der Willkür und des Einflußbereiches des Menschen stehen.

Das Reservat der Einfachheit und Einfalt einer solchen Natursprache ist dem Menschen aber ebensowenig mehr gegeben wie mit der Entdeckung der neuen Welt die weißen Flecken auf der Landkarte einer verlorengegangenen Humanität verschwunden sind. Anders als Rousseau macht sich Montaigne noch keine Gedanken über die einzelnen Schritte des Übergangs von der Natursprache zur Kulturdiktion. Wo bei Rousseau die Akzente in der Sprache zunehmend Gewicht bekommen, die Konsonanten die Vokale mehr und mehr beschränken, die passionierte Musik langsam in die berechnende Aussprache übergeht, ist bei Montaigne schlicht ein qualitativer Sprung vorgesehen. Das dabei entscheidende Kriterium für das Vorher und Nachher ist allerdings auch bei Rousseau gleich zu Beginn des *Essai sur l'origine des langues*[37] zu finden. Hier heißt es, die »Sprache (parole) unterscheidet den Menschen von den Tieren: die Sprechweise (le langage) die Völker untereinander«[38]. Der Grund dafür, daß nun von der Sprache generell zu den verschiedenen Sprachen fortgeschritten werden muß, erscheint bei Montaigne noch in theologischer Verkleidung: »Es ist um der Züchtigung unseres Stolzes und der Aufklärung über unser Elend und unsere Unfähigkeit willen, daß Gott die Unruhe und Verwirrung am alten Turm von Babel schuf« (535). Der partielle Eingriff Gottes in die Sprachgeschichte wird nun ins Prinzipielle gewendet: »Alles«, heißt es weiter, »was wir ohne Gottes Beistand unternehmen, alles, was wir ohne das Licht seiner Gnade sehen, ist nur Eitelkeit und Wahnsinn« (ebd.). Das Abweichen von der ›via salutis‹ im Zusammenhang der Sprachverwirrung wird nun zur Metapher für den Sündenfall: »Die Verschiedenheit der Idiome und der Sprachen, durch die« Gott »Unordnung in dieses Werk brachte, was ist sie anderes als jene unendlichen und andauernden Auseinandersetzungen und Differenzen um Meinungen und Gründe, die unsere vergeblichen Versuche begleiten und stören, das Gebäude einer menschlichen Wissenschaft aufzubauen?« (ebd.). Der Drang nach Wissen geht mit dem Verlust einer gemeinsamen sprachlichen Basis Hand in Hand.

---

[37] J.-J. Rousseau, *Essai sur l'origine des langues, où il est parlé de la mélodie et de l'imitation musicale*, in: B. Gagnebin und M. Raymond (Hrsg.): *J.-J. Rousseau, Œuvres complètes*, édition de la Pléiade, Band V: *Écrits sur la musique, la langue et le théâtre*, Paris 1995, S. 375–429.
[38] Ebd., S. 375.

b) Menschenkultur und eine mögliche Kultur der Tiere

Die Feststellung einer Sprachverwirrung weckt nun einerseits den Zweifel, daß man das, was man bisher glaubte als ›gottgegeben‹ hinnehmen zu dürfen, nicht mehr als gültig voraussetzen darf. Die zunehmende Gottferne macht die Bedeutung seines Wortes unsicher, die bei Sebundus bestätigte Unsicherheit im Verhältnis von Sprache und göttlichem Wesen überträgt sich unter umgekehrten Vorzeichen auf das Wissen des Menschen von sich. Was der eine in seinem Wesen ist und was der andere läßt sich sprachlich nicht mehr sicher fixieren. Wie die Meinungen im Streit um Glaubensfragen darüber mehr und mehr auseinandergehen, so scheint es, isolieren sich die verschiedenen Beschreibungen zu Idiomen, deren Sprecher einander immer weniger verstehen können. Selbst die Natursprache, die im übertragenen Sinne Gottes Handschrift im Buch der Natur buchstabierte, ist nun nicht mehr als ein neues ›Sprachspiel‹, das die »sauvages« noch in Ansätzen spielen können und das nun in den Salons der Renaissancegesellschaft als Kuriosität vorgeführt wird.

Die Kehrseite dieses Zweifels an der Möglichkeit universeller Verständigung über das Wesen Gottes und des Menschen ist nun andererseits die Vermutung, daß vieles, was sich bisher in unserer Sprache nicht erschließen ließ, deshalb noch nicht sinnlos sein muß. Die Befürchtung, der Mensch könnte mit seiner Sprache nicht an die Grenzen der Schöpfung heranreichen, schlägt hier in die Erwartung um, andere natürliche Äußerungen seien ebenfalls als Idiome zu verstehen, die für sich beanspruchen können, eine Welt zu interpretieren – auch, oder gerade weil wir sie nicht verstehen können.

Voraussetzung hierfür ist nun, daß nicht nur Gott und Mensch, sondern die ganze Schöpfung mit in den ›Wirbel‹ der Sprachverwirrung gezogen wird: »Letztenendes gibt es keine einzige gesicherte und dauernde Existenz, weder eine unseres Wesens, noch eine solche der Objekte. Und wir, und unser Urteil, und alle sterblichen Dinge, wir fließen und rollen ohne Ende. Auf diese Weise kann nichts Sicheres im Blick des einen auf das andere festgestellt werden, da sich der Urteilende und das Beurteilte in kontinuierlichem Wechsel und in Bewegung befinden« (586).

So wie nun Montaigne bereits bei der Betrachtung des Menschen im Urzustand die theologische Metapher des Menschen als eines Spiegels der Natur ernst genommen hatte, um Wesen und Stellung des Menschen bezüglich seiner natürlichen Eigenschaften zurechtzurücken, so erscheint auch diesmal die Betrachtung wieder unter der Maßgabe, daß der Mensch von seinen Eigenschaften auf die anderer naturverwandter Kreaturen schließt. War es im ersten Fall so, daß er am Ende im Vergleich eine mittlere Position auf der Stufenleiter der Perfektionen eingenommen hatte, so ist auch im zweiten Durchgang der Prüfung zu erwarten, daß er seine ursprüngliche Stellung nicht wird halten können. Dazu ist das Prinzip der Schöpfung, auf das er sich bei Sebundus noch berufen konnte, nun zu wenig greifbar geworden. Dafür hat sich nun aber bei der Übertragung der Eigenschaften im Versuch der Selbstbeschreibung des Menschen die Blickrichtung geändert. Zuvor war es die Frage, welche natürlichen Eigenschaften der Mensch von den Tieren übernehmen kann. Nun steht zur Debatte, welche spezifisch ›menschlichen‹ Eigenschaften bei den Tieren sinnvollerweise vermutet werden dürfen. Daß auch in diesem Vergleich der Mensch zu Unrecht Überlegenheit sowohl im Praktischen als auch im Theoretischen beansprucht, wird Montaigne nicht müde, in seinen Beispielreihen auf mehr als dreißig Seiten[39] auszubreiten. Das berühmteste Exempel ist zweifellos Montaignes rhetorisch gemeinte Frage: »Wenn ich mit meiner Katze spiele, wer sagt mir, ob sie sich nicht eher mit mir ihre Zeit vertreibt, als ich mit ihr?« (430). »Die Späße, mit denen wir uns unterhalten«, fügt Montaigne in einer späteren Ausgabe hinzu, »sind gegenseitig; ich kann anfangen und aufhören, wann ich will; die Katze auch«. Muß nicht den Tieren mehr Geist und Witz zugegeben werden, als es die christliche Seinsordnung vorsieht?

Bezogen auf den ganzen Himmel hatte Montaigne schon gefragt: »Warum sprechen wir« den Sternen »Seele, Leben und Vernunft ab?« (429), in der Folge ist es dann die Zuschreibung der Vernunft, des »discours«, die systematisch die Gleichstellung des Menschen und der Tiere vorbereiten soll. Dabei erscheint nun die Rücknahme des menschlichen Alleinigkeitsanspruches auf Sprache wiederum in der Folge einer Erinnerung an den Zustand vor dem Sündenfall. Die erste These ist: im Stand der Natur gab es noch einen ungestörten Austausch mit den Tieren. Montaignes Gewährsmann hierzu ist Platon: dieser »rechnet in seinem Gemälde der goldenen Zeit unter Saturn[40] zu den wichtigsten Vorzügen des Menschen von damals die Kommunikation, die er mit den Tieren hatte: indem er sich bei ihnen erkundigte und sich von ihnen belehren ließ, kannte er die wahren Qualitäten und die Unterschiede eines jeden, und dadurch erwarb er sich die vollständigste Einsicht und Vorsicht, die ihm erlaubte, sein Leben glücklicher zu führen als wir dies tun können« (430).

Die zweite These lautet dann: nachdem die Selbstverständlichkeit der Kommunikation verlorengegangen ist, haben die Tiere wie die Menschen

---

[39] Gemeint sind hier die Seiten 429–461 der zitierten Ausgabe von A. Thibaudet und M. Rat.
[40] Platon, *Politikos*, 272 c.

ihre eigenen Idiome ausgebildet. So rücken nun die Tiere auf dieselbe Stufe wie sprechbehinderte Völker der Urzeit oder aber Nachbarn, die man wegen ihrer Fremdsprache nicht versteht. Entsprechend stellt Montaigne fest, es sei »kein großes Wunder, daß wir« die Tiere nicht verstünden; ebenso verstünden wir ja auch »die Basken und die Troglodyten« (ebd.) nicht. Wenn wir nun mit »Hunden« umgehen, so benutzen wir »eine andere Sprache, andere Bezeichnungen als bei den Vögeln, den Schweinen, den Ochsen, den Pferden, und wir wechseln das Idiom je nach ihrer Art« (436).

Die Unterschiede zwischen den Verständigungsmöglichkeiten unter Menschen und jenen zwischen Mensch und Tier sind dann offenbar nur noch graduell. Auf jeden Fall läßt sich nun der Mangel an Verständnis von zwei Seiten aus betrachten: »Warum sollte der Fehler, der die Kommunikation zwischen ihnen und uns verhindert, nicht genausogut bei uns wie bei ihnen liegen? Es bleibt das Rätsel bestehen, wer daran Schuld ist, daß wir uns nicht verstehen; denn wir verstehen sie nicht mehr als sie uns« (430).

Läßt man die Frage auf halbem Wege unentschieden, insofern man feststellt, daß der Mensch nur eine »mittelmäßige Kenntnis der Empfindungsweise der Tiere« habe, wie auch die Tiere umgekehrt sich in gleich schwachem Maße in die »Sinne« (ebd.) des Menschen einfühlen könnten, so ist es nun ein Leichtes, analog fast alle übrigen Kulturleistungen in der einen oder anderen Schattierung auch bei den Tieren nachzuweisen. Montaigne wendet viel Fleiß auf, um hier eine Parität glaubhaft zu machen: »Ich sage dies«, resümiert er an einer Stelle, »um die Ähnlichkeit zu den menschlichen Dingen aufrechtzuerhalten, und um uns in die Gemeinschaft der Lebewesen einzufügen« (436).

So gibt es Tiere, die über die intellektuellen Fähigkeiten verfügen, »nach unserer Art« zu »lernen« (441), und noch mehr, sogar selbst andere »zu lehren« (442). Tiere verfügen über »Schläue« (438), über »Herz« (439), über »Gerechtigkeit« und »Freundschaft« (449), über »Sympathie« (450), über »verschmitzten Feinsinn« (451), über »Sinn für Haushaltung« (451), zeigen »Treue« (454) wie auch »Dankbarkeit« (455), bilden »Gesellschaft und Konföderation« (457), üben sich in »Großherzigkeit«, »Reue«, »Milde« (459), ja sogar »Mathematik und Astrologie« sind ihnen nicht fremd (458). Und schließlich verfügen sie auch noch über die höchsten Fähigkeiten der Seele, das Abstraktionsvermögen (vgl. 460) und die Einbildungskraft (vgl. 461).

Zieht man an diesem Punkt ein Fazit, was aus der Offenbarung des Wortes Gottes für den Menschen mit natürlichen Verständnisvoraussetzungen geworden ist, drängt sich eine Parallele auf. Das Wort Gottes als der Begriff, den sich der Mensch nun von ihm macht, hat den ›deus revelatus‹ erneut zu einem ›deus absconditus‹ erklärt. In Montaignes Augen ist die Aussage der Offenbarung gerade, daß sich Gott der rationalen Begriffsmühen des Menschen durchgängig entzieht. Wofür macht der solchermaßen verstandene Selbstentzug Gottes aber nun Platz? Wäre hier nicht das Zeichen für den Einsatz des Menschen selbst im Zusammenspiel der ›Weltmächte‹ gegeben? Ist es nicht das Vorzeichen, unter dem der Mensch nun seine eigene Art der Komposition der Welt einschreiben kann? Setzt man nun an dieser Stelle mit Blumenbergs Feststellung ein, hier übernehme der Mensch die Aufgabe seiner eigenen Selbsterhaltung wie auch die seiner Welt, nachdem die Last für Gottes Schultern doch zu schwer geworden ist, oder folgt man eher Marquards Replik, es sei die anstehende Selbstermächtigung des Menschen nur ein letzter Schachzug der Theologie, das Prometheische des neuen Selbstgefühls unter die Botmäßigkeit einer besonderen List göttlicher Vernunft zu zwingen[41]; hier wäre nun in der Tat der Ort, die Weiche zur Hauptlinie der Moderne zu stellen, die bei der technischen Beherrschung der Welt durch autonome Subjekte ein vorläufiges Ziel findet.

c) Selbstbezüge und Fremdbezüge unter neuen sprachlichen
   Voraussetzungen

Betrachtet man das Ergebnis der Montaigneschen Sprachreflexion, so findet man tatsächlich Gemeinsamkeiten einer begrifflichen Neufassung des Kosmos, wie sie für Blumenberg exemplarisch bei Nikolaus von Kues und später bei Giordano Bruno ausgeführt wird. Die Unangemessenheit des Wortes gegenüber dem Wesen ist für Montaigne nicht nur von der Art, daß sie zwischen der Beschreibung Gottes und seinem Sein herrscht. So wie sich Gott jeder Festlegung durch ein Allgemeines entzieht, so verbirgt auch sein Abbild, der Mensch, immer Aspekte seines Wesens, wenn ihm ein bestimmtes ›eidos‹ zugeschrieben werden soll. So wie sich also Unterschiedliches mit demselben Anspruch auf Allgemeinheit von Gott sagen läßt, so auch vom Menschen. Immer bleiben Potenzen ungenannt, die im Falle Gottes unerkannte Aktualitäten sein müßten, im Falle des Menschen unausgeschöpfte Seinsmöglichkeiten. Durch die Art freilich, wie die Transzendenz des Wesens gegenüber der Sprache behauptet wird, ist schwer zu sagen, wie nach der Übertragung dieser Transzendenz vom Wesen Gottes auf das Wesen des Menschen dessen Abbildfunktion zu denken wäre.

---

[41] Vgl. dazu Blumenberg, *Die Legitimität der Neuzeit*, (a.a.O.), S. 66 ff.

Gerade weil hier eine Parallele behauptet wird, bleibt ihr Sinn in der Folge zuerst offen.

Die Auflösung eines Wesensvorrangs des Allgemeinen verändert zugleich nun das Verhältnis des Menschen zu allem, was bisher als eine Subsumtion unter seine internen Differenzen gelten konnte. Was sich in der Schöpfungshierarchie der Kreaturen als Bestandteil einer Natur zu erkennen gab, die er in einem widerspiegelt und vollendet, wird durch die Aufhebung des Bezugs zu einem humanen Allgemeinen nun ›verselbständigt‹. Die bloße Differenz emanzipiert sich zu einem möglichen Allgemeinen, weil sie nun unabhängig von Höherrangigem auf ein eigenes Wesen abhebt. Freilich wiederholt sich auch hier wiederum die Unsicherheit in der Zuschreibung eines Wesensprädikates zu dem damit intendierten Wesen, wie sie schon bei Gott und in der Folge beim Menschen aufgetreten ist. Denn auch dieses Allgemeine markiert weniger eine statische Wesensform als den Vorschlag, es als ein vorläufiges Allgemeines zu nehmen, dem andere allgemeine Verständnisoptionen folgen können. Das Allgemeine wird also hier wie dort unter dem Vorbehalt der Potentialität behauptet, der wegen der sprachlich bedingten Erkenntnisunsicherheit nie entscheidend aufgehoben werden kann. Nach einer in scholastischen Termini noch gesicherten theologischen Aussage über das Wesen von Gott, Mensch und Kosmos gibt die nominalistische Skepsis das Stichwort für mögliche Erweiterungen und Vervielfältigungen des Seins, die aus der Perspektive des Menschen begrifflich freilich nicht wirklich fixiert werden können. Fest steht nur, daß mit dem Wesen der Sache grundsätzlich mehr zu denken ist, als seine Definition ausmachen kann, nicht aber, was das so ins Vielfältige gesteigerte Wesen über das allgemein Ausgesprochene hinaus dann wiederum im Besonderen ausmacht. Damit wird nun ontologisch der Raum geschaffen, nach dem Zusammenbruch der Hierarchien neue Allianzen auszudenken. So wie nämlich die potenziellen Allgemeinheiten des Menschen, bisher von ihm nicht erforscht, weil der theologischen Aufmerksamkeit nicht würdig, andere Aspekte seines Wesens als die kanonisierten vorstellen, so kann man sich auch anhand der Definitionen von anderen Kreaturen nun Spielräume ausdenken, die in ihrem bislang nur utilitaristischen Verhältnis zum Menschen nicht ausgelotet werden konnten. Die Worte, die nun die »Schatten« sind, lassen Urbilder erahnen, die sich möglicherweise mehr ähneln, als die Form der Schatten es vermuten läßt, auch oder gerade wenn man dabei das Urbild in festen Umrissen gar nicht darstellen kann. Anstatt von Überordnungen und Unterordnungen legt der Vorbehalt der Wesensunsicherheit deshalb nahe, eher von Äquivalenzen und Gleichordnungen zu sprechen. Wir sind im Vergleich zur belebten Natur weder eindeutig überzuordnen, noch unterzuordnen, sagt Montaigne.

Diese interne Auflösung des Kategoriengefüges der Schöpfung spielt der Autor der *Essais* gerade anhand des Wesensmerkmals des Menschen durch, das ihn Gott näher bringen und damit über die übrige Schöpfung erheben sollte, an der Fähigkeit zum ›discours‹. Der Diskurs, der sowohl Vernunft als auch Sprechfähigkeit anzeigt, hat dabei die Doppelfunktion, zugleich mit jeder Auszeichnung den besonderen Wert dieser Auszeichnung wieder zurückzunehmen. Das ›Abbild‹, das die Sprache schafft, verkehrt sich nicht zu einem ›Urbild‹, das weitere Abbilder von sich bedingen könnte, sondern zu einem bloßen Bild, das neben anderen Sprachbildern seinen Platz findet. Konkret lassen sich also hinter dem scheinbar nur natürlichen Zeichenaustausch der Tiere Fakultäten vermuten, die der menschlichen Sprachkompetenz gleichkommen. Die Sprache des Menschen ist dabei zugleich das Verbindende wie das Trennende, insofern sie den Code der Tiere nur bedingt und – nimmt man hypothetisch die Fremdsicht ein – verstümmelt wiedergibt, durch die Reflexion auf ihr eigenes Wesen aber den Sprachbegriff so erweitert, daß eine Verständigung jenseits der Grenzen der Idiome zumindest denkbar sein muß. Die Gleichsetzung der verschiedenen Sprachkompetenzen mit der Differenzierung einer Sprachkompetenz bezüglich der Anlagen verschiedener Idiome legt nach Montaigne dem Menschen nahe, andere Kreaturen prinzipiell so anzusehen, als ob sie seinesgleichen wären. Tiere sind dann wie Menschen aus einer fernen oder fremden Kultur. Die Übergänge sind fließend, insofern die Vorgeschichte des Menschen die Brücke von der zivilisierten Sprechkunst zu den ungeschliffenen Äußerungen der ersten Menschen, der Primaten und ihrer Vorfahren schlägt. Der Mensch sieht sich demnach mit Blick auf die letzten Möglichkeiten seiner selbst als Gleicher Gleichen gegenüber. Ihnen kann er seine Anerkennung nicht versagen. Und so wird aus dem Kosmos mit dem einen Zentrum, das der Mensch nach seiner Investitur durch Gott einnehmen konnte, ein Universum, das viele Zentren besitzt. Je weiter man den Möglichkeitsraum der menschlichen Natur spannt, umso mehr Zentren, so scheint es, lassen sich an den verschiedenen Verstehenshorizonten wahrnehmen. Je mehr man den Spiegelungen der Menschennatur nachgeht, umso mehr Signale eigenständigen Seins kann man erkennen. Bei der selbstreflexiven Explikation des Seins hat sich das Wesen des Menschen als komplizierter erwiesen, als es seine Selbstdefinition wahrhaben wollte. Aus der hierarchischen Einheit der Prädikate ist eine unabsehbare Vielheit des einen Wesens und damit zugleich der vielen Wesen geworden.

d) Die Cusanische Alternative einer Selbstbestimmung des Menschen

Mehr als ein Jahrhundert früher scheint Nikolaus von Kues diese Folgerungen aus einer Reflexion auf das Wesen Gottes vorweggenommen zu haben. In der 1440 erschienenen Abhandlung *De docta ignorantia – Über die belehrte Unwissenheit* – beginnt er seine erkenntnistheoretischen Überlegungen zum »Wissen als Nichtwissen« mit der Feststellung, alle »Forschung« bestehe »im Setzen von Beziehungen und Vergleichen«[42]. Die »Angleichung des Bekannten an das Unbekannte« sei bei den Dingen allerdings nicht zur Deckung zu bringen. Die Ungenauigkeit im Bezug von Vernunft und Gegenstand rühre nicht zuletzt daher, wie »Salomon versichert«[43], daß »alle Dinge schwierig« seien und sich »dem sprachlichen Ausdruck« entzögen[44]. Besonders gilt diese Schwierigkeit freilich für das Wesen, das gar keinen sinnvollen Vergleich mit sich zuläßt, weil sein Wesen von der Art ist, daß es selbst »frei ist von jedem Bezug und jeder Begrenzung«[45]. Gott kann demnach nur in einer ihn »nicht fassenden Weise« beschrieben werden, »die alles Denken des Menschen übersteigt«[46].

Diese Einsicht bleibt nun wie bei Montaigne nicht ohne Folgen für die begriffliche Fassung der Natur. So wie bei Gott von einem prinzipiellen Bedeutungsüberschuß des Wesens gegenüber seiner Beschreibung ausgegangen werden muß, so auch bei der Schöpfung. Das ergibt sich für den Cusaner aus dem Verhältnis des Beschriebenen zu seinem Wesensgrund. »Jedes Eingeschränkte«, heißt es, wobei das »contractum« ein »Zusammenziehen« von allgemeinen Attributen ausmacht, die in ihrer Kombination die Abstraktion des Unendlichen überwinden und das konkrete Endliche konstituieren, »erreicht also, da es weniger oder mehr eingeschränkt sein könnte, weder die Grenze des Universums noch die der Gattung oder Art. Die erste allgemeine Einschränkung des Universums geschieht ja durch die Vielheit der Gattungen [...]. Die Gattungen aber existieren nur eingeschränkt in den Arten und die Arten nur eingeschränkt in den Individuen, die allein wirklich existieren«[47]. Allerdings macht sich hier nun gegenüber der gerade angenommenen Dingontologie auch wieder der Universalienrealismus geltend, an dem der Cusaner zum Teil wenigstens weiter festhält. Waren es bei Montaigne die Allgemeinbegriffe, die sich mehr und mehr verschieben, je eindringlicher man das Wesen eines Geschöpfes befragt, so

---

[42] N. v. Kues, *De docta ignorantia*, I, 1.
[43] In dem *Ecclesiastes* 1, 8.
[44] N. v. Kues, a.a.O.
[45] Ebd., I, 2.
[46] Ebd.
[47] Ebd., III, 1.

stehen für Nikolaus von Kues im Gegenteil die Begriffe in ihrer zusammengesetzten Allgemeinheit durchgehend fest. Der Bedeutungsüberschuß der Sache gegenüber ihrer definitiven Beschreibung manifestiert sich hier nun in der Variationsbreite und -dichte der Individuen, die zu einer Gattung oder einer Art gerechnet werden. »Wie also entsprechend der Natur der eingeschränkten Dinge ein Individuum nur innerhalb der Umgrenzung seiner Art möglich ist, so vermag auch kein Individuum die Grenze der Gattung und des Universums zu erreichen«[48]. Das Individuum ist damit nicht mehr die austauschbare Verdinglichung seines Allgemeinen, es spiegelt in seiner Individualität vielmehr einen oder mehrere Aspekte einer Bedeutungsvielfalt, die der jeweiligen Gattung durch das Ganze des Universums vorausliegt. Durch diese Analogie des Einzelnen mit dem Ganzen kommt es, daß der Cusaner nun behaupten kann, es gebe »nichts im Universum [...] , das sich nicht einer gewissen Einzigartigkeit erfreute, die sich in keinem anderen findet«. »Die Individuationsprinzipien nämlich können in einem Individuum in genau der gleichen harmonischen Proportion nicht zusammentreffen wie in einem anderen, so daß jedwedes für sich selbst ein eines und, soweit möglich vollkommenes ist«. Das Individuum ist somit selbst ein Paradox, insofern es Teil und Ganzes zugleich ist. Teil ist es, insofern es in seinem Wesensumfang durch die Art- und Gattungsgrenzen beschränkt ist, Ganzes, insofern es innerhalb dieser Grenzen ein Eines ist, das ›einzig-artig‹ ist, somit in keinem Vergleich seine Unverwechselbarkeit verliert. Das Universum selbst war analog als das Ganze bestimmt worden, das wie Gott selbst jenseits alles Vergleichens steht, freilich innerhalb seiner durch die Schöpfung erfahrenen ›Kontraktion‹. Ganz wie Montaigne leitet nun auch Nikolaus von Kues aus der Undurchdringlichkeit eines jeden menschlichen Wesens die Unmöglichkeit ab, den definitiven Rang eines jeden zu bestimmen. Jeder ist für sich ein vollkommenes Wesen und deshalb auf der Skala der Werte nur unbestimmt einzuordnen, zumal nun doch wie bei Montaigne die Eichung der Skala, also das Festsetzen gültiger Allgemeinbegriffe, wiederum vom Wesen der Individuen abhängt, die sie eigentlich normieren sollten. Hiermit hält also auch in dem Begriffsrealismus des Nikolaus von Kues bereits der Nominalismus mit seiner Rückbindung aller Benennungen auf menschliche Interessen und kulturelle Voraussetzungen Einzug. So gibt der Cusaner denn zu: »wenngleich sich in jeder Art, etwa in der der Menschen, zu einem gegebenen Zeitpunkt einige finden lassen, die gegenüber anderen in gewissen Dingen vollkommener und ausgezeichneter sind, so wie Salomon die anderen an Weisheit übertraf, Absalom die anderen an Schönheit, Samson die

---

[48] Ebd.

anderen an Stärke, und wenngleich jene, die mehr in geistiger Hinsicht die übrigen überragten, sich Ehre vor den übrigen verdienten, so wissen wir nicht, da unterschiedliche Meinungen entsprechend der Verschiedenheit von Religionen, Sekten und Regionen Urteile vergleichsweise verschieden ausfallen lassen, so daß das nach der einen Auffassung Lobenswerte nach einer anderen tadelnswert ist, und da es über den Erdkreis verstreut uns unbekannte Menschen gibt, so wissen wir also nicht, wer im Vergleich mit den übrigen Menschen der Welt sich besonders auszeichnet, weil wir nicht einmal einen aus ihnen allen vollständig zu erkennen vermögen«[49].

Schon beim ›principium individuationis‹ freilich scheiden sich nun die Wege zwischen den Cusanischen und den Montaigneschen Konsequenzen, die aus einer solchen Aufweichung der kosmologischen Hierarchiestrukturen zu ziehen sind. Was den Menschen zu einem Individuum macht, das sich allen anderen gegenüber als ebenbürtig erweist, weil in ihrer internen Vollkommenheit sich doch am Ende alle als mehr oder minder gleich herausstellen, setzt Nikolaus von Kues in eine besondere Form der Selbstverwirklichung eines jeden, die in der Freiheit ihren Grund hat. Montaigne traut dem Individuum dagegen weit weniger zu. Für ihn ist der Unterschied zwischen dem einen und seinem nächsten etwas durch und durch Natürliches. Bei genauerer Nachfrage erschließt sich der Unterschied dann dem Verstand nur noch als das, was unter der Rubrik des Zufälligen zu verbuchen ist[50].

Daß hier mit dem Zuspruch der Freiheit eine Entscheidung mit Folgen getroffen wird, deutet schon der Unterschied in der Stellung des Menschen innerhalb des Kosmos an. Mögen die menschlichen Individuen auch unter sich nur mit dem Faktor großer Unsicherheit einander vergleichend gegenübergestellt und dabei in eine Rangordnung gebracht werden, so gilt dies für den Cusaner nicht in seiner Stellung zu anderen sensiblen Lebewesen. Im 12. Kapitel des zweiten Buchs *Über die belehrte Unwissenheit* spielt er nun zuerst den Gedanken durch, daß die Erde im Vergleich zu den anderen Himmelskörpern auch nur ein »Stern« sei. Ganz wie die Menschen untereinander mit Sicherheit keine endgültige Rangliste aufstellen können, so kann der Mensch auch nicht entscheiden, welchen definitiven Platz die Erde im Kosmos einnimmt. »Das gilt auch für den Ort«, heißt es weiter, »etwa, daß diese Weltstelle der Wohnsitz von Menschen, Tieren und Pflanzen wäre, die geringer in ihrer Stufe sind gegenüber den Bewohnern

---

[49] Ebd.
[50] Vgl. dazu die großangelegte Studie von D. Martin, *Montaigne et la fortune. Essai sur le hasard et le langage*, Paris 1977, der die Quellen der Montaigneschen Zufallsbetrachtung in der antiken wie mittelalterlichen Natur- und Schicksalslehre benennt.

der Region der Sonne und anderer Sterne«. Anstatt aber nun wiederum
eine Gleichheit zwischen den virtuellen Bewohnern anderer Sterne und
den Erdenmenschen zu postulieren, stellt der Cusaner fest, es scheine
»doch im Rahmen der Geistnatur keine edlere und vollkommenere Ausprägung geben zu können als die Geistnatur, die hier auf dieser Erde und
in ihrer Region zu Hause ist, mag es auch auf anderen Sternen Bewohner
anderer Gattungen geben. Der Mensch strebt nämlich nicht nach einer
anderen Natur, sondern nur nach Vollendung in der seinen«. Ist es für
Montaigne fast schon selbstverständlich, nach dem ›Spiel‹ mit der anderen
Natur zur Entdeckung der eigenen Ausschau zu halten, verbindet der
Cusaner demgegenüber das natürliche Streben des Menschen mit der aus-
schließlichen Vollendung der eigenen Natur. Was es damit auf sich hat,
zeigt sich deutlich am Begriff des Wissens, der ja mit der Belehrung der
Unwissenheit in eins fallen soll.

Auch hier findet sich wieder eine erstaunliche Parallele zwischen den
Mitteln, die Nikolaus von Kues und Montaigne gebrauchen, um den Umfang der menschlichen Wissensansprüche abzustecken. Beide greifen auf
Paradoxien zurück, die sich aus der Mathematik ergeben, betrachtet man
sie unter dem Gesichtspunkt ihrer Aussagekraft für das Unendliche. Wie
der Cusaner argumentiert, handelt es sich nämlich bei ihnen um »Symbole«, die gegenüber den »sinnlich wahrnehmbaren Gegenständen [...] als
unwandelbar und gewiß«[51] gelten können. Im »Spiegel und Gleichnis« der
Natur sind sie deshalb die ausgezeichneten Gegenstände, weil sie auf der
einen Seite nicht der »fortwährenden Unstetigkeit« unterliegen, die eine
Übertragung der Einsicht von den endlichen Dingen auf die göttlichen
schwierig macht, insofern schon die Proportionen des Endlichen unstet
sind; auf der anderen Seite haben sie jedoch ihre Erdenschwere nicht vollkommen verloren, sie sind nicht »völlig frei von allem materialen Bei-
werk« und deshalb eben noch als endliche Dinge tauglich, zum Symbol für
das Unendliche zu werden. Damit bietet die Mathematik die Möglichkeit,
den höchsten Anspruch des Wissens im Endlichen für die Einsicht ins
Unendliche zu nutzen. Sie wird für den Cusaner damit zur Möglichkeit,
mit der eigens herbeigeführten Konstruktion höchster einsehbarer Verhältnisse den »Überstieg« in die Sphäre des Göttlichen zu schaffen.

Kapitel 13 des ersten Buches *Über die belehrte Unwissenheit* liefert dazu
das Anschauungsmaterial. Es handelt sich dabei im wesentlichen um dasselbe Problem, das Montaigne später von Jacques Peletier als ein Paradox
vorgestellt werden wird. Wie ist das Verhältnis zweier asymptotischer
Linien zu denken? Berühren sie sich trotz der unendlichen Annäherung

---

[51] N. v. Kues, *De docta ignorantia*, I, 11.

aneinander, oder berühren sie sich nicht, oder tun sie etwa beides zugleich? (vgl. 555). Nikolaus von Kues spielt das Problem in erster Instanz an der Form einer Kreislinie durch, die sich in unendlicher Ausdehnung des Durchmessers der Form der Geraden angleicht, die der Durchmesser in seiner fortwährenden Erweiterung darstellt. Gerade und krumm fallen im Unendlichen in eins, das »Kleinste koinzidiert also mit dem Größten, so daß es gerade augenscheinlich erscheint, daß die größte Linie im höchsten Maße gerade und im geringsten gekrümmt ist«. Andere Beispiel folgen, die das Paradox auf mehrdimensionale Figuren übertragen.

e) Cusanisches Selbstsein und Montaignes Naturvertrauen

In der Absicht, die der Cusaner mit der zunehmend komplexeren Konstruktion der geometrischen Paradoxa verbindet, zeigt sich nun aber der Unterschied zum Montaigneschen Zitat. Gleich zu Beginn des ersten Kapitels *Über die belehrte Unwissenheit* hat er nämlich – wohl in einer Erinnerung an den Beginn der Aristotelischen Metaphysik – einen Hinweis darauf gegeben, was die »vollkommenste Daseinsweise« des Menschen »gemäß den Bedingungen« seiner »Natur« ausmacht: »Ein gesunder freier Geist erkennt, so meinen wir, in liebendem Umfangen die erfaßte Wahrheit, um derentwillen sein natürliches Lebensgesetz ihn unermüdlich alles durchforschen läßt«. Worum es Nikolaus geht, ist demnach alles andere als ein Verzicht auf Wissen. Das Aufstellen der Paradoxa dient nicht wie bei Montaigne dazu, dem menschlichen Geist seine Grenzen aufzuzeigen, im Gegenteil: gerade das Aufzeigen der Grenzen ist für den Cusaner als Aufforderung zu verstehen, sie zu überschreiten. Das Unbegreifliche an den geometrischen Verhältnissen im Unendlichen wird demnach als der Schlüssel verstanden, einen Zugang zu eben diesem Unendlichen zu gewinnen. Zu den »göttlichen Dingen« steht der »Zugang durch Symbole als Weg offen«, und »so ist es recht passend«, beschließt der Cusaner seine einleitenden Überlegungen, »wenn wir uns wegen ihrer unverrückbaren Sicherheit mathematischer Symbole bedienen«[52]. Die Sicherheit der mathematischen Gegenstände wird instrumentalisiert, damit sie als Symbole Aufschluß über die prinzipielle Unsicherheit bei den göttlichen Dingen geben können. Das Paradox wird also aufgestellt, um über sich hinauszuweisen und somit selbst als ein Rückverweis des Unendlichen im Endlichen zu erscheinen und nicht dazu, den Anspruch auf Verweis und Rückverweis selbst ad absurdum zu führen. Die logische Inkonsequenz seiner

---

[52] Ebd., I, 12.

Darstellung macht das Paradox für den Cusaner gerade zu einem Symbol für etwas ihm jenseitig zugrundeliegendes, während der Bordelais darin ein Argument erkennt, den Symbolcharakter des Endlichen überhaupt in Frage zu stellen. Daß man in dem aufgestellten Paradox keinen logischen Sinn ausmachen kann, ist für Montaigne eben der Grund dafür, über das Unbegreifliche im Endlichen nicht hinauszugehen.

So bekommt nun auch die Formel von der »docta ignorantia« einen deutlich verschiedenen Sinn, je nachdem in wessen Munde sie geführt wird. Montaigne stellt in der *Apologie des Raimundus Sebundus* schon in Bezug auf das bloße Wohlempfinden des Menschen fest, es sei »ein sehr großer Vorteil für die Ehre der Unwissenheit, daß es die Wissenschaft selbst ist, die uns wieder in ihre Arme wirft« (437). Das Wissen gibt sich als ein Unwissen zu verstehen, nicht das Unwissen als ein Wissen, das ist die Lehre, die wir aus der ›Belehrung über die Unwissenheit‹ ziehen sollen. Dies bezeugt auf theoretischem Felde wiederum der Probant der *Essais*, der in einer natürlichen Haltung das Wesen seines Wissens überdenken soll. Auf die Frage hin, ob die »Forschung, die der Mensch über so viele Jahrhunderte hinweg betrieben hat, ihn mit irgendeiner neuen Kraft oder einer substantiellen Wahrheit bereichert hätte«, »gesteht« der Befragte, »wenn er ehrlich ist, daß der ganze Verdienst, den er aus einer so langen Beschäftigung gezogen hat, darin besteht, seine Schwäche einzugestehen. Das Unwissen, das von Natur aus in uns war, haben wir durch langes Studium bekräftigt und bestätigt« (480). Für Montaigne sind wir also an dem Punkt wieder angekommen, von dem wir ausgegangen sind, und das Wissen hat uns dabei keine Leiter zu einer »connoissance supernaturelle et celeste« (ebd.) an die Hand gegeben. Aufschlußreich ist dabei freilich, wovon ausgegangen wird und wie der Prozeß zu deuten ist, der zurück zur ursprünglichen Unwissenheit führt. Nicht nur ist nämlich die Unwissenheit selbst eine, die wir von »Natur aus« haben, auch die zunehmende Einsicht in unsere Unwissenheit ist ein Vorgang, der zumindest analog einer natürlichen Entwicklung beschrieben werden muß: »Es ist den wahrhaft gebildeten Menschen so ergangen wie es den Weizenähren ergeht: sie schießen empor und strecken sich aufrecht und mit stolzer Miene, solange sie noch leer sind; wenn sie aber erst einmal in ihrer Reife voll von Korn sind, beginnen sie, demütiger zu werden und die Hörner zu senken. In gleicher Weise haben die Menschen, nachdem sie alles ausprobiert und erforscht und in dieser Anhäufung von Wissen und Voraussicht so vieler verschiedener Dinge nichts Festes und Sicheres, sondern nur Eitelkeiten gefunden haben, auf ihre Anmaßung Verzicht getan und ihre ›condition naturelle‹ eingestanden« (ebd.). In der »condition naturelle« ist also die letzte Bedingung für alle Wissensansprüche des Menschen zu suchen.

Demgegenüber muß für Nikolaus von Kues die ›Belehrung über die Unwissenheit‹ zu ganz anderen Konsequenzen führen. Keine Demut verlangt
das Eingeständnis der Unbegreiflichkeit Gottes, vielmehr ist es Voraussetzung dafür, das eigene Wesen erst recht zu behaupten. Das Wesen war ja
durch die Notwendigkeit einer Entfaltung der eigenen Natur definiert, die
im Falle des Menschen die Ausbildung seines Geistes erfordert. So erscheint nun die Lehre von der Unbegreiflichkeit des Unendlichen als ein
Wissen vom Unwissen, in dem das Unwissen in den Bereich des Wissens
integriert wird, anstatt es schlicht in eine andere, dem Menschen ganz un-
zugängliche Sphäre zu verweisen. In der identischen Formulierung der
Lehre als einer ›docta ignorantia‹ verschieben sich damit die Akzente. Bei
Montaigne liest sie sich so, als sei besonders die lateinische Vorsilbe, das
privative »i« markiert, während bei dem Cusaner die Betonung auf dem
griechischen Stamm des ›gnorizo‹ liegt. Gelehrt ist die Unwissenheit für
Nikolaus, weil sie Unwissenheit und Wissen im Wissen von ihr verbindet,
für Montaigne ist sie gelehrt, weil sie das Wissen vom Unwissen trennt.
Das geometrische Paradoxon ist für Montaigne ein schlichtes Exempel, auf
eine andere, vielleicht für die Wissenschaften bedeutendere Weise zu sagen,
was der Versuch einer natürlichen Selbstbefragung schon mit Blick auf die
lebensweltlichen Dinge gezeigt hat. Für den Cusaner verlängern sich dagegen die Linien seiner Figuren in den Bereich des Unendlichen in einer
Weise, die nicht vermuten läßt, daß sie sich dort nur im Unbestimmten
verlieren. Der Umstand, daß die mathematischen Dinge unter den endlichen Erkenntnisgegenständen die exaktesten Bestimmungen erwarten
lassen, macht sie zum ausgezeichneten Mittel einer nun möglichen Grenz-
überschreitung. Die Mathematik eröffnet damit die Möglichkeit einer
Projektion endlicher Verhältnisse in den Bereich des Unendlichen.

f) Der Wandel in der Abbildfunktion des Menschen

Das Wissen, das zur Vollendung der menschlichen Natur nötig ist, ist
folglich von der Art, daß es nicht einfach aufgelesen wird, sondern vielmehr eigens konstruiert werden muß. Dem Wissensanspruch des Menschen wird damit nur unter der Maßgabe Genüge getan, daß der Mensch
Wissen selbst hervorbringt. Dieser Gedanke ist für Nikolaus nun auch der
Ausgangspunkt für eine Revision des Menschenbildes. War bei Montaigne
in der kosmologischen Betrachtung die Mitte der Welt unbestimmt geworden, und wurde von ihm das Individuum schon mit einem Hof der
Einzigartigkeit versehen, so ermittelt Nikolaus dies alles antizipierend
dennoch für den Menschen eine andere Stellung in der Welt.

In seiner *De docta ignorantia* folgenden Abhandlung hat er im Konzept der Konjektur, der Mutmaßung, gleichsam die Zurückhaltung und Vorsicht begrifflich kondensiert, die nötig ist, um über das Unendliche selbst zu sprechen. Die ›Ungenauigkeit‹, die sich bei der Übertragung von endlichen auf unendliche Verhältnisse einstellt, erlaubt es bestenfalls, bei der Wahrheitsfindung von Vermutungen über die wahren Zusammenhänge auszugehen[53]. Wenn die ›Mutmaßungen‹ nun also das höchste menschenmögliche Wissen darstellen, so ergibt sich die neue Aufgabenstellung für den Menschen aus seinem Verhältnis zu eben diesem Wissen. Im höchsten Wissen erkennt er sich selbst als dessen Ursprung. »Wie die reale Welt«, setzt gleich das erste Kapitel voraus, »aus der unendlichen göttlichen Vernunft, so gehen entsprechend die Mutmaßungen aus unserem Geist hervor«. »Der menschliche Geist«, heißt es wenig weiter, »ist daher die Form der mutmaßlichen Welt, wie der göttliche die Form der realen«. Der Mensch hat sich damit gegenüber seiner bisherigen Abbildfunktion emanzipiert. Er ist im Praktischen nicht mehr nur dazu da, Gott ein Lob einzubringen, das dieser sich verständlicherweise nicht selbst spenden darf, er ist im Ontologischen nicht mehr nur eine selbst unvollkommene Kopie göttlicher Vollkommenheit. Die »alta Dei similitudo«, das hohe Abbild Gottes, von dem Nikolaus nun mit Blick auf den Menschen spricht, wird verstanden aus der ›Teilhabe‹ des Menschen an »der Fruchtbarkeit der Schöpferin Natur«. Der Mensch formt nun selbst die Welt der Vermutungen, er bringt sie hervor und er ist ihr Ziel gerade so wie Gott »alles um seiner selbst willen« bewirkt. Dabei ist es wohl schon so, daß der menschliche Geist die »rationalen Dinge« »als Abbild der realen« »aus sich faltet« und damit nur als ein »Gleichnis der allmächtigen Form« zu verstehen ist. Er ist mit seinem Schöpfertum nicht zugleich die Ursache für die Wahrheit seiner Vermutungen. Diese müssen immer noch mit der Welt, wie sie ist, übereinstimmen. Dennoch scheint der Mensch dadurch nichts Entscheidendes von seinem neuen Schöpferstatus zu verlieren. Kapitel 12 erklärt ihn zum Bürger dreier Welten, wobei nun Gott zum »Mittelpunkt der ersten Welt« bestimmt wird, die ›Intelligenz‹ zum »Mittelpunkt der zweiten«, und die »Vernunftseele« zum »Mittelpunkt der dritten«. Im »dritten Himmel« haben wir nun das »Gleichnis seiner wahren Sohnschaft«, und hier spätestens wird klar, was sich zum Ende des vorangegangenen Traktats über die »belehrte Unwissenheit« bereits angedeutet hatte. Der Mensch, insofern er zur Schau der ersten Urbilder fähig ist, ist selbst in gewisser Hinsicht ein Absolutum. Er verkörpert in sich das Paradox, als ein »eingeschränkt Größte(s) [...] zugleich das absolut Größte, Schöpfer

---

53 Vgl. N. v. Kues, *De coniecturis*, Pars prima, Proslogus.

und Geschöpf«[54] zu sein. So schlüpft der im eminenten Sinne Erkennende in die Rolle, die eigentlich nur Christus zugedacht war. Gott hat »im Reich der Wahrheit« »wahre Söhne«[55], der Mensch als solcher kann nun die nötige Vermittlung zwischen Geistigem und Körperlichem erreichen. Obwohl er also selbst »Geschöpf« bleibt, ist er nun auch zum »Schöpfer« geworden. Der Sinn der traditionellen Abbildformel ist damit freilich ein anderer geworden. Die »alta Dei similitudo« besteht nun nicht mehr in der Konturierung menschlicher Eigenschaften nach der Maßgabe göttlicher Perfektion. Was sich am Menschen an Ähnlichkeit mit Gott ausmachen läßt, gleicht keineswegs mehr dem »Siegelabdruck im Wachs«[56], den die höchste Intelligenz an ihrem ausgezeichneten Werk als Erkennungsmal hinterläßt. Der Mensch ahmt Gott nun vielmehr in seiner ureigensten Weise nach, tätig zu sein. Es ist das Privileg des Schöpferischen, das sich in der Imagination des Menschen spiegelt. Der Mensch übernimmt von Gott damit weniger eine Eigenschaft, denn ein Leistungsprofil.

g) Die neue Würde des Menschen

Für Giovanni Pico della Mirandola wird dies bekanntlich zum Grund, den Menschen mit einem neuen Selbstbewußtsein und neuen Würden auszustatten. Fast ein halbes Jahrhundert nach den Mutmaßungen des Nikolaus über die Schöpfungskraft des Menschen in einer Welt der Konjekturen überträgt er den Sinn der Abbildformel nun vom Kognitiven ins Existenzielle. Vorbereitet wird dies gleich zu Beginn seiner Rede »Über die Würde des Menschen«, die 1486 als Vorwort einer Verhandlung von über 900 Thesen in Rom gedacht war, mit einer neuen Darstellung der Genesis. Nach der Erschaffung der Welt ist Gott mehr oder weniger ›ratlos‹. Ganz wie es die Tradition will, braucht der »Meister« jemanden, »der die Gesetzmäßigkeit eines so großen Werkes genau erwöge, seine Schönheit liebte und seine Größe bewunderte«[57]. Allerdings gab es »unter den Archetypen keinen, nach dem er den neuen Sproß bilden konnte«. Die Welt war buchstäblich weggegeben, denn »alles war bereits voll«. Fast schon trifft Gott der Vorwurf, er habe offenbar »bei der letzten Schöpfung gewissermaßen aus Erschöpfung« versagt. Der Ausweg aus der Schöpfungskrise besteht für

[54] N.v.Kues, *De docta ignorantia*, II, 2.
[55] N.v.Kues, *De coniecturis*, 12.
[56] Ebd.
[57] G. Pico della Mirandola, *Oratio de hominis dignitate/Über die Würde des Menschen*, hrsg. von A.Buck, Hamburg 1990, S. 5.

Gott nun darin, daß er das Problem delegiert. Wenn er selbst keinen Archetypus mehr vorgesehen hat, dann soll sich das zu schaffende Geschöpf selbst auf die Suche nach einem eigenen Wesen machen. Der »optimus opifex«, der »summus Pater architectus« erhebt den Menschen in den Rang eines »plastes et fictor«, eines »schöpferischen Bildhauers«. Dem Menschen ist nun »gegeben, was er wünscht, zu sein, was er will«. Die existenzielle Not, in die Gott den Menschen schon bei der Schöpfung gebracht hat, kann in Picos Augen deshalb vom Menschen noch einmal selbst beseitigt werden. An den Stellen, wo die göttliche Symbolik immer weniger zu entziffern ist, setzt der Mensch nun seine eigenen Orientierungsmarken. Die Lücke, die durch den Rückzug Gottes aus seiner tätigen ›Architekten‹-Rolle entsteht, kann somit vom Menschen in der Folge als ein Freiraum verstanden werden. So kann Gott also noch guten Gewissens dem ersten Menschen erklären: »Wir haben dir keinen festen Wohnsitz gegeben, Adam, kein eigenes Aussehen noch irgendeine besondere Gabe, damit du den Wohnsitz, das Aussehen und die Gaben, die du dir selbst aussiehst, entsprechend deinem Wunsch und Entschluß habest und besitzest. [...] Weder haben wir dich himmlisch noch irdisch, weder sterblich noch unsterblich geschaffen, damit du wie dein eigener, in Ehre frei entscheidender, schöpferischer Bildhauer dich selbst zu der Gestalt ausformst, die du bevorzugst. Du kannst zum Niedrigen, zum Tierischen entarten; du kannst aber auch zum Höheren, zum Göttlichen wiedergeboren werden, wenn deine Seele es beschließt«.

»Welch unübertreffliche Großmut Gottvaters, welch hohes und bewundernswertes Glück des Menschen!« kann Pico nun angesichts der bloßen Vielfalt neuer menschlicher Seinsmöglichkeiten ausrufen. Ganz wie bei Sebundus grenzt Pico entsprechend das Wesen des Menschen von der formellen Matrix der Tiere ab: »Die Tiere tragen gleich bei ihrer Geburt aus dem Beutel ihrer Mutter, wie Lucilius sagt, mit sich fort, was sie besitzen werden. [...] Im Menschen sind bei seiner Geburt von Gottvater viele Samen und Keime für jede Lebensform angelegt; welche ein jeder hegt und pflegt, die werden heranwachsen und ihre Früchte in ihm tragen. Sind es pflanzliche, wird er zur Pflanze, sind es sinnliche, zum Tier werden. Sind es Keime der Vernunft, wird er sich zu einem himmlischen Lebewesen entwickeln; sind es geistige, wird er ein Engel sein und Gottes Sohn. Wenn er sich nun, mit keinem Los der Geschöpfe zufrieden, ins Zentrum seiner Einheit zurückgezogen hat, wird er, ein Geist mit Gott geworden, in der einsamen Dunkelheit des über allem stehenden Vaters alles überragen«.

Die Einsamkeit in der Freiheit, die der Mensch erfährt, wenn er sich nun geistig mit Gott identifiziert, ist noch kein Grund zu einem existenziellen Zurückschaudern vor den neuen Möglichkeiten. Die nun alles begleitende »Dunkelheit« schreckt den Humanisten des ausgehenden 15. Jahrhunderts noch nicht. Daß Montaigne knapp ein Jahrhundert später nicht mehr in der gleichen Weise empfinden kann, hat sicherlich viele äußere Gründe. Wollte man sie auf eine Formel bringen, könnte man mit Stierle sagen, es handele sich dabei um den Einbruch der »Vielheit« in alle Kulturbereiche der Menschenwelt. Sie wird zu einer Grunderfahrung, der die Kräfte des Renaissance-Menschen ganz offenbar noch nicht angemessen sind.

Für Montaigne und seine Zeitgenossen ist vielleicht das deutlichste Beispiel einer solchen Überforderung in dem Phänomen des politischen Machiavellismus zu sehen. Bei aller Zurückhaltung und Toleranz gegenüber Andersdenkenden gesteht Montaigne dem Autor des *Principe* doch zu, daß die Maximen zum Machterhalt Beachtung verdienen[58]. Er selbst sei für diese Art Politik zu betreiben zwar nicht geeignet. Er überlasse deshalb gerne die Durchführung des offenbar Unumgänglichen anderen, die von Natur aus eher dazu bestimmt sind. Dennoch bleibt es richtig, daß es für den Administrator Lagen gibt, die keine politische Lösung einer Krise mehr erlauben. Was zu Beginn des Jahrhunderts in der unauflöslichen Konkurrenz der oberitalienischen ›condottieri‹ mit den etablierten Herrscherhäusern noch regional begrenzt scheint, hat sich schon wenig später mit den aufkommenden Religionskriegen zu einem gesamteuropäischen Problem ausgeweitet: die Auflösung traditioneller sittlicher und religiöser Bindungen – auch oder gerade im Zeichen der Erneuerung – läßt in Montaignes Augen die entstehende Vielfalt individueller Selbstbehauptung in den Streit von Parteien einmünden, die anstatt in die Freiheit zu führen, nur scheinbar endlose Gewaltbereitschaft heraufbeschwören.

Die andere Grunderfahrung einer Überforderung durch »freiwerdende Differenzen«[59] teilt sich Montaigne in dem Bereich mit, der eigentlich vor der Gefahr einer Überforderung im Öffentlichen schützen sollte. Im Privaten sind es nun die Bücher, die als Boten der Außenwelt den Andrang vielfach multiplizierten Wissens bis in die Einsamkeit der Turmstube hineintragen. Schon hat der Manierismus den ästhetischen Anspruch des Kunstwerks dementiert, die Selbstbestimmungstendenzen der Renaissancemenschen des Quattrocento in der bildenden Darstellung zu vereinigen. Der Mirandolische »plastes et fictor« macht auch im Kunstwerk keinen Sinn mehr anschaulich, der nun der Ausformung der eigenen Existenz unterlegt werden könnte. Die Wiedergeburt des Klassischen unter Bedin-

---

[58] Vgl. dazu M. Tetel, *Montaigne and Machiavelli. Ethics, Politics and Humanism.* In: Rivista di letterature moderne comparate 29, 1976, S. 165–181.
[59] Stierle, *Montaigne und die Erfahrung der Vielheit,* (a.a.O.), S. 422.

gungen einer autonomen Imitation der Vorbilder hat sich bereits als Schein erwiesen. Mit Verzögerung spiegelt sich dies in der französischen Literatur des 16. Jahrhunderts wieder. Terence Cave nennt in einer umfangreichen Studie das Grundproblem der Schriftsteller der Zeit den Umgang mit dem »cornucopian text«[60], also dem Text, der sich unter der Hand als ein Füllhorn herausstellt, das immer mehr zu bedenken gibt, als eigentlich verarbeitet werden kann. Ausgehend von Erasmus' populärem Handbuch *De duplici copia verborum ac rerum* sieht Cave den Grundzug der Zeit in den Grenzerweiterungen der Rhetorik. Erasmus bestimme die Umrisse einer Schreibkunst, die das Schreiben als eine »zugleich produktive und unabschließbare Aktivität« versteht, die über die in den »formalen Rhetorik- und Dialektiktraktaten«[61] gezogenen Grenzen hinausgehen müsse. Auch wenn Montaigne den Vergleich der Redaktion seiner *Essais* mit dem Schöpfen aus dem Füllhorn nicht eigens anstelle, so sei doch auch bei ihm noch deutlich die »Bewegung« der Schöpfung nachzuvollziehen. Bedrängend werde für ihn das Problem der Fülle, weil sein Text nun »reflexiv« werde und nicht nur sich selbst, sondern auch den Autor zu definieren vorgebe[62]. Stierle sieht seinerseits das Problem der Fülle von Rabelais an Montaigne weitergegeben. War schon der ›Roman‹ *Gargantua et Pantagruel* der Ort, an dem im »unersättlich(en) [...] Appetit des riesenhaften Helden« die »Vielheit zum Einen« nur verschlungen, nicht aber verdaut wurde, so ist für Stierle auch Montaigne dem Andrang der Differenzen noch nicht gewachsen. Der »lustvollen Erfahrung« eines »Zusammenbruchs« der Differenzen anstatt ihrer »ästhetischen Überhöhung« folgt die nüchterne Resignation vor der Übermacht. Auch Montaigne fehle es an einem Ordnungsprinzip. »Montaignes Essais«, resümiert Stierle, »sind eine Summe der Vielheit«[63]. Ihm zeige sich allerdings die »Vielheit in ihrer Doppelgesichtigkeit als Befreiung und Bedrängung«[64] nun in einer Weise, die sie als Problem eigens vorstellig macht.

Der nicht mehr äußerliche Grund dafür, daß Montaigne das Vertrauen in die genuinen Fähigkeiten des Menschen sehr viel geringer einschätzt als es noch Nikolaus konnte, liegt nun in der besonderen Form der Beziehung des von Nikolaus als unendlich gedachten Wissens und der von Montaigne als endlich und begrenzt erfahrenen Praxis. Was sich für Montaigne als eine Illusion erwiesen hat ist die Annahme, aus der subjektiven Schöpfer-

---

[60] T. Cave, *The Cornucopian Text. Problems of Writing in the French Renaissance*, Oxford 1979.

[61] Ebd., S. XI.

[62] Vgl. ebd., S. 272 ff.

[63] Stierle, a.a.O., S. 424.

[64] Ebd.

kraft des Individuums ließe sich in welcher Form auch immer Substanziel-
les ableiten. So scheint es fast wie eine Quintessenz seiner Erfahrungen mit
anderen und mit sich selbst zu sein, wenn Montaigne gleich zu Beginn des
zweiten Kapitels des dritten Buches schon rückblickend feststellt: »Les
autres forment l'homme«, die anderen ›formen‹ den Menschen, eine deutsche Übersetzung fügt noch hinzu »wie die bildenden Künstler«[65], »je le
recite et en represente un particulier bien mal formé, et lequel, si j'avoy à
façonner de nouveau, je ferois vrayment bien autre qu'il ne l'est. Mes-huy
c'est fait« (782), »ich dagegen ›rezitiere‹ ihn nur und stelle einen besonders
schlecht geformten Einzelnen dar, den ich, wäre es darum zu tun, ihn noch
einmal neu zu gestalten, sicher ganz anders machen würde als er ist. Aber
nun ist es schon passiert«. Montaigne hält sich also an die Faktizität des
Daseins. Die freie Imagination spielt für ihn dagegen immer jenseits praktisch notwendiger Verläufe und Tendenzen, sie erreicht das Bestehende gar
nicht, oder wenn sie mißverstandenerweise doch auf die Lebensverhältnisse
einwirken soll, dann nur um den Preis der Auflösung funktionierender
Bestände. Der Widersinn wird für Montaigne in der contradictio in adiecto
eines Religionskrieges offenbar.

Damit die Schöpferkraft des Subjekts in positiver Weise produktiv werden kann, bedarf es deshalb erst noch einer weiteren Voraussetzung. Die
Schöpfung selbst muß Halt gewinnen können an einer Regel, die nicht
mehr im völligen Belieben des Subjekts steht und damit dem Produkt erst
zu einer dauerhaften Objektivität verhilft. Die Regel muß demnach von
der Art sein, daß sie wohl kraft der Imagination vom Menschen selbst auf
die Welt projiziert wird. Der Projektion wird dann aber der Zug der Beliebigkeit genommen, wenn die Regel selbst als das einzig Welterschließen-
de verstanden wird. Nicht gibt es dann in der Folge diese oder jene Möglichkeit objektiver Weltauffassung, sondern nur die eine, die sich der
regelgemäßen Vorzeichnung aller sinnvollen Erfahrung verdankt. Nikolaus hat dazu Stichworte gegeben, die neue Wahrheit freilich noch nicht
ausgesprochen. Die Mathematik hat sich zwar als das Konstruktionsmittel
bewährt, vom Endlichen ausgehend das Unendliche zu erschließen. Erst
aber wenn die Unendlichkeit Gottes ihrerseits auf natürliche Verhältnisse
übertragen wird, kann die Kunst der Konjekturen in einem direkten Sub-
jekt-Objekt-Verhältnis eine konstruktive Rolle spielen. Man kann nun
argumentieren, diese Forderung sei bei Nikolaus schon mit der Formel
von der dynamischen »explicatio quietis« einer ursprünglichen »compli-

---

[65] M. de Montaigne, *Die Essais*, ausgewählt, übertragen und eingeleitet von Arthur
Franz, Stuttgart 1984, S. 285.

catio«[66] zumindest angesprochen. Die Natur mache nichts anderes, heißt es in einer erstaunlichen Verbindung Aristotelischer Gottesdefinition und christlicher Vorsehungsmetaphorik, als die »unitas motum complicans« zur »nacheinander geordneten Ruhe«[67] zu entfalten. Die Konjekturen des Menschen erschließen also sowohl die Unendlichkeit Gottes wie auch seine sukzessive natürliche Entfaltung im Endlichen. Allerdings steht einer fruchtbaren Anwendung des mathematischen Konstruktionsbegriffs auf die Natur dabei immer noch im Wege, daß sich schon die Erschließung des Unendlichen ›more geometrico‹ in der Anweisung zur Bildung von Paradoxa erschöpfen mußte. Erst wenn die neugewonnene Unendlichkeit der Natur auf einen mathematisch nachvollziehbaren Bauplan festgelegt werden kann, der in sich nicht widersprüchlich, geschweigedenn paradox ist, taugt die Methode zur Nutzanwendung. Man kann es auch so wenden. Erst wenn die in unendlicher Verlängerung der Konstruktionslinien enstehenden Undenkbarkeiten geometrisch verständlich gemacht und rechnerisch aufgelöst werden können, steht auch der konstruktiven Erfassung der Natur nichts mehr im Wege. Dazu bedarf es aber unter anderem erst noch der Entdeckung einer brauchbaren Infinitesimalrechnung durch Leibniz und Newton.

Das Fehlen einer sicheren Methode läßt für Montaigne die Ergebnisse der Naturwissenschaft – das hat die Diskussion der Einwände seitens der Rationalisten gegen die ›natürliche Theologie‹ gezeigt – immer noch als eine neue Form der Spekulation erscheinen. Niemand kann sich sicher sein, so Montaigne, ob nicht die Entdeckungen von heute morgen schon überboten werden, ob nicht die Einbildungskraft des Menschen nur immer neue Welten entwirft, von denen sich keine als eine letzte Entdeckung wird legitimieren können. Versteht man also die Ausbildung eines verläßlichen Regelkanons für die Wissenschaft wie für die Kultur und insbesondere für die Dichtkunst als eine Entwicklung, an der Montaigne noch nicht teilhaben konnte, so erstaunt es nun weniger, daß der Essayist des ausgehenden 16. Jahrhunderts trotz des größeren zeitlichen Abstands Raimund mit seiner Wissenschaft vom Menschen näher steht als Nikolaus mit seiner konjekturalen Spekulation.

---

[66] N. v. Kues, *De docta ignorantia*, II, 3.
[67] Ebd.

h) Der hermeneutische Gottesbeweis als Muster humaner Selbstfindung

Sowohl Raimund als auch Nikolaus sind sich darin einig, daß der Akzent von der Kosmologie und der Theologie auf die Anthropologie verlagert werden muß. Das ist der Zug der neuen Zeit, der sich ihnen ankündigen sollte. Das Verhältnis zu Gott ist damit eines, das im wesentlichen nicht mehr durch die Vermittlung der Kosmologie zustande kommt und auch nicht durch eine die Ergebnisse vorwegnehmende und damit dogmatisch erscheinende Theologie. Um Gott nun dem Menschen ausgehend vom Menschen selbst nahezubringen, schlagen beide aber eine unterschiedliche Strategie vor. Auf eine Formel gebracht kann man sagen, während Nikolaus versucht, die Qualitäten des Menschen den Eigenschaften eines transzendenten Gottes anzunähern, versucht Sebundus, die Qualitäten des Transzendenten in die Nähe der Eigenschaften des Menschen zu bringen. Während also Nikolaus das Wissen von Gott in der unendlichen Erweiterung des menschlichen Wissens sucht, findet Sebundus das Wissen von Gott in der Beschränkung der Theologie auf das vom Menschen Einsehbare. Der Ausweis göttlicher Identität findet damit einmal unter Bedingungen des Unendlichen, das andere Mal unter Bedingungen des Endlichen statt. Das Wissen von Gott erhebt beim Cusaner den Menschen in den Rang eines ›alius deus‹; das Göttliche beim Katalanen erscheint dagegen selbst in einem menschlichen Licht. Es scheint ganz so, als bliebe Gott auch bei ihm seine Ausnahmestellung erhalten. Allerdings äußert sich nun der Voluntarismus in einer anderen Form. Anstatt in seiner Unerforschlichkeit über jede mögliche Ausformung des Willens hinauszugehen, anstatt die Universalität des Willens bis in für alle Vernunft unerreichbare Möglichkeitsräume auszudehnen, geht Gottes Wollen bei Sebundus im Gegensatz dazu in seiner unendlichen Kraft der Gestaltung auf. Es ist nicht so sehr das Allgemeine, in dem er sich auszeichnet, sondern Besondere, in dem sich sein Wille in unendlicher Fülle aus- und einprägt. Sebundus' Gottesbegriff bekommt dabei schon fast wieder einen heidnischen Zug. Denn das vorherrschende Merkmal scheint bei ihm nicht mehr die Allmacht und das Allwissen zu sein, vielmehr gefällt sich Gott, der in der Perspektive einer »Wissenschaft vom Menschen« erscheint, in seiner Selbstgenügsamkeit und seiner Ewigkeit. Er genügt sich darin, das Seine in ausgezeichneter Weise auf sich beziehen zu können. Der Mensch erkennt ihn dann gerade darin, daß er für alle einsehbar in der Entfaltung seiner Natur sich selbst dargestellt hat. Nicht so sehr vor dem Hintergrund, vor allem und aller Zeit das Nichts zu Etwas gemacht zu haben, wird er verstanden, sondern vielmehr in der Art, wie sich seine Schöpfung von den Hervorbringungen anderer unterscheidet. Von der Einzigartigkeit Gottes wird so nicht von vornherein ausgegangen. Sie stellt sich vielmehr erst im Vergleich einer Konkurrenz ein, die von anderen möglichen Autoren befeuert wird. Daß Sebundus hier nicht an eine neue Vielgötterei gedacht hat, sondern vielmehr den Rationalisten unter den Kritikern Argumente gegen eine Verabschiedung Gottes aus dem Reiche der Wissenschaft bieten wollte, versteht sich. Dennoch liegt gerade in dem Schachzug, das außerordentliche Schöpfertum Gottes im Vergleich zur menschlichen Aktivität herauszuheben, sein allumfassendes Machtwort der menschlichen Aussageunsicherheit entgegenzustellen, eine unorthodoxe Tendenz, die dem Prolog der *Theologia naturalis* zuletzt einen Platz auf dem Index des Tridentiner Konzils eingebracht hat. Die »scientia de homine« scheint nun auch in den Augen der Kirchenmänner Gott so sehr aus dem Blickwinkel des theologischen Laien zu begreifen, daß der Gott des Sebundus doch schon menschliche Züge aufweist. Während Nikolaus von Kues also den wissenden Menschen zu Gott emporhebt, so fordert Sebundus von Gott, daß er sich dem Menschen verständlich mitteilt, und damit den Maßstäben ›natürlichen‹ Verstehens genügt. Will man die Pointe vielleicht ein Stück über Gebühr zuspitzen, so kann man sagen, Gott gebe sich bei Sebundus als ein ›alius homo‹ zu verstehen; zwar nicht in seiner Substanz, aber doch in der Weise, wie er seine Identität ausweist. Zur Folge haben freilich beide Versuche, die Theologie mit den Rationalitätsansprüchen der Neuen in Einklang zu bringen, daß sie die zukünftige Rolle Gottes prekär werden lassen. Ob sich nämlich der Mensch als ein ›anderer Gott‹ versteht, oder Gott als ein ›anderer Mensch‹ verstanden wird, in beiden Fällen wird der Abstand zwischen Transzendenz und Immanenz geringer, und die Frage erhebt sich, wozu ein solcher Gott eine besondere Verehrung verdient. Wie bei Montaigne gesehen muß die negative Theologie noch mehr Gewicht bekommen, um Gottes Transzendenz und Würde wiederherzustellen, um den Preis freilich, ihn als einen aktiv verstandenen Ordnungsfaktor und verläßliche Vorsehungsmacht zu verabschieden.

i) Einheit und Vielheit

Nicht zu Unrecht beschreibt Antoine Compagnon[68] Montaignes Grundproblem als die Folge einer nominalistischen Verlegenheit, die entsteht, kann man jetzt sagen, wenn das sprachlich verloren geglaubte Wesen nicht mehr mit Hilfe der Einbildungskraft des Subjekts wiederhergestellt werden

---

[68] A. Compagnon, *Nous, Michel de Montaigne*, a.a.O.

kann. Auf der einen Seite, setzt Compagnon voraus, steht Montaignes
Einsicht, daß kein Name die Kraft besitze, das Wesen des Benannten auszudrücken. »Je n'ay point de nom qui soit assez mien« (610), »ich habe
keinen Namen, der mir vollständig entspricht«; das war Montaignes
selbstbezogenes Fazit seiner sprachskeptischen Betrachtungen zum Thema
Gottesruhm und Menschenwort im 16. Kapitel des zweiten Buches gewesen. Auf der anderen Seite steht Montaignes Aussage dagegen, »chaque
homme porte la forme entiere de l'humaine condition« (782), jeder Mensch
trage die ganze Form der ›conditio humana‹ in sich. Compagnon folgert
daraus, es gebe bei Montaigne zwei Tendenzen, die sich nicht miteinander
vereinbaren ließen. Einerseits werde der Name »Michel de Montaigne«
seinem Träger gegenüber als unangemessen erkannt. Andererseits sei derselbe Eigenname aber »synonym mit dem in all seinen Aspekten betrachte-
ten Wesen«, man könne auch sagen »mit dem vollständigen Wesen, das in
einem jeden vielleicht jenseits aller akzidentellen Attribute enthalten ist,
wie jene Entität, deren Name zuvor nur eine unangemessene Bezeich-
nung«[69] hätte sein sollen. Um dies festzustellen, wird Montaigne noch
einmal mit der berühmt gewordenen Aussage zitiert: »Die Schriftsteller
machen sich dem Volk durch irgendeine besondere und bislang unbekannte Eigenschaft bekannt; ich jedoch habe mich als erster in meiner Weise
vorgestellt, in meinem allgemeinen Wesen, als Michel de Montaigne, weder
als Grammatiker, noch als Dichter, noch als Anwalt« (782).

Hier wird in der Tat der Name »Michel de Montaigne« mit der Vorstellung eines »estre universel« verknüpft. Ist es aber nun tatsächlich so, wie
Compagnon vermutet, daß es sich hier um einen Widerspruch handelt, der
nicht, wie es sonst bei Montaigne üblich sein mag, verschiedenen Redakti-
onsstadien zugeordnet und damit entschärft werden könne, sondern ganz
im Gegenteil nicht einfach »verabschiedet«[70] werden dürfe? Zweifellos ist
die Frage rhetorisch gestellt, und man würde der Vertiefung des Widerspruchs auch unbesehen weiter folgen, müßte man sich nicht vorher fragen, ob es sich hier tatsächlich um einen Widerspruch handelt. Compagnon meint, die zitierten Stellen stünden schon dafür ein, daß in dem
angesprochenen Problem der »pierre de touche«, also der Prüfstein für
Montaignes »Nominalismus« und »Realismus« zu sehen sei. Ist aber mit
dem »estre universel«, das sich Montaigne selbst zuschreibt, wie auch der
»forme entiere de l'humaine condition«, die allen zukommen soll, in der
Tat bereits eine klassische Substanz benannt? Kann man bei allem Zweifel,
den Montaigne in den Erkenntniswert der Sprache legt, unvoreingenom-

---

[69] Ebd., S. 11 f.
[70] Ebd., S. 12.

men von einem »Begriffsrealismus« des Essayisten ausgehen? Sicher ist in der Sprache für Montaigne deutlich mehr enthalten als die Fächer für verschiedene begriffliche Werkzeuge, die man je nach Bedarf entnehmen und anwenden kann. Genügt das aber, ihn zum Vertreter eines »augenscheinlichen Paradoxes« zu machen, das er an der Stelle erst noch »dialektisch«[71] auflösen müßte, an der er doch bereits seine Synthese vorstellt? Ganz scheint es, als sei hier die Vorgabe Compagnons, es handele sich bei Montaigne um eine »Nouvelle figure: un philosophe impremedité et fortuite«[72] beim Wort genommen.

k) Auf der Suche nach einer »forme entiere de l'humaine condition«

Die Formel einer »forme entiere de l'humaine condition« selbst enthält bereits Hinweise darauf, daß es sich bei dem Gesuchten nicht um eine komplexere Beschreibung eines einfachen Allgemeinbegriffes handeln kann. Nicht ist nämlich die Rede von der Form der ›humanitas‹, die als ein genus alle unspezifischen Differenzen der Individuen umfassen könnte. Auch ist wiederum ausgeschlossen, daß mit der Formel eine bloße Reduktion des Begrifflichen auf das Feststellen der Existenz des Einzelnen gemeint ist. Dies würde heißen, nur die »condition« des Menschen zu betrachten, das schlechthin Zufällige und Unvorhersehbare. Es käme damit wohl der völligen Ablösung des Besonderen vom Allgemeinbegriff gleich. Wenn demnach von der »condition humaine« die Rede ist, schließt es offenbar zweierlei ein, zum einen das Allgemeine am Menschlichen des zu Betrachtenden mit allen möglichen Formen der Konstanz in seiner Beschreibung, zum anderen das Besondere am Menschlichen, in dem sich die Kontingenz der Umstände mit dem Allgemeinen der Existenz verbindet. »Condition humaine« will deshalb sagen, was dem Menschen als Menschen natürlich ist. In seiner Natur verbindet sich der allgemeine Wechsel der Erscheinungen mit der besonderen Ausprägung, die der Mensch ihnen verleihen kann. Die Spannung, die in der Formel liegt, wird allerdings in dem Willen der Formgebung spürbar, den Montaigne nun zu Beginn des dritten Buches doch hervorhebt. Denn ein bloßes Überantworten des menschlichen Geschicks in die Hände der Natur ist doch zuwenig, auch für einen natürlichen Menschen, besonders, wenn er sich schon im klaren darüber sein muß, daß die Reflexion auf das eigene Sein untrennbar zu seiner Natur gehört. Die Form, in der die »condition humaine« erscheint,

[71] Ebd.
[72] Ebd., S. 16.

ist die Form, in die der Wissende für Montaigne nun seine Existenz zu bringen hat. Was es damit auf sich hat, vor allem, was es bedeutet, daß diese Form am Ende doch auf Ganzheit und Einheit angelegt sein muß, läßt sich wiederum am Leitfaden des Montaigneschen Versuchs der Befragung des natürlich gebliebenen Menschen verfolgen. Die Ausgangsfrage kehrt damit auf einer weiteren Stufe wieder: was läßt sich aus dem Sebundischen Selbstverständnis des Menschen unter den Bedingungen eines prekär gewordenen Gottesbezugs beibehalten? Genauer nun: Wie stellt sich die Einheit menschlicher Selbstdefinition in der Vielheit möglicher Identifikationsformen her?

Das Problem war schon bei Sebundus aufgetaucht. Für ihn stellt sich die Frage nach der Einheitlichkeit der Ordnung innerhalb der Schöpfung. Gilt nämlich ausnahmslos das antike Schema der Substanzen, so findet der Mensch in der Welt keinen angemessenen Platz. Der Widerspruch entsteht, wenn man fordert, daß jede Gattung in Arten unterteilt ist, deren Differenzen die Definition der Gattung nicht überschreiten dürfen. Ist dieses Prinzip bei den Mineralien, Pflanzen und Tieren ohne Ausnahme einschlägig, so findet sich der Mensch bei dem Versuch einer Subsumtion unter das Schema vor ein Paradox gestellt. Die Individuen sind Teile einer Spezies, die in sich selbst keine wesensunterscheidenden Merkmale ausbildet. Durch die Spiegelungen anderer Gattungen von Geschöpfen in der Natur des Menschen, eine Spiegelung, die entsteht, wenn sich der Mensch kraft seines Intellekts reflektierend auf seine Umwelt bezieht, enthält die Spezies Mensch in sich genera, die nicht wiederum Unterarten der eigenen Art sein können. Der Mensch versteht sich nicht als die oberste Gattung, die alle anderen Gattungen in den Rang von Arten relegiert, gleichwohl ist in ihm weit mehr enthalten, als die eigene spezifische Differenz zu verstehen gibt.

Die Möglichkeit einer Wiederherstellung der Ordnung durch eine teleologische Ausrichtung der Geschöpfe auf die Bedürfnisse des Menschen scheidet für Montaigne aus. Es waren gerade die Zweifel über die Schlüssigkeit eines kosmologischen Gottesbeweises gewesen, die ihn bei seinem Versuch einer Verteidigung des Sebundus mit der Frage beginnen ließen, »wer« dem Menschen eingeredet hätte, daß der ganze Himmel zu seinem »Nutzen und seiner Bequemlichkeit« (427) eingerichtet sei. Der Mensch kann für Montaigne legitimerweise nicht länger auf seine Privilegien pochen. Seine eigene Vollkommenheit müßte sich denn auf ein Schöpfungsprinzip berufen, das in seinen besonderen Qualitäten offenbar nicht eingesehen werden kann und dessen Wirksamkeit, wäre es denn wirklich in einer auf den Menschen übertragbaren Weise vollkommen, nachhaltig bezweifelt werden muß. Die Arten und Gattungen der Geschöpfe finden deshalb ihren Platz nicht mehr unbesehen in einer Pyramide der Perfektionen wieder, und die ontologisch fraglich gewordene Einheit läßt sich nicht durch eine Herr-Knecht-Relation zwischen dem Menschen und den übrigen ›animae‹ wiederherstellen. Was die Spezies Mensch mit den übrigen Gattungen der Schöpfung verbindet ist vielmehr die Anerkennung, die sich in den Augen Montaignes Wesen schulden, die von ähnlichen Begabungen ausgehen müssen.

Die Einheit in einer solchen Form der Vielheit menschlicher Wessensspiegelungen wiederherzustellen bedarf folglich einer Anleihe bei den Fähigkeiten eines Wesens, das ausgewiesenermaßen seine Einheit auch in den bloßen Möglichkeiten seines eigenen Seins nicht verliert. Weniger ist also bei der Suche nach einer Form für die Vielheit von der statischen Vollkommenheit der einen Kreation auszugehen, deren interne Stufungen auf eine ontologische Festlegung des höchsten wie des niedersten schließen lassen. Montaigne orientiert sich vielmehr an einem Schöpfungsbegriff, der weit genug erscheint, um einem dynamischen Wesenswandel gerecht zu werden. Das Wissen, das der Mensch von seinen natürlichen Möglichkeiten und ihrer Einheit gewinnt, stellt sich damit in eine Analogie zu dem Bewußtsein, das Gott in der Vielheit unverwirklichter Schöpfungsentwürfe als das seine erhält.

So erscheinen nun die Merkmale göttlicher Ausstattung beim Menschen nicht mehr als Ausweis seiner Vollkommenheit, sondern als die Zuschreibung einer Kompetenz. Er wird für fähig befunden, ohne vorherige Kenntnis einer definitiven Form sein eigenes Wesen auszubilden. Montaigne traut ihm zu, mit dem Bewußtsein einer ständigen Reserve die Möglichkeit von Grenzziehungen sich anbietender Lebensabschnitte zu verfolgen. So wie Gott voluntaristisch alle Kenntnis eines bestimmten Prinzips verwehrt, so versagt sich der Reflektierende den Schluß von dem Erfahrenen auf alles Zukünftige.

Schon die Sebundische Formel der Selbstreflexion als »cognoscere se habere«[73] deutet dies an. Es reicht nicht aus, etwas zu haben, eine Eigenschaft zu besitzen, man muß sie auch noch ausdrücklich auf sich selbst beziehen können. Der Bezug, den die Reflexion erst herstellt, bringt es nun mit sich, daß er nicht als der einzig mögliche erscheinen muß. Das Eigentum eines Schatzes, von dem Sebundus in einem Beispiel spricht, läßt Möglichkeiten seiner Verwendung offen, und so ändert sich auch der Selbstwert, der aus der Zueignung eines solchen Schatzes dem Reflektierenden erwächst. »Die Freude«, resümiert Sebundus, »kommt aus der Tatsache, daß etwas weiß,

---

73 Sebundus, S. 117.

daß es hat, was es hat, nicht daraus, daß es hat«[74]. Dabei muß, wie gesehen, die Freude keine sein, die sich nur auf die eigenen Mittel zur Selbstentfaltung bezieht. Der Mensch kann ebenso an der Auszeichnung eines anderen teilnehmen, und dies sogar stellvertretend, wenn dieser dazu nicht in der Lage ist. Er »kann« zum Beispiel »die ganze Freude, die die Rose als die schönste Blume an sich haben müßte, empfinden«[75]. Ebenso kann er sich der Exzellenz der Sonne im Kosmos annehmen und sie – an ihrer statt – als ein eigenes Zentrum neben der Erde verstehen[76].

Montaigne warnt wiederholt davor, die Fähigkeit zur Selbstreflexion wiederum zum Argument für eine legitime Vorherrschaft des Menschen im Kosmos zu machen. Es gebe keinen Grund zu glauben, der Mensch sei »allein in diesem großen Gebäude« fähig, »dessen Schönheit« (427) zu schätzen und zu erkennen. Man muß offenbar auch noch nach dem ersten Schritt den folgenden machen und nicht nur dem reflexiv Vertretenen gleichsam einen Dienst erweisen, sondern ihm selbst auch zutrauen, Repräsentant seiner selbst zu sein. Das durchaus ernst gemeinte Beispiel von der Hauskatze, die ebensosehr mit Montaigne spielt wie er mit ihr (vgl. 430) erinnert an diesen Schritt.

Die besondere Form der Einheit, in die jene sich aufdrängende Vielheit möglicher Seinsweisen gebracht werden muß, erschließt sich bei Sebundus nun durch die Begabung des Menschen mit dem göttlichsten, das er aufweisen kann. Der Mensch ist das Geschöpf, »qui habet liberum arbitrium«[77]. Bereits die Fähigkeit zur Selbstreflexion hatte sich als keine abstrakte Eigenschaft erwiesen, noch weniger taugt sie zur Trennung einer rein geistigen Substanz von einer körperlichen. Denn was im Bezug auf das Selbst reflektiert wird, ist das Verhältnis von Mitteln und Merkmalen zu dem darüber Disponierenden, wobei der Vollzug der Selbstzueignung je nach Umfang und Wirkung das wertbestimmte Verhältnis zur Außenwelt verändert. Je nachdem, was der einzelne sich begründetermaßen zutraut, tritt er seiner Umwelt entgegen und zeigt sich ›selbstbewußt‹.

Was durch den freien Willen hervorgebracht wird, übersteigt die Folgen einer selbstbewußten Mittelreflexion. Denn der Wille ist nun fähig, Bezüge herzustellen, die nicht nur das eigene Wesen im Vergleich zur Umwelt auf- oder abwerten. Der Wille ist dazu da, das eigene Wesen frei zu verändern. Dies geschieht durch das größte Geschenk, das bei Sebundus Gott dem Menschen machen konnte, nämlich durch die Fähigkeit der Liebe. Das

---

[74] Ebd., S. 119.
[75] Ebd., S. 124.
[76] Vgl. ebd., S. 119.
[77] Ebd., S. 6.

Gebot der Nächstenliebe wird dabei von Sebundus sowohl eingeschränkt als auch ausgeweitet. »amor mutat rem amantem in rem amatam«[78], die Liebe verwandelt das Liebende in das Geliebte. Die Möglichkeiten zur Veränderung sind für Sebundus so viele, wie sich auf den beiden Stufenleitern, der »scala naturae« wie auch der »scala gratiae« Schritt für Schritt abgehen lassen. Liebt der Mensch die toten und stummen Dinge, wird er selbst tot und stumm, liebt er das Tierische, tierisch, das Menschliche menschlich und das Göttliche göttlich[79].

Für Sebundus ist es ausgemacht, daß eine wahre Veränderung des Wesens immer eine zum Besseren sein muß. Der Mensch wird sich also untreu, wenn er nach Gegenständlichem strebt, denn das Irdische steht im Gegensatz zur Natur des Willens, der »intellectualis et spiritualis« ist. Entsprechend gibt es nur ein Wesen, das seiner Liebe wirklich würdig ist und dem Menschen ein echtes geistiges Pendant bieten kann: Gott selbst. Die Liebe zu Gott unterscheidet sich von der Liebe zu den Dingen durch den Umstand, daß der Wille sich nun nicht mehr in die Gestalt einer besonderen Seinsweise fügen muß, sondern in der Unendlichkeit des göttlichen Willens auf seine eigene Natur zurückverwiesen wird. Die Reflexion, die bei jeder Ausbildung einer Lebensform auf die Beschränkungen des Wollens eingehen mußte, bezieht sich nun auf das Wesen des Wollens selbst, insofern es im göttlichen Willen sein Paradigma erkennt. Das bedeutet nun nicht, daß zugleich mit der Reflexion auch der Abstand zwischen Mensch und Gott aufgehoben wäre. Der Mensch wird mit der Erinnerung an die Herkunft seines Willens nicht aufgefordert, das Schöpferhandwerk selbst auszuüben, also dem unendlichen Willen unendliche Geltung zu verschaffen. Zumindest ist dies nicht die Konsequenz, die Montaigne daraus zieht, denn zu dieser Willensübertragung fehlt es dem Menschen weiterhin an der Einsicht in die letzten Gründe göttlicher Entscheidung.

Das Gebot der Gottesliebe führt nun zu dem scheinbaren Paradox, daß nach dem Verbot der Selbstliebe wie auch einer jeden Neigung zum Materiellen nun doch wiederum an den Menschen die Aufforderung ergeht, die ganze Schöpfung zu lieben. Scheinbar ist dieses Paradox, weil nicht etwa geboten wird, sich eben dieselben Gegenstände, die man zuvor einzeln begehrt hat, nun in toto anzueignen. Das universelle Liebesgebot schließt vielmehr aus, daß irgendetwas besonderes vor anderen besonderen Dingen geliebt werden soll, denn das einzige, was nun der Liebe wert ist, zeigt sich als der Wille selbst, also als die unendliche Fähigkeit, sich auf alles willentlich beziehen zu können, und zwar in einer Weise, daß der Wille nicht

---

[78] Ebd., S. 132.
[79] Vgl. ebd., S. 135.

wiederum durch das Gewollte in seiner Form festgelegt wird. Das universelle Liebesgebot soll demnach vor jeder Vergegenständlichung des Willens bewahren.

Indem aber nun alle Möglichkeiten als gleichberechtigt von neuem wieder erscheinen, ist bei Sebundus zugleich angezeigt, daß die Wahrnehmung dieser Möglichkeiten als Möglichkeiten keine menschliche mehr sein kann. Liebt der Gläubige Gott, nimmt er seine Sichtweise ein, ohne allerdings deshalb in der Lage zu sein, alles ontologisch Mögliche an seiner statt zum Wirklichen zu machen. Wie nämlich die Liebe Gottes sich zu einer universellen Liebe des Irdischen ausdifferenzieren soll, ist äußerst fragwürdig. Zugleich müßte der Mensch die Dinge, die Pflanzen wie die übrigen belebten Kreaturen und auch noch sich selbst lieben, und dann wäre er nicht einmal sicher, ob er schon die ganze Schöpfung umfaßt hätte. Denn an dem Baum, dessen »prima radix«[80] Gott ist, können sich immer noch neue Zweige des Wissens und des Seins ausbilden. Ein Widerspruch wäre nicht zu umgehen, wenn zugleich eine Identifikation mit dem Disparaten gefordert würde, wenn der Mensch in einem Atemzug seine Bereitschaft zu verschiedenen Lebensformen bekunden sollte. Unter den Bedingungen der Endlichkeit ist die Grenzenlosigkeit des Seins eben nur als eine Grenzerfahrung überhaupt zugänglich. Das reine Entwerfen ohne den Halt im Geworfensein kommt dem Menschen nicht zu. Sebundus ist deshalb auch vorsichtig genug, dem Liebesgebot eine Verpflichtung an die Seite zu stellen, die »obligatio amoris«[81]. Danach muß der Mensch Gott dienen so wie die Natur dem Menschen zu Diensten ist, und der Gottesdienst besteht darin, nach Maßgabe der Vollendung der Welt ihre Ordnung aufrechtzuerhalten. »Wenn sich der Mensch durch seinen Dienst nicht mit Gott verbindet, verliert die Welt ihre Ordnung und ihren Zusammenhalt«[82], schließt Sebundus seinen Gedanken. Was in der Unendlichkeit der Möglichkeiten Gottes für den Menschen ontologisch unbestimmt bleiben muß, wird damit durch die Hierarchie, in die Gott den Menschen gestellt hat, noch einmal kompensiert. Die Unsicherheit seiner Stellung in der Welt, die der Gottliebende erfahren muß, bleibt ohne existenzielle Wirkung, solange er noch an die ›great chain of being‹ gekettet ist. Die Richtlinien seines Weltverhaltens bleiben demnach von der Erhebung seiner geistigen Existenz auf das Niveau des Unendlichen unberührt. Sie sind durch die Gebote festgelegt, die Gott den Menschen ausdrücklich auferlegt hat.

---

[80] Ebd., S. 188.
[81] Ebd., S. 161.
[82] Ebd.

3. Zum dritten Teil der Gliederung

a) Die Vertrauenskrise

Ginge es nun nur darum, den theoretischen Blick auf die Welt zu schärfen, wären die Folgerungen aus dem Wissensbegriff des Sebundus für die Montaignesche Essayistik wohl eher als harmlos zu betrachten. Denn was würde man aus dem Umstand ableiten wollen, daß man eine »Form« der ›conditio humana‹ nun mehr nur noch ohne Orientierung an einem positiv definierbaren Schöpferbegriff gewinnen kann? Es gälte dabei wohl, dem Voluntarismus des Schöpfers Tribut zu zollen und in der geistigen Vereinigung mit ihm den Erweiterungen des Blickfeldes sukzessiv nachzugehen, die dieser selbst intuitiv einsieht. Die Form der Vielfalt würde sich dann aus dem jeweiligen liebenden Bezug des Menschen auf die Teile der Natur ergeben. Da er selbst alle Facetten der Schöpfung in sich spiegelt, bedürfte es dazu also nur einer fortgesetzten Introspektion. Was er dabei zu Gesicht bekommt, sind »Buchstaben«, die sich zu Worten zusammenfügen, und am größten »Buchstaben«, der er selbst ist, hat der Mensch den ersten und deutlichsten Anhaltspunkt für die Lektüre im »Buch der Natur«. Da sich in diesem Buch nach der Voraussetzung dem Menschen nun vor allem die Unendlichkeit Gottes mitteilt, wäre die Lektüre eine unabschließbare. Immer neue Seiten lassen sich aufschlagen, und immer wird am Seitenende ein Hinweis darauf sein, daß es eine Fortsetzung der einen »Schöpfungsgeschichte« geben wird. Wenn man so will, handelte es sich bei dem Buch der Natur also um eine ›offene Form‹, die sich demjenigen aufdrängt, der als bloßer Betrachter der Natur die Lektüre aufnimmt.

Einen tief beunruhigenden Zug bekommt der Wissensbegriff des Sebundus in der Feder Montaignes nun aber, wenn die ›offene Form‹ des ›Buches der Natur‹ für denjenigen fatal zu werden scheint, der in ihm mehr als nur Kontemplation sucht. Genau dann nämlich, wenn die Form der »condition humaine« danach ruft, eine »forme entière« zu werden, wird die Frage nach einer übergreifenden Einheit aller sich nach und nach entwickelnden Vielheit virulent. Und das ist für Montaigne offensichtlich dann der Fall, wenn sich die Frage nach der Einheit und Ganzheit des eigenen Lebens stellt.

Dies ist nun eben auch die Frage, die sich spätestens beim Übergang zum letzten Teil der *Theologia naturalis* demjenigen stellen muß, der einem Gottesbegriff skeptisch gegenübersteht, der nicht in den Wirkungen der Natur aufgeht. Nachdem mit dem »opus restaurationis seu reparationis« der Offenbarung durch die Bibel eigentlich schon wieder der Fehler ausgeglichen wurde, der im »opus conditionis« der Schöpfung durch die Vergabe eines Freiraums für den Willen des Menschen erst ermöglicht worden war, kündigt Sebundus nun dennoch ein weiteres Werk Gottes an. Seine Benennung als ein »opus glorificationis et praemiationis seu finalis retributionis« verrät, daß es einerseits um die Vervollständigung des Ruhmes Gottes, andererseits um die Belohnung für das Geleistete und schließlich um die endgültige Verteilung dessen geht, was zur Vollendung des ersten Werkes der Schöpfung noch nötig ist. Sebundus geht also hier wieder von Gott als einem obersten Architekten und »artifex« aus, der nun am Ende der Tage die Lücken auffüllen muß, die trotz aller Versuche der Wiederherstellung anfänglicher Vollkommenheit geblieben waren. Davon hängt nun nicht nur das Heil des Menschen und der Menschheit, sondern auch die Perfektion des Kosmos, der ganzen Schöpfung ab. Die Vollendung des vollendetsten aller Geschöpfe ist hinreichende Voraussetzung für die Vollendung der Schöpfung schlechthin. Sebundus verbindet damit wieder die im Mittelalter getrennten Vorstellungen einer kosmischen wie einer individuellen Eschatologie.

Für Montaigne ist nun aber in hohem Grade fraglich geworden, ob es zulässig ist, von einem solchen Richter auszugehen, der nicht nur richtet, sondern das Wesen jedes einzelnen Menschen auch zurechtrückt, so daß es sich wieder in den Heilsplan einfügen kann. Auch hier sind die Umrisse des Urbilds, das Gott von sich selbst haben muß, in jeder sprachlichen Form, in der wir uns ein Bild von Gott machen, verschwommen, und wenn es doch ein solch definites Urbild gibt, ist die Distanz zum Abbild zu groß, als daß seine Züge in das menschliche Wesen eingehen könnten.

Montaigne kann deshalb behaupten, daß den Göttern ein Urteil über den Menschen nicht zustehe, weil es doch grundlos sein müsse. Schon in der *Apologie des Raimundus Sebundus* heißt es entsprechend an einer Stelle: »Auf welcher Rechtsgrundlage können die Götter dem Menschen nach seinem Tod seine guten und tugendhaften Taten zuerkennen und sie belohnen, da sie es doch selbst sind, die sie auf den Weg und in ihm hervorgebracht haben? Und warum nehmen sie es ihm übel und rächen sich an ihm für seine schlechten Taten, da sie ihn doch selbst in diese fehlerhafte Lage gebracht haben und da sie doch mit einem einzigen Zeichen ihres Willens seinen Fehltritt hätten verhindern können« (500). Die Idee einer Belohnung oder Bestrafung kann nur auf der Grundlage erfolgen, daß die Natur und ihre endlichen Verläufe an einem unendlichen Maßstab gemessen werden, der sich auf sie auch beziehen läßt. Das aber bezweifelt Montaigne, denn der Maßstab kann gar kein anderer sein als derjenige einer Natur, in deren Unendlichkeit sich die Transzendenz Gottes und die unabsehbare Vielfalt seiner Möglichkeiten spiegelt. Entweder sind alle von außen herangebrachten Maßstäbe gar keine anderen als diejenigen, die man auch hinter dem zufälligen Verlauf der natürlichen Entwicklungen vermuten muß. Dann werden sie aber schon per definitionem von selbst befolgt, weil gar nichts gedacht werden kann, was von ihnen abweicht. Montaigne greift zur Verdeutlichung des Gedankens auch auf die stoische Pronoia[83] zurück. Alle Handlungen finden sich demnach als Teile in diesem »großen Umlauf des Universums und in der Verkettung der stoischen Ursachen; eure Phantasie kann darin durch Wunsch und Einbildung keinen Punkt verändern, ohne daß nicht die ganze Ordnung der Dinge umgeworfen wird, sowohl in der Vergangenheit als auch in der Zukunft« (793). Oder aber man muß die Vorstellung eines transzendenten Maßstabes, der jenseits aller Handlungen und Verläufe das Richtige vom Falschen trennt, für sinnlos ansehen. Denn einem Maßstab, an dem sich zwar alles ausrichten kann, der aber dennoch der Welt jenseitig bleibt, fehlt wiederum die Berechtigung zur Anwendung, auch post festum. Letztenendes kann für Montaigne also nur ein Gott, der an dem Geschick des Menschen beteiligt ist – das ist der Gott, der synonym mit der Natur gesetzt werden kann – den Menschen auch richten. Ist er aber am Geschick des Menschen beteiligt, dann kann er als Gott dieses Schicksal nur vollständig in die Hand nehmen, und ergo sich nicht nachträglich gegen seine eigenen Beschlüsse wenden. Hat er Einfluß, dann hat er auch immer schon Partei genommen und hat damit nicht mehr die Möglichkeit einer vollständig distanzierten und gerechten Rechtsprechung, denn er handelt nun schon nicht mehr göttlich. Montaigne macht dies ganz am Schluß der *Apologie des Raimundus Sebundus* im Zusammenhang der Entscheidung über die letzten Fragen des Glaubens deutlich. »Wir bräuchten«, faßt er zusammen, »jemanden, der gar keine [...] Eigenschaften besitzt, damit er ohne vorgefaßte Meinung über diese Fragen entscheidet wie über etwas, das ihm völlig gleichgültig ist. Und dazu bräuchten wir einen Richter, der nicht sein kann« (585).

b) Der Tod als Richter

Anfänglich scheint es Montaigne noch, als könne der Verlust eines transzendenten und dabei dennoch einflußreichen Richters aufgefangen werden. Auch wenn es keinen Richter geben kann, der von außen an das Leben des Menschen herantritt und es beurteilt, so könnte es immer noch ein Prinzip geben, das dem Leben äußerlich bleibt, dabei aber doch mit ihm eine Verbindung eingeht. Das Prinzip muß sich außerdem als eines erweisen, das

---

[83] Vgl. Cicero, *De fato*, IX.

der Neufassung des Gottesgedankens in Form einer natürlichen Vorsehung gerecht wird. Als ein solches Prinzip erscheint ihm nun der Tod.

Konnte Sebundus noch vom »judicium universale« sagen, »alle Tage erwarten natürlicherweise jenen Tag«[84], so ist es bei Montaigne nun der individuelle Todestag, den er mit Seneca[85] als den »maistre jour«, den Tag der Tage ansetzt. Er »ist der Richttag aller anderen. Es ist der Tag, sagt ein Alter, der über alle meine vergangenen Jahre richten muß« (78 f.). Montaigne folgt hier mit dem weiteren Rückgriff auf die stoische Kosmologie einer schon im Mittelalter einsetzenden Bewegung, die eine Entscheidung über die letzten Dinge eines jeden noch vor dem Jüngsten Gericht für die Stunde des Todes ansetzt[86]. Für Montaigne bekommt damit das Ende der Welt nicht nur eine neue, vom Schicksal des Individuums weitgehend unabhängige Bedeutung – zumal er ja auch hier wieder ganz dem stoischen Prozeß der Konsumtion und Wiedergeburt des Kosmos folgt, also ein definitives Ende der Welt gar nicht annimmt – auch die Möglichkeit einer endgültigen Reparation des Versäumten tritt in den Hintergrund. Was nun zu richten ist, muß der Tod selbst entscheiden, und darüber hinaus gibt es nichts mehr zu verbessern oder nachzuholen. »Deshalb müssen nun an diesem letzten Moment, wie an einem Probierstein, alle anderen Handlungen unseres Lebens geprüft werden« (78). Der Versuch, den die *Essais* ausmachen, gestaltet sich in dieser frühen Phase des ersten Buches noch in der Form eines Abgleichs. »Ob meine Studien etwas gefruchtet haben, muß sich in dem Versuch (essay) zeigen«, der mit »dem Tod« gemacht wird (79). »Wir werden dann sehen, ob meine Worte nur vom Mund gesprochen werden oder ob sie von Herzen kommen« (79). Die Seelenruhe ist ein Zeichen dafür, daß man sich im Leben gut auf den letzten Moment vorbereitet hat, aber das stoische Rezept zur Überwindung der Furcht ist nur dazu geeignet, den Tod zu ertragen. Der Tod gibt deshalb noch keinen Ertrag für das Leben. Die Frage ist nur, ob der letzte Moment mit allen vorangegangenen übereinstimmt: »Wenn es darum geht, das Leben eines anderen zu beurteilen, schaue ich immer darauf, wie er sich zum Schluß hin verhalten hat« (ebd.). Bestenfalls läßt sich also in dieser Phase mit dem Blick auf den Tod nur die Homogenität eines Lebens beurteilen, im Fall der Heterogenität entstehen dann entsprechend Zweifel über die zuvor angenommene Güte oder Unzulänglichkeit des Verhaltens.

Ein Hinweis darauf, daß in der Betrachtung des Todes als eines Objektes der Furcht nicht mehr als ein Schattenriß des Lebens entstehen kann, fin-

---

[84] Sebundus, S. 624.
[85] Vgl. Seneca, *Briefe*, XXVI.
[86] Vgl. dazu Blumenberg, *Die Legitimität der Neuzeit*, (a.a.O.), S. 56.

det sich dann auch in dem Haupttext des ersten Buches zur Todesthematik, in dem Essai *Que philosopher, c'est apprendre à mourir* (79). Als den letzten der guten »Ratschläge« »unserer Mutter Natur« stellt Montaigne am Ende des Essais mit Seneca[87] die rhetorische Frage: »warum fürchtest du deinen letzten Tag? Er bringt dich dem Tod nicht näher als es jeder der anderen Tage tut. Der letzte Schritt bringt nicht die Müdigkeit hervor: er gibt sie nur zu verstehen. Alle Tage gehen zum Tod, der letzte kommt an« (94). Daß der letzte Tag nicht mehr als ein Tag in der langen Reihe der vorangegangenen sein soll, deshalb gar nicht wirklich Auszeichnung und Aufmerksamkeit verdient, sagt Montaigne nämlich nicht nur, um eine mögliche Todesfurcht im Zaum zu halten. Dahinter verbirgt sich auch ein Verständnis menschlicher Existenz, das der gelungenen Handlung nicht mehr Spielraum gibt als den natürlichen Umwälzungen und Veränderungen. Es scheint fast, als würde sich das eine auf das andere reduzieren lassen, wenn Montaigne immer noch im Essai über das »Philosophieren« als »Sterben lernen« sagt: »Und wenn ihr einen Tag gelebt habt, habt ihr alles gesehen. Jeder Tag ist allen Tagen gleich. Es gibt kein anderes Licht und keine andere Nacht. Diese Sonne, dieser Mond, diese Sterne, diese Einrichtung der Welt, es ist dieselbe, an der sich schon eure Vorfahren erfreut haben, und die noch eure Urenkel unterhalten wird« (92). Der Eindruck einer Parzellierung der Praxis nach dem Maßstab natürlicher Einheiten verstärkt sich, je weiter die Redaktion der *Essais* voranschreitet. Zum Ende der *Apologie des Raimundus Sebundus* heißt es: »Die Blüte der Jahre stirbt und vergeht wenn das Alter kommt, und die Jugend endet mit der Blüte der Jahre eines gemachten Mannes, die Kindheit in der Jugend, und die Kleinkindzeit in der Kindheit, und der gestrige Tag stirbt in dem heutigen, und der heutige Tag wird in dem morgigen sterben; und es wird nichts bleiben, das immer eines ist« (587). Der Tod wird damit seiner Einmaligkeit beraubt, er ist nun nichts mehr, was als ein Zielpunkt das Ende eines einzigen und besonderen Lebens ausmachen könnte. Kann man wohl das Leben wie in der Tradition oft geschehen der Metapher des biologischen Wachstums folgend in verschiedene Abschnitte unterteilen, so bricht Montaigne doch schon hier mit der Funktion dieser Metapher, wenn er das Ende einer jeden Phase als einen eigenen Tod auffaßt. Und noch deutlicher wird der Bruch, wenn sogar die Tage, die gemeinhin noch als die zeitlichen Bausteine des Lebens gelten, selbst auch noch einen jeweils eigenen Tod erleiden. Nun darf man nicht annehmen, der Essayist habe die Metapher einfach überdehnt. Es spiegelt sich in der Ausdehnung des Bedeutungsfeldes vielmehr eine Skepsis darüber, ob jeder wirklich seinen Tod sterben

---

[87] Vgl. Seneca, *Briefe*, C.

kann. Nichts Menschliches scheint so viel Kontinuität zu haben, als daß
man Zusammenhänge stiften könnte, die sich nicht wieder in kleinere
Einheiten auflösen ließen. Das wäre noch nicht dem Zielgedanken des
Todes entgegengesetzt, wäre nicht zu vermuten, daß die kleineren Einheiten untereinander nicht wiederum nur schwer zu einem Ganzen zusam-
menfinden könnten. Es scheint Montaigne ganz so zu sein, daß die Tage
des Lebens sich eher wie Atome aneinanderfügen, die zusammengenom-
men keine erkennbare Gestalt ergeben. Nicht umsonst warnt er davor, bei
dem Stand der Welt, wie sie nun einmal ist, nicht mehr als kleine, über-
schaubare Unternehmungen in Angriff zu nehmen. Nicht etwa die Furcht
des Rentiers, der Tod könne größere Pläne durchkreuzen, veranlaßt ihn zu
der Vorsicht, sondern die Einsicht, daß jeder größere Entwurf die natürlichen Grenzen des Machbaren überschreitet.

Zu unsicher sind die Zeitläufe, als daß eine wirkliche Planung sinnvoll
wäre, und die Rede von dem »notable spectacle de nostre mort publique«
(1023) ist nur eine andere Umschreibung dafür, daß die Verhältnisse nun
so unberechenbar geworden sind wie in einem schon halbverfallenen Gemeinwesen, in dem allgemeine Ermattung und Anarchie zugleich sich breit
machen. So groß ist nun der Faktor des Zufalls zu veranschlagen, daß nicht
einmal mehr eine bloße Reihung der Ereignisse Sinn macht. Das »Hinscheiden eines Lebens« ist jetzt, wie es im letzten Essai der drei Bücher
heißt, »der Übergang zu tausend anderen Leben« (1032).

Damit wird Montaigne mehr und mehr deutlich, daß auch die Stunde des
Todes nicht mehr offenbart, als jeder Übergang von einem Abschnitt in
den nächsten, und selbst hier ist es noch fraglich, was das »Hinscheiden«
einer Phase zu bedeuten hat. Zu vielfältig sind die Möglichkeiten, immer
Neues anzuknüpfen, zu vielfältig die Möglichkeiten, Ursachen zu finden.
Gelänge es dennoch, Lebensabschnitte sinnvoll miteinander zu verbinden,
dann drohte wiederum die Vervielfältigung des Abschnitts in einzelne
Momente, für die sich das Problem von neuem stellt.

So wird nun für Montaigne deutlich, daß die Hoffnung auf die Stunde des
Todes vergeblich sein würde, wenn man von ihr erwartet, daß in ihr
die eine und wahre Form des nun abgelaufenen Lebens plötzlich aufleuch-
ten könnte. Man wird in ihr im wesentlichen nicht mehr erfahren können
als in den nach Anzahl unendlich gedachten Augenblicken, die vor diesem
letzten vergangen sind. Jedesmal zeigen sich Handlungsstrukturen nur
noch unter dem Vorbehalt ihrer Vorläufigkeit, und aufs Ganze gesehen
droht demnach unablässig ein unaufgelöster Widerspruch der Inhalte.

Wenn Montaigne nun sagt, man müsse lernen, den Tod zu »zähmen«
(85), dann verbirgt sich dahinter schon weit mehr als der Wunsch nach
einer bloßen Gewöhnung an das Furchtbare des Augenblicks. Es scheint

darin eine existenzielle Situation der Not auf, die sich mit den bisherigen Sinnangeboten nicht mehr beheben läßt. Beide klassischen Funktionen des Übergangs kann der Tod in Montaignes Augen nämlich nicht mehr erfüllen. Weder ist es der Übertritt aus dem Leben im irdischen Jammertal in das ewige Sein im Reiche Gottes, das den Sterbenden erwartet. Wohl mag es sein, daß die Existenz im Diesseits erbärmlich ist, im Jenseits wartet für Montaigne aber bestenfalls das ganz andere, von dem wir uns keine Vorstellung machen können. Der Tod als der Weg zum eigentlichen Leben, in dem es nichts mehr von den zufälligen Bedingungen der irdischen Existenz gibt, ist für Montaigne so fraglich wie die Vorstellung von einem Gott selbst, der nach festgefügten und erkennbaren Regeln das Universum und damit auch sich selbst verwaltet. Im Jenseits ist deshalb kein Maßstab zu erwarten, den man an alles Irdische anlegen könnte, oder wenn es einen gibt, dann können wir davon nichts wissen. Im Tod kann deshalb für Montaigne auch gar nichts durchscheinen, was das Diesseitige an der Schnittstelle zum Jenseitigen auf sein eigentliches Sein hin sichtbar macht. Der Tod, fürchtet Montaigne, bleibt auch in der letzten Stunde des Menschen stumm. »Doch will es mir scheinen«, kann man mit Montaigne schließen, »daß« der Tod »wohl das Ende, nicht aber das Ziel des Lebens ist, sein Schlußpunkt, seine äußerste Grenze, nicht aber sein Inhalt« (1028).

Noch ist der Tod mit seiner klassischen Aufgabe zu betrauen, den Bogen eines erfüllten Lebens im Rückblick auf die vergangene Existenz zu spannen. Der Übergang führt hier nicht nur nicht zu einem neuen Anfang, der im Jenseits zu suchen wäre, er macht auch dem Leben im Diesseits kein wirkliches Ende. Montaigne folgt hier Strömungen innerhalb der spätmittelalterlichen Theologie, die Unendlichkeit Gottes auch auf seine Werke, den Kosmos mitsamt dem Menschen zu übertragen. So undurchschaubar wie der Schöpfer in seinem Willen sind auch die Wirkungen der Natur und des Geschicks des Menschen in ihr. Fast mag es scheinen, als sei auch der persönliche Tod für Montaigne nichts mehr als die Geburtsstunde eines oder vieler neuer Leben, ganz so wie auf den Tod einer Welt die Kindheit einer anderen folgt. In Wirklichkeit gibt es also auch im Diesseits gar nichts, das nicht mit einer ewigen Wiederkehr, wenn auch nicht desselben, zu rechnen hätte, und in diesem unaufhörlichen Auf und Ab gibt es dann nichts mehr, was sich zu einer abgeschlossenen Lebensform ›natürlicherweise‹ anbieten könnte. Die politische und historische Situation seiner Zeit erscheint Montaigne dafür als der realgewordene Spiegel. So ist es denn auch fast schon nicht mehr erstaunlich, wenn er in dem Kapitel *Über die Reue* bemerkt, daß er eigentlich – auch im Angesicht des Todes, wie man mit dem Vorwort an den Leser immer voraussetzen soll – gar nichts wirklich zu bereuen hat. »Was mich nun betrifft, so kann ich wohl

auf eine generelle Weise wünschen, ein anderer zu sein, als ich bin; ich
kann Anstoß an meiner allgemeinen Form (forme universelle) nehmen und
sie verdammen, und Gott inständig um meine vollständige Umformung
(reformation) bitten und darum, meine natürliche Schwäche zu entschuldigen. Aber das darf ich nicht, wie es mir scheinen will, Reue nennen,
nicht mehr als das Unbehagen, weder ein Engel noch Cato zu sein. Meine
Handlungen sind geordnet und entsprechen dem, was ich bin und meinen
natürlichen Bedingungen (condition). Mehr kann ich nicht tun« (791). Die
Pointe wird deutlich, wenn man, wie es Montaigne tut, davon ausgeht, daß
man nicht nur dem Engelwesen unendlich fern ist, sondern auch die Aus-
nahmefigur Cato als eine betrachten muß, die wesentlich nur in der Fiktion Bestand hat. Montaigne bezweifelt nämlich gerade, daß Cato nicht
»plaisir« und »volupté« (403) empfunden habe bei einer so noblen Aktion,
als die sein Selbstmord in der Geschichte dargestellt wird. Ganz wie im
Falle Sokrates unterstellt Montaigne eine gewisse Neigung zur Inszenierung, die freilich in seinen Augen den Persönlichkeiten als solchen keinen
Abbruch tut, sie aber wohl menschlicher macht (vgl. 404 sowie 795). Die
Bedingung, unter der überhaupt Reue im Sinne des Bedauerns einer gene-
rellen Verfehlung möglich ist, scheint deshalb für Montaigne unerfüllbar.
Denn wie soll, abgesehen von den kleinen Sünden, die man immer am Ort
des Geschehens erkennt und dort gleich wieder ins Reine bringen sollte
(vgl. 794), die Abweichung vom rechten Weg festgestellt werden, wo gar
kein solcher vorgezeichnet oder nachvollziehbar ist. Gott hätte schon eines
Menschen ganzes Wesen umkrempeln müssen, um ihn in die Lage einer
Besserung zu versetzen, aber dann, so die Folgerung, wäre der Mensch ja
schon ein Engel und der Reue erst recht nicht fähig. So wie der Mensch ist,
gibt es auch am Ende nichts nachzutragen, und wer noch im vollen Besitz
seiner Kräfte versucht, sich zu bessern, zerstört möglicherweise auch noch
das, was in seiner ›condition naturelle‹ beschlossen liegt. Sogar die
»Schwächung unseres ›appetit‹« kann das Gegenteil von dem hervorbringen, was im Sinne einer »Verbesserung der Seele« beabsichtigt war. »In
Wahrheit«, gibt Montaigne zu bedenken, »geben wir unsere Laster nämlich
nie wirklich auf, wir tauschen sie nur gegen schlimmere ein« (795).

So paradox es nun klingt: gerade die Unmöglichkeit zur Reue kann nicht
als das größte Heil angesehen werden. Für Montaigne ist es ganz offenbar
das Zeichen der größten Krise. Denn wie soll sich nun, wie es gleich zu
Beginn des Kapitels über die Reue angekündigt wurde, aus der natürlichen
Form des Menschen, der Gestalt, die er seiner ›condition humaine‹ gibt,
eine vollständige, wenn nicht gar vollkommene Form ausbilden, eine
»forme entiere« seines »estre universel« (782)? Schon werden Montaigne
seine eigenen äußeren Veranstaltungen suspekt, zu einer Reinigung seiner

selbst von allem Unwesentlichen und Unrechten Abstand von der Welt zu nehmen. So hat man möglicherweise die »wahre Verdammung« erst recht verdient, wenn man sich dieser den »Zeitgenossen geläufigen Vorgehensweise« anschließt. »Der Rückzug« aus dem aktiven Leben sei dann »selbst voll von Korruption und Unrat« (789). Die »Idee«, die sich jene von ihrer »Verbesserung machen«, sei »konfus, ihre Buße krank und schuldhaft, fast so sehr wie ihre Sünde«. Durch »lange Gewöhnung« werde die »Häßlichkeit« (ebd.) dieses Vorgangs gar nicht mehr bemerkt. Im Rückzug von der Welt ist nicht garantiert, daß der künftige Einsiedler nicht wieder nur in der Maske des bußfertigen Eremiten erscheint. Zugegeben ist nun auch, daß der Privatier zwar durchaus über die Einsetzung eines »patrons« verfügt, der uns von »Zeit zu Zeit züchtigt, von Zeit zu Zeit wohl tut« (785). Es gibt sogar einen »Gerichtshof« mit »Gesetzen«, an den sich Montaigne wenden kann. Aber dann kommt doch das Eingeständnis, daß das Verständnis von Recht und Unrecht wiederum nur eines ist, das »selon moy« (ebd.), also nach dem eigenen Gutdünken ausgerichtet ist. Wie man sich auch einrichtet, die Unsicherheit einer Existenz bleibt erhalten, die in Gott und Natur entweder gar nichts Menschliches mehr erkennen kann, oder, falls doch, gleich soviel, daß es zu einer Orientierung der menschlichen Dinge an einer Idee des guten Lebens oder einem Maßstab ewiger Seeligkeit wiederum nicht mehr taugt.

Man geht nun allgemein davon aus, daß es gerade die große humane Leistung Montaignes ist, die Krise im Selbstverständnis, sowohl des eigenen als auch dessen seiner Zeit, nicht durch einen Akt, nicht durch Konstruktion und Rebellion meistern zu wollen, sondern durch ein geduldiges Ertragen. Montaigne, so heißt es fast in jedem Vorwort zu den *Essais*, habe auf eine stoische Phase eine der pyrrhonischen Skepsis folgen lassen, beide Tendenzen aber schließlich in einem neuen Epikureismus aufgehoben. Am Ende stünde mit der Resignation am Bestehenden, anders als bei Hegel, in der Folge des Stoizismus und Skeptizismus nicht das unglückliche Bewußtsein, sondern im Gegenteil das Bewußtsein, das glücklich ist über die Dinge, so wie sie sind. Das Abfinden mit dem Unabänderlichen sei die letzte Konsequenz, die Montaigne in der Auseinandersetzung mit der Zeit gezogen habe[88]. Dem soll hier widersprochen werden. Wäre dies denn tatsächlich wahr, dann hätten wir von Montaigne außer der Übersetzung der *Theologia naturalis* und einiger Briefe möglicherweise überhaupt nichts Literarisches vor uns. In der Tat ist aber in den *Essais* nicht nur die Antwort auf die angezeigte Krise gegeben. Die *Essais* selbst sind die Antwort

[88] Vgl. Starobinski, a.a.O., S. 403 ff.

auf das Unbehagen, das den Ratsherren von Bordeaux Ende der 60er Jahre des 16. Jahrhunderts befallen hat.

c) Das Buch des Lebens

Traditionell gab es für den Gläubigen eine letzte Versicherung dafür, ob er seine gottgegebene Form erreicht hat, ob er den obersten Maßstäben gerecht geworden ist: den Eintrag in das ›Buch des Lebens‹. Wer hier aufgeführt ist, dessen Heil ist gewiß. Wer nicht darin steht, der muß mit Verdammnis rechnen. Auserwählt sind die Gerechten, die Ungerechten müssen, wie das Johannesevangelium es will, in den Gräbern bleiben[89], wenn der letzte Tag gekommen ist, oder sie werden, wie es in der Johannesoffenbarung heißt, zusammen mit dem »Tod« und der »Unterwelt« in den »Feuersee« geworfen[90]. Neben der Vorstellung einer Prädestination findet sich in der Apokalypse aber auch bereits die Szene eines Gerichtstags angedeutet. Nicht nur das »Buch des Lebens« wurde nämlich aufgeschlagen, sondern auch »Bücher«, und die »Toten wurden nach ihren Werken gerichtet, nach dem, was in den Büchern aufgeschrieben war«[91]. Augustinus schließlich versteht nun das »Buch des Lebens« selbst als eine Zusammenfassung der vielen »Bücher« der Menschenwerke, während die vielen »Bücher«, wie sie in der Apokalypse genannt werden, nun für das Alte und das Neue Testament stehen. Sie sind nun die Gesetzestexte, nach denen zu richten ist[92]. Der Schritt, die Entscheidung vom ersten Anfang an das absolute Ende der Welt zu verlegen, bietet sich für Augustinus nicht zuletzt deshalb an, weil er mit der Gewährung eines Freiraums für den menschlichen Willen, als der Voraussetzung für die Entstehung des Übels in der Welt, nicht wieder die Vorstellung einer einsehbaren Vorsehung verbinden kann, ohne die Strategie der Theodizee zu durchkreuzen. Würde Gott schon ausdrücklich von Anbeginn an die Abweichungen des Menschen vom Heilsweg vorschreiben, läge die Verantwortung für das Übel in der Welt wieder ganz bei ihm. So entsteht also die Fassung des Jüngsten Gerichtes als einer Gerichtsstunde, in der das Leben eines jeden ausgebreitet vor ihm und seinem Richter liegt, und nichts, kein Detail des irdischen

---

[89] Zur Geschichte der Metapher siehe Blumenberg, *Die Lesbarkeit der Welt*, a.a.O., S. 24 ff.

[90] Johannesoffenbarung, 20, 14–15.

[91] Ebd., 20, 13.

[92] Vgl. Augustinus, *De civitate dei*, XX, 14. Ich folge hier Blumenbergs Darstellung, in: ders., *Die Lesbarkeit der Welt*, a.a.O., S. 29 ff.

Daseins wird dabei ausgespart. Im Buch des Lebens findet sich ein vollständiges Protokoll aller Momente eines vergangenen Lebens.

Damit nun diese Gerichtsszene, mit der das dritte Werk Gottes in der Form einer Aufhebung der Welt für den Menschen mit seinem Einzelschicksal dramatisiert wird, einen Zusammenhang bekommt mit der Gerichtsszene der *Essais*, in der ein alles Wissens von Gottes Gnaden barer Naturmensch Auskunft über seine Identität und den Wert seines Wesens geben soll, sind zwei Voraussetzungen zu erfüllen. Die erste besteht darin, daß der Schreiber, also der Protokollant des Lebens nun nicht mehr von Gott bestallt ist, das heißt, kein Engel oder anderes himmlisches Wesen darf herangezogen werden. Auch darf es sich bei der Vorlage nicht um ein Buch handeln, das selbst, wie das ursprüngliche Buch des Lebens »digito Dei scriptus« ist. Keine zwei Jahrhunderte nach Montaigne wird Rousseau noch das Recht für sich reklamieren, das ›Buch seines Lebens‹ selbst mit eigener Feder zu schreiben: »Que la trompette du jugement dernier sonne quand elle voudra; je viendrai ce livre à la main me présenter devant le souverain juge. Je dirai hautement: voilà ce que j'ai fait, ce que j'ai pensé, ce que je fus«[93]. Was Rousseau fürchtet, ist ganz offenbar eine mögliche Verfälschung. Noch bevor die *Confessions* beginnen beschwört er den Leser, und mit ihm die Nachwelt, dieses einzige »monument sûr de mon caractère qui n'ait pas été défiguré par mes ennemis«[94] nicht zu »vernichten«. So sehr haben ihm die Verleumder zu Lebzeiten zugesetzt und, wie er findet, sein Bild in der Öffentlichkeit verzerrt, daß sogar für das Urteil der Ewigkeit gefürchtet werden muß. Man muß ihnen, so der von manchen schon des Verfolgungswahns gezeichnete, wenigstens ein letztes Mal zuvorkommen. Das »Buch in der Hand« kann man ihm die Wahrheit nicht mehr nehmen. Was Rousseau dabei nicht so sehr fürchtet, ist das Urteil selbst, das über ihn gesprochen wird. Er behauptet, aufrichtig zu sein, ja noch mehr, das »einzige Portrait eines Menschen« gefertigt zu haben, das »in seiner ganzen Wahrheit«[95] erscheint; vorgestellt wird »un homme dans toute la vérité de la nature«[96]. Der Leser der *Confessions* weiß, daß Rousseau nicht wenige der Vorwürfe, die man ihm gemacht hat, bestätigen wird, und er weiß heute auch, daß einige seiner ›autobiographischen‹ Angaben zumindest zweifelhaft sind. Dennoch gibt es nichts, wie er sagt, das er sich vorzuwerfen hätte. Wenn doch etwas der Art geschehen sei, so habe

---

[93] J.-J. Rousseau, *Les Confessions*, hrsg. v. B. Gagnebin und M. Raymond, édition de la Pléiade, Paris 1959, S. 5.

[94] Ebd., S. 3.

[95] Ebd.

[96] Ebd., S. 5.

er es immerhin »nicht gewollt«[97]. Die eigenen Schwächen bleiben für ihn das Resultat von Umständen, für die man eine allgemeine Dekadenz der Gesellschaft verantwortlich machen muß.

Auch Montaigne versichert dem Leser in dem Kapitel über »die Reue«, daß alle, die ihm in »die Seele schauen könnten«, dort mit Sicherheit nichts finden würden, was ihn »schuldig sprechen könnte« (784). Doch Montaignes Anliegen ist ein anderes. Zwar fordert auch er sich höchste Aufrichtigkeit ab, und gleich die ersten Worte an den Leser werden sein: »C'est icy un livre de bonne foy, lecteur« (9). Doch schon der nachfolgende Satz macht klar, daß hier nicht ein Erdenbürger seinem Schöpfer trotzig das Buch seines Lebens entgegenhält. Montaigne »warnt« seine Leser »gleich zu Beginn«, daß er sich nur ein »häusliches und privates Ziel« vorgenommen habe. Keine Rede ist von dem Urteil der Nachwelt oder der Ewigkeit, »Verwandte und Freunde« (ebd.) sollen an dem Buch ihre Freude haben. Die zweite Voraussetzung, die die *Essais* mit dem Modell der Redaktion eines ›Buches des Lebens‹ nicht mehr teilen, ist entsprechend die Absenz eines allgewaltigen und allwissenden Richters. Der Stuhl Gottes in der für den jüngsten Tag bestimmten Gerichtsszene ist für Montaigne vakant geworden. Es gibt keine Instanz, die transzendent und uns zugleich doch nahe genug wäre, um die menschlichen Angelegenheiten angemessen zu würdigen. Der Mensch muß das Richteramt nun selbst übernehmen. Wiederum in dem Kapitel *Über die Reue* heißt es deshalb, »nur Sie selbst wissen, ob Sie feige oder grausam sind, ob loyal oder unterwürfig; die anderen sehen Sie nicht; [...] sie sehen nicht so sehr Ihre Natur als Ihre Kunst« (785). So macht es nun wiederum auch gar keinen Sinn, das Leben nach biographischem oder hagiographischem Muster aufzuarbeiten. Keine Verschönerung, keine Verbesserung ist nötig, wo der Richter, der man nun selbst ist, es nicht immer schon besser wüßte. Korrekturen verbieten sich, wenn derjenige, den man betrügen will, zwar nicht mehr Gott, aber kein anderer als man selbst ist. Denn selbst weiß man es am Ende eben doch immer besser.

Die Gerichtsszene, die für das letzte Ende angesetzt wurde, ist damit anscheinend völlig entdramatisiert. Nur der Kandidat, so scheint es, der vor die Schranken zitiert wird, ist derselbe geblieben. Doch schon der Zeitpunkt, zu dem er vor dem ›Tribunal‹ erscheint, ist nun ein anderer geworden. Mitten im Leben steht er da und gibt über sein Wesen Auskunft. Auch wenn Montaigne an einigen Stellen über die menschliche Gebrechlichkeit klagt und die Lebenserwartung zu seiner Zeit nicht sehr hoch war, auch literarisch entsprechend das Greisenalter schon einmal im Mannesal-

---

[97] Ebd., S. 3.

ter beginnen durfte[98], so ist doch klar, daß Montaigne zu Beginn der Redaktion der *Essais* sein Ende zumindest nicht unmittelbar bevorstehen sieht. Zum Zeitpunkt seines Rückzugs ist er noch keine vierzig Jahre alt. Dennoch besteht er eigentümlicherweise später – es sind jetzt noch 12 Jahre bis zu seinem Tod – darauf, das Vorwort *An den Leser* mit der Formel »A Dieu donq« (9) zu schließen. Wenn seine Freunde ihn »einmal verloren hätten«, was, wie er in Klammern hinzufügt, »bald geschehen werde« (ebd.), sollte ihnen dieses Buch von ihm bleiben.

Entschärft scheint sich die Situation auch hinsichtlich einer möglichen Strafverfolgung oder geforderten Besserung des Be- oder Verurteilten zu haben. Nicht nur warten keine Höllenqualen auf den Schuldigen, es ist nun auch der Verhörte selbst, der für seine eigene Korrektur in die Pflicht genommen wird. Auch hier spielt der Zeitpunkt der Korrektur wieder eine aufschlußreiche Rolle. So bemerkt Montaigne zur Vermeidung von Krankheit und Förderung von Gesundheit – wobei er damit sicher nicht nur auf das körperliche Wohl abhebt – er habe sich, »so sehr« er konnte, »zu seiner ›reparation‹ und ›reglement‹ entschlossen« zu der Zeit, als er »noch gesund« war (794). Die Verbesserung hat offenbar keinen Sinn mehr, wenn sie erst nach dem Tod oder mit dem Tod kommt. Mit Antisthenes[99] ist er deshalb »der Meinung, es sei das glückliche Leben, und nicht der glückliche Tod, das die menschliche Glückseligkeit ausmache« (ebd.).

Mildernd für das Maß der Folgen mag sich, so müßte man vermuten, auch der Umstand auswirken, daß nun kein externer Richter mehr zur Beurteilung des Wesens herangezogen wird. Ist nämlich der transzendente Richter auch der Möglichkeit nach nicht mehr verfügbar, bleibt also nicht ein Vorbehalt bei aller Selbstschätzung, es könnte ein Unbestechlicher die Bilanzen über die Güterverteilung im Leben noch einmal kontrollieren, dann wäre auch die ›Memoria‹, das eigene vollständige Erinnern von ihrer Wahrheitsverpflichtung zumindest ein Stück weit entbunden. Zwar kann man sich selbst über die Fakten nicht nachhaltig betrügen, man kann sie aber zumindest unterschiedlich gewichten.

Die Umstellung des Gerichtsverfahrens hat bei aller Entschärfung der Situation, der erwarteten Milderung des Urteils und einem Ausbleiben jenseitigen Strafvollzugs aber offenbar nicht dazu beigetragen, dem Unternehmen seine Dringlichkeit zu nehmen. Denn was auf dem Spiel steht, ist nichts weniger als die Möglichkeit, eine »forme entiere« (782), eine Einheit in den Vollzügen des Lebens auszumachen. Die Notwendigkeit, vor einem

---

[98] Vgl. dazu Friedrich, *Montaigne*, a.a.O., S. 224 ff.
[99] Montaigne hat die Anspielung offenbar aus Diogenes Laertius, *Leben des Antisthenes*, VI.

jenseitigen Richter Rechenschaft über sein Leben abzulegen, mag geschwunden sein, dafür ist nun die Notwendigkeit, sich selbst über sein eigenes Wesen Klarheit zu verschaffen, um so größer geworden. Anders gewendet: der schrittweise Abbau gottgegebener Privilegien in der *Apologie des Raimundus Sebundus* eröffnet zugleich die Frage, was von dem Wesen des Menschen als Menschen bleibt, wenn er sich nicht mehr als ein Abbild göttlicher Perfektion betrachten kann. Die existenzielle Frage, was es denn heißt, ein eigenes Wesen zu haben, bricht auf, je mehr die Frage nach dem Heil des Daseins aus dem Lebenszusammenhang zurücktritt. Wenn man überhaupt nach einem philosophischen Grund für Montaignes Akt der Distanznahme im Rückzug auf das väterliche Schloß Ausschau halten darf, dann kann man wohl vermuten, daß er gerade hierin zu suchen ist: schon bei der Übersetzung der *Theologia naturalis* entstehen Zweifel über die Möglichkeit, das Beurteilen und Richten der Seele mit der traditionellen Besetzung der Szene beizubehalten. Die Vorsicht, die Montaigne bereits bei der Wiedergabe dogmatischer Lehrstücke aus dem Traktat gezeigt hat, muß sich hier, zum Schluß des »liber creaturarum« zur Bereitschaft steigern, die Inszenierung des Weltendes und ihre interne Anordnung im ganzen zu überdenken.

»Keiner«, das will Montaigne weiterhin behaupten können, »der auf sich hört, findet in sich nicht eine eigene Form (une forme sienne), eine Grundform (une forme maitresse), die nicht gegen die Erziehung und den Ansturm von Einflüssen ankämpft, die ihr entgegengesetzt sind« (789). Bei der Abstimmung über das, was für jeden als seine »Grundform« des Lebens vorauszusetzen ist, hat der Urteilsfindende wie der Urteilsvollstrecker keinen unabhängigen Einfluß mehr geltend zu machen. Das haben die Identifizierungen diesseits und jenseits der Gerichtsschranken ergeben. Soll der Prozeß nicht an Aussagekraft verlieren, bleibt also nur noch, die Rolle des letzten verbleibenden Prozeßbeteiligten zu überdenken. Der Protokollant des Lebens ist nun nämlich nicht mehr nur ein Zulieferer, er bereitet nicht nur die Akten für die anschließende Verhandlung vor. Der Prozeß, so muß man jetzt annehmen, ist gar nichts mehr, was dem Protokoll nachfolgt. Wozu sollten auch Akten herangezogen werden, wo ein Vergleich zur Norm, also zu dem, was eigentlich aus dem Einzelnen hätte werden sollen, nicht mehr möglich ist. Die Gesetzesbücher, die der Augustinische Gott noch in einer der beiden Hände halten konnte, sind aus dem Blickwinkel des natürlichen Menschen verschwunden. Und so bleibt denn das ›Buch des Lebens‹, die aufgeschlagenen Zeugnisse des Einzelnen alleine in der Hand des Richters übrig. Besteht man dennoch darauf, daß es sich wegen der Einrichtung der Szene um einen Prozeß handeln muß, dann bleibt nur die Folgerung, daß der Prozeß nun im Protokollieren selbst

bleibt nur die Folgerung, daß der Prozeß nun im Protokollieren selbst
aufgeht. Was sich schriftlich festhalten läßt, also das, was jeder wahr-
nimmt, wenn er »auf sich« im emphatischen Sinne hört, ist zugleich mit
der Form, in die es damit gebracht wird, in jenem Maße ›gerichtet‹, das
nun überhaupt noch als möglich erscheint. Im Aufschreiben dessen, was
sich den Nachforschungen des Bewußtseins offenbart, also im Protokollieren dessen, was ist, muß sich zeigen, was sein soll. Montaigne skizziert den
Idealfall so: »Gewöhnlich bin ich bei allem, was ich tue, ganz bei der Sache
und gehe die Dinge ohne Umschweife an. Es gibt kaum eine Handlung, die
sich meiner Aufmerksamkeit entzieht und die nicht in ungefährer Übereinstimmung mit den anderen Teilen meiner selbst vollzogen wird, ohne
Spaltung, ohne innere Aufruhr. Mein Urteil macht sich dabei entweder
ganz schuldig oder ist vollständig zu loben; und die Schuld, die es einmal
auf sich lädt, bleibt ihm für immer. Denn fast seit meiner Geburt ist es
eines: gleiche Neigungen, gleicher Weg, gleiche Kraft. Und was die allgemeinen Ideen betrifft, so habe ich mich seit der Kindheit an dem Punkt
aufgehalten, an dem ich mich aufhalten mußte« (790).

Man hat immer wieder festgestellt, daß es keinen Essai gibt, der nicht zur
Widerlegung dieser Behauptung taugt. Nirgends kommt es in einem Kapitel auch nur annähernd zu einer Einheit des Urteils über ein Thema, das
auch meistens nur lose mit dem Titel eines Essais verknüpft ist. Und was
die Konstanz der Lebenseinstellungen Montaignes betrifft, so ist er es
selbst, der oft genug ihre Unmöglichkeit feststellt, wenn nicht gar beklagt.

Mit dieser Vermutung eines Widerspruchs tut man ihm aber möglicherweise unrecht; wenn man sich nämlich fragt, welcher Art denn die »Übereinstimmung«, das »consentement de toutes mes parties« ist, von dem er
ausgeht, gäbe es ja doch die Möglichkeit, daß hier gar nicht von einer genuinen inhaltlichen Bezogenheit die Rede ist. Nicht gibt es eine allgemeine
Form des Individuums Michel de Montaigne, der einsehbar alle Besonderheiten seines Charakters wie seines Lebens unterzuordnen wären. Vielmehr scheint sich die »forme entiere« dieses Individuums erst durch einen
besonderen formalen Bezug auf alle besonderen Inhalte herzustellen. Und
an dieser Stelle wird deutlich, daß Montaigne nun auf kein anderes Konzept zurückgreift als auf jenes, das schon dem Sebundus in einer ähnlichen
begrifflichen Notlage zum Argument geworden war. Sebundus mußte sich
fragen, wie man die Identität Gottes verständlich machen kann, wenn man
davon ausgehen muß, daß sich sein Wesen einer eindeutigen Definition
entzieht. Gerade aus dem Umstand, daß wir nichts Bestimmtes über ihn
wissen können, daß sein Wille immer jenseits aller Berechnungsversuche
bleiben muß, sollte nun die Gewißheit erwachsen, daß doch er es ist, dem
alle seine Werke zuzuschreiben sind. Gerade weil er sich so beharrlich dem

Begreifen entzieht, soll man ihn um so sicherer in seinen Werken wiedererkennen. Der Schlüssel zum Wiedererkennen war dabei folglich nicht so
sehr in den Inhalten der göttlichen Aussage zu finden, als in der Art, wie er
sich in ihnen ausdrückt. Der Stil der Anweisungen und Vorschriften ist so,
daß er nicht aus der Feder eines Menschen kommen kann. Wie in der Bibel
etwas behauptet und zu etwas aufgefordert wird kann es nur einer tun,
und dieser eine kann nicht menschlich sein, so die ›Beweisführung‹ des
Sebundus. Die Schlüsse aus der Sache können nach den Regeln der Rhetorik vernachlässigt werden, wenn das erzielte Pathos von der Art ist, daß es
auf ein in jeder Hinsicht vertrauenswürdiges Ethos zurückzuführen ist.
Voraussetzung schließlich dafür, daß der Stil der Schrift zum Argument
für eine Identitätszuschreibung des Verfassers wird, ist die Unmittelbarkeit
des Ausdrucks. Kein Formwille, der sich nicht strikt an die Vorgaben der
Sache hält, darf zwischen Autor und Schrift intervenieren. So ist denn
auch das Wort Gottes für Sebundus schon fast zwangsläufig das, was ihm
am nächsten sein muß, »nihil propinquius Deo quam verbo ejus«[100].
   Allmacht im Sinne eines vollständigen Erreichens eines einzigen vorge-
nommenen Zieles, Allwissen im Sinne der vollständigen Kenntnis, die über
ein Projekt zu haben ist und eine unbedingte Aufrichtigkeit im Sinne einer
irreduziblen Unmittelbarkeit des Ausdrucks, das sind dann auch die Züge,
die Montaigne dem Autor der *Essais* zuschreibt: »Zumindest kann ich mit
Blick auf die anderen Künste sagen, daß niemals zuvor jemand ein Thema
behandelt hat, das er besser kannte als ich dasjenige kenne, das ich mir
vorgenommen habe, und daß ich hierin der Beschlagenste bin, der lebt.
Zweitens: daß niemals jemand weder in seinem Gebiet weiter vorgestoßen
ist als ich, noch auf detailliertere Weise seine Teile und Folgen herausgear-
beitet hätte; und daß niemand ein Ziel, das er sich bei seinem Werk vorgenommen hat, genauer und vollständiger erreicht hätte. Um es zu vollenden, braucht es nur Wahrhaftigkeit (fidelité); und diese ist hier vorhanden,
und zwar die aufrichtigste und reinste, die sich denken läßt« (783). So wie
sich für Sebundus die Buchstaben im Buche der Natur zum Lobe Gottes
zusammengefügt haben, so werden für Montaigne nun die *Essais* zu den
Lettern, die zusammen nicht mehr als eine Signatur ausmachen. Sie sind es,
die für das Fehlen des einen Namens »qui soit assez mien« (610) einstehen
müssen.

---

[100] Sebundus, S. 325.

d) Die *Essais* als das Protokoll eines ›Versuchs‹

Der Versuch, von einem sich als natürlich begreifenden Menschen zu erfahren, was er ist, ohne daß er nun noch einmal glaubhaft wiederholen dürfte, was über ihn aus dem Buch Gottes zu erfahren ist, führt zu dem Ergebnis, daß er sich nun auffordern muß, sein Buch des Lebens selbst zu schreiben. Wiederum im Kapitel *Über die Reue* heißt es dann auch schon fast programmatisch: »Hier gehen wir gemeinsam und mit der gleichen Schrittfolge, mein Buch und ich. An anderer Stelle kann man das Werk getrennt vom Werkmeister loben und beschuldigen; hier nicht. Wer den einen trifft, trifft den anderen« (783).

Daß sich ein solches ›Buch des Lebens‹ nun in einer Hinsicht mit dem Buch der Bücher vergleichen darf, hat seinen Grund in der Forderung nach Authentizität des geschriebenen Wortes. Nur in der Art und Weise, wie sich Identität festhalten läßt, wo einfache inhaltliche Übereinstimmungen nicht mehr Einheit garantieren, kann Gottes Wort nun doch wieder zum Vorbild werden.

Das Buch kann hier keine Stellvertreterfunktion in dem Sinne haben, daß es eine Einheit herstellt, die im Leben gar nicht zu finden ist, daß es Zusammenhänge stiftet, die durch die Lebenswirklichkeit beständig dementiert werden. »Ich zeige hier ein einfaches und glanzloses Leben, das ohne Bedeutung ist« (782), bekennt Montaigne. Das Buch kann also kein Zufluchtsort werden, an dem man einlöst, was sich im Leben nicht haben läßt. Keine Sehnsucht nach Urzuständen soll befriedigt werden, keine Projektion in eine utopische Zukunft ist zu entwerfen. Das Buch eröffnet keine Gegenwelt zur bestehenden. So ist das neue ›Buch des Lebens‹ schließlich auch ein ›Buch der Natur‹ geblieben.

Und hier zeigt sich nun freilich auch der Preis, der zu zahlen ist, wenn man annehmen muß, daß sich in der besonderen Praxis wie im Leben überhaupt nichts Beständiges mehr festhalten läßt, wenn man davon ausgehen muß, daß die menschliche Umwelt – in manchen Teilen auch schon durch die Hand des Menschen so geworden – als eine Natur erscheint, auf die kein Verlaß mehr ist. »Die Welt ist nur eine ewige Schaukel. Alle Dinge sind hier ohne Unterlaß in Bewegung: die Erde, die Kaukasischen Felsen, die Ägyptischen Pyramiden, sowohl unter dem Einfluß einer umfassenden Bewegung als auch aufgrund ihrer eigenen. Die Beständigkeit ist nichts anderes als eine schleichende Bewegung. Das Objekt meiner Aufmerksamkeit kann ich nicht fixieren. Es verhält sich verwirrt und schwankend, wie wenn es auf natürliche Weise betrunken wäre. [...] Ich bilde nicht das Sein ab. Ich bilde den Übergang ab: nicht den Übergang von einem Alter zu dem folgenden, oder, wie es im Volksmund heißt, von sieben Jahren zu sieben Jahren, sondern von heute auf morgen, von Minute zu Minute. Ich muß meine Geschichte auf einen Stundenrhythmus einrichten. Bald könnte sich nicht nur mein Schicksal verändern, auch meine Absichten könnten wechseln. Was ich tue, ist ein überlegendes Umwenden unterschiedlicher und veränderlicher Ereignisse und unentschiedener, manchmal auch widersprüchlicher Gedanken, sei es, daß ich selbst ein anderer bin, sei es, daß ich die Themen unter anderen Umständen und Gesichtspunkten wieder aufgreife. So kommt es vor, daß ich mir gelegentlich widerspreche, aber der Wahrheit, wie Demades sagt, widerspreche ich nicht. Könnte meine Seele festen Fuß fassen, würde ich mich nicht erproben müssen, ich würde eine Entscheidung treffen; aber so ist sie ständig am lernen und noch in der Erprobung« (782).

Der Abstand zwischen der Entschlußfähigkeit Gottes und der skeptischen Selbstprüfung der Seele zeigt an, wie weit nun die Methode hermeneutischer Selbstfindung gefaßt werden muß, um die Einheit des Selbst noch in Umrissen anzudeuten. »Sein« und »Übergang« können ganz offenbar nicht mehr umstandslos miteinander verbunden werden. Nicht stabilisiert sich eine Form, die dann in der Zeit eine neue Gestalt annimmt, um damit selbst wieder zur Basis einer neuen Form des Seins zu werden. Das »Sein« selbst wird nun als »Übergang« wahrgenommen. Die Phasen der Beständigkeit verkürzen sich entsprechend dramatisch. Die Vervielfältigung der Übergänge reduziert die ursprünglichen Einheiten von Lebensaltern bis auf die Abstände eines Minutentakts. Die »Geschichte« des Lebens wird für Montaigne also im »Stundenrhythmus« abgefaßt. Das Rhythmisieren der Geschichte wird dabei mehr und mehr zum besonderen Kennzeichen der Geschichte selbst. Die Frequenz der Übergänge läßt freilich die inhaltlichen Verbindungen des Vorher und Nachher schwerer wahrnehmen. Der häufige Themenwechsel auch innerhalb eines einzelnen Essais, das ist oft bemerkt worden, läßt die Gesamtlinie der Kapitel weniger nach dem Muster einer fortlaufenden Komposition verfolgen, die einer gängigen Coda-Regel folgt. Die verschiedenen Themen selbst erscheinen nun als Motive, die erst in ihrer Folge einen besonderen Stil ausbilden.

Die Natur des Menschen erscheint dabei nur als ein Abbild der Natur im ganzen. So wie in Montaignes Augen sogar die »Kaukasischen Felsen« beständig ins Wanken kommen, läßt sich auch das eigene Wollen nicht mehr fixieren. Nach dem Fall der Hierarchien hat in der Wahrnehmung Montaignes die Kontingenz ein Ausmaß angenommen, bei dem das »Umwenden unterschiedlicher und veränderlicher Ereignisse« die ›Überlegung‹ vor neue Aufgaben stellt. Was die Tradition als ein besonnenes Nachdenken über das Gegebene im Rückblick auf das Vergangene und im Vorblick auf das Kommende ausformuliert hat, begegnet hier nur noch auf der

Schwundstufe einer versuchsweisen Abbildung einer mehr oder weniger ausgedehnten Gegenwart. Genug ist es, sagt Montaigne, wenn sich die Bögen der Handlung in Form von enggeführten Zirkeln miteinander verbinden lassen. Auch innerhalb einer solchen kurz zu bemessenden Phase ist es dann noch so, daß kein wirkliches Wechselspiel der Gesichtspunkte einer zu behandelnden Sache zu verfolgen ist, wo sich das Neue mit der beschriebenen Macht aufdrängt. Die Geschichte der Wirkung einer Stellungnahme erscheint deshalb nun stellenweise auch als eine Geschichte von ›Widersprüchen‹.

Dennoch bleibt die Verbindung zur »Wahrheit« erhalten. Die Interpretation dessen, was die eigene Form ausmacht, wird auch unter den erschwerten Voraussetzungen einer gesteigerten Kontingenz nicht für absurd erklärt. Mit den Schwierigkeiten, erklärt Montaigne, muß man sich allerdings abfinden. Wenn man so will, ist dies wohl der erste, und wie die Folge zeigt, nicht der letzte zu entrichtende Preis der Moderne.

BIBLIOGRAPHIE

1. Benutzte Ausgaben

Montaigne, *Œuvres complètes*, hrsg. v. A. Thibaudet und M. Rat, édition de la Pléiade, Paris 1962.

Armaingaud, A. (Hrsg.), *Œuvres complètes de Michel de Montaigne*, 12 Bände, Paris 1924–1941, Band 9 und 10.

Raimundus Sabundus, *Theologia naturalis seu liber creaturarum*, Faksimile-Neudruck der Ausgabe Sulzbach 1852, kritische Edition des Prologs und des Titulus I v. F. Stegmüller, Stuttgart-Bad Cannstatt 1966.

2. Zu Montaignes Leben

Frame, D. M., *Montaigne. A Biography*, New York 1965.

Malvezin, T., *Michel de Montaigne, son origine, sa famille*, Bordeaux 1875.

Plattard, J., *Montaigne et son temps*, Paris 1933.

Strowski, F., *Montaigne, sa vie publique et privée*, Paris 1938.

Trinquet, R., *La jeunesse de Montaigne*, Paris 1972.

3. Zu Montaignes Werk

a) Sammelbände

Berven, D. (Hrsg.), *Montaigne. A Collection of Essays*, Band 2: Sources of Montaigne's Thought, New York und London 1995.

Blum, C./Moureau, F. (Hrsg.), *Études montaignistes, en hommage à Pierre Michel*, Paris-Genf 1984.

Defaux, G. (Hrsg.), *Montaigne: Essays in Reading*, Yale French Studies 64, New Haven 1983.

La Charité, R. C. (Hrsg.), *O un amy! Essays on Montaigne in Honor of Donald M. Frame*, Lexington 1977.

Frame, D. M./Mc Kinley, M. B. (Hrsg.), *Columbia Montaigne Conference Papers*, Lexington 1981.

Lestringant, F. (Hrsg.), *Rhétorique de Montaigne*, Paris 1985.

McFarlane, I. D./Maclean, I. (Hrsg.), *Montaigne. Essays in Memory of Richard Sayce*, Oxford 1982.

Michel, P. et alii (Hrsg.), *Montaigne et les ›Essais‹: 1580–1980. Actes du Congrès de Bordeaux*, Paris-Genf 1983.

Rendall, S. (Hrsg.), *Œuvres et Critiques VIII*, Sonderheft Montaigne 1983.

Tetel, M. (Hrsg.), *Montaigne 1580–1980. Actes du Colloque international*, Paris 1983.

b) Monographien und Vergleichsstudien

Beaujour, M., *Miroirs d'encre*, Paris 1980.

Bencivenga, E., *The Discipline of Subjectivity: An Essay on Montaigne*, Princeton 1990.

Bowen, B., *The Age of Bluff. Paradox and Ambiguity in Rabelais and Montaigne*, Urbana 1972.

Brahami, F., *Le scepticisme de Montaigne*, Paris 1997.

Brody, J., *Lectures de Montaigne*, Lexington 1982.

Brown, F. S., *Religious and Political Conservatism in the ›Essais‹ of Montaigne*, Genf 1963.

Citoleux, M., *Le vrai Montaigne, théologien et soldat*, Paris 1937.

Compagnon, A., *La seconde main, ou le travail de la citation*, Paris 1979.

—: *Nous, Michel de Montaigne*, Paris 1980.

Comparot, A., *Augustinisme et Aristotélisme de Sebon à Montaigne*, Lille 1985.

Conche, M., *Montaigne et la philosophie*, Paris 1981.

Coppin, J., *Montaigne, traducteur de Raymond Sebon*, Lille 1925.

Dréano, M., *La pensée religieuse de Montaigne*, Paris 1936.

Fleuret, C., *Rousseau et Montaigne*, Paris 1980.

Frame, D. M., *Montaigne's Discovery of Man. The Humanization of a Humanist*, New York 1955.

Friedrich, H., *Montaigne*, Tübingen und Basel 1949, 2. Auflage 1967, 3. Auflage 1993.

Glauser, A., *Montaigne paradoxal*, Paris 1972.

Henry, P., *Montaigne in Dialogue (Censorship and Defensive Writing – Architecture and Friendship – The Self and the Other)*, Saratoga 1987.

Janssen, H., *Montaigne fidéiste*, Nijmegen – Utrecht 1930.

Kölsch, M., *Recht und Macht bei Montaigne. Ein Beitrag zur Erforschung der Grundlagen von Staat und Recht*, Berlin 1974.

Kritzman, L. D., *Destruction/Découverte. Le fonctionnement de la rhétorique dans les ›Essais‹ de Montaigne*, Lexington 1980.

La Charité, R. C., *The Concept of Judgment in Montaigne*, Den Haag 1968.

Martin, D., *Montaigne et la fortune. Essai sur le hasard et le langage*, Paris 1977.

Mathieu-Castellani, G., *Montaigne. L'Écriture de l'essai*, Paris 1988.

Nakam, G., *Montaigne et son temps. Les événements et les ›Essais‹*, Paris 1982.

Norton, G. P., *Montaigne and the Introspective Mind*, The Hague-Paris 1975.

O'Neill, J., *Essaying Montaigne. A Study of the Renaissance Institution of Writing and Reading*, London 1982.

Orlandini Traverso, E., *Montaigne e Aristotele*, Florenz 1974.

Poletti, J.-G., *Montaigne à batons rompus. Le désordre d'un texte*, Paris 1984.

Pouilloux, J.-Y., *Lire les ›Essais‹ de Montaigne*, Paris 1969.

Puig, J. de, *Les sources de la pensée philosophique de Raimond Sebond (Ramon Sibiuda)*, Paris 1994.

Regosin, R. L., *The Matter of my Book. Montaigne's ›Essais‹ as the Book of the Self*, Berkeley/Los Angeles 1977.

Rider, F., *The Dialectic of Selfhood in Montaigne*, Standford 1973.

Sayce, R. A., *The Essays of Montaigne: A Critical Exploration*, London 1972.

Schaefer, D. L., *The Political Philosophy of Montaigne*, Ithaca und London 1990.

Schon, P. M., *Vorformen des Essays in Antike und Humanismus. Ein Beitrag zur Entstehungsgeschichte der ›Essais‹ von Montaigne*, Wiesbaden 1954.

Screech, M., *Montaigne and Melancholy. The Wisdom of the Essays*, London 1983.

Starobinski, J., *Montaigne en mouvement*, Paris 1982, dt.: *Montaigne. Denken und Existenz*, Frankfurt/M. 1989.

Thibaudet, A., *Montaigne* (hrsg. v. F. Gray), Paris 1963.

Villey, P., *Les sources et l'évolution des ›Essais‹ de Montaigne*, 2 Bände, Paris 1933.

—: *Montaigne et Francis Bacon*, Paris 1913, Reprint Genf 1973.

4. Aufsätze und kleinere Abhandlungen

Bauschatz, C. M., »*Montaigne's Conception of Reading in the Context of Renaissance Poetics and Modern Criticism*«, in: Suleiman, S. R./Crosman, I. (Hrsg.): The Reader in the Text. Essays on Audience and Interpretation, Princeton 1980, S. 264–291.

Blum, C., »*La peinture du moi et l'écriture inachevée. Sur la pratique de l'addition dans les ›Essais‹ de Montaigne*«, in: Poétique 53, 1983, S. 60–71.

Blumenberg, H., *Das Lachen der Thrakerin. Eine Urgeschichte der Theorie*, Frankfurt/M. 1987, Kapitel VII, *Beifall und Tadel der Moralisten*, S. 71–86.

Brown, F. S., »›*Si le chef d'une place assiégée doit sortir pour parlementer‹ and ›L'heure des parlemens dangereux‹: Montaigne's Political Morality and its Expression in the Early Essais*«, in: La Charité (Hrsg.): O un amy ... , a.a.O., S. 72–87.

Coleman, D., »*Montaigne and Longinus*«, in: Bibliothèque d'Humanisme et Renaissance, 1985, S. 405–413.

Colomer, E., *Raimond Sebond, un humaniste avant la lettre*, in: Études montaignistes VI: Montaigne, *Apologie de Raimond Sebond*. De la *Theologia* à la *Théologie*. Études réunies sous la direction de Claude Blum, Paris 1990.

Compagnon, A., »*Montaigne chez les post-modernes*«, in: Critique 39, 1983, 522-534.

Gide, A., *Les pages immortelles de Montaigne*, Paris 1946.

Gierczinski, Z., *Le »Que sais-je?« de Montaigne*. Annales de Lettres et Sciences humaines, Lublin 1972.

Gray, F., »*Montaigne's Pyrrhonism*«, in: La Charité (Hrsg.): O un amy ... , a.a.O., S. 119–136.

Guy, A., *La Theologia naturalis en son temps: Structure, portée, origines*, in: Études montaignistes VI: Montaigne: *Apologie de Raimond Sebond*. De la *Theologia* à la *Théologie*. Études réunies sous la direction de Claude Blum, Paris 1990, S. 13–47.

Frame, D. M., *Did Montaigne Betray Sebond?*, in: The Romanic Review 38, New York 1947, S. 298–327.

Hallie, P., »*The Ethics of Montaigne's De la cruauté*«, in: La Charité (Hrsg.): O un amy ... , a.a.O., S. 156–171.

Horkheimer, M., *Montaigne und die Funktion der Skepsis*, in: Zeitschrift für Sozialphilosophie, VII, 1938, S. 1–54; Neudruck München 1980.

Kellermann, F., »*Montaigne's Socrates*«, in: Romanic Review 45, 1954, S. 170–177.

Larkin, N. M., »*Montaigne's Last Words*«, in: L'Esprit créateur 15, 1975, S. 21–38.

McFarlane, I. D., »*Montaigne and the Concept of Imagination*«, in: The French Renaissance and its Heritage: Essays Presented to A. M. Boase, London 1968, S. 117–137.

Naudeau, O., »L'expression des modes philosophiques chez Montaigne: le mot ›forme‹«, in: Journal of Medieval and Renaissance Studies 6, 1976, S. 179–215.

Nicolai, A., »Le machiavélisme de Montaigne«, in: Bulletin de la Société des amis de Montaigne 4, 1957, S. 11–21; 5–6, 1958, S. 25–43; 7, 1958, S. 2–8, 9, 1959, S. 18–30.

Plattard, J., État présent des études sur Montaigne, Paris 1935.

Popkin, R. H., The History of Scepticism from Erasmus to Descartes, Assen 1960, S. 44–66.

Porcher, J., La Théologie naturelle et les théories de la traduction au XVIe siècle, in: Œuvres complètes de Montaigne, Band X, Paris 1935.

Regosin, R. L., »Recent Trends in Montaigne Scholarship: A Post Structuralist Perspective«, in: Renaissance Quarterly 28, 1984, S. 34–54.

Rendall, S., »The Rhetoric of Montaigne's Self-Portrait: Speaker and Subject«, in: Studies in Philology 73, 1976, S. 285–301.

Sainte-Beuve, C.-A., Port-Royal (hrsg. v. M. Leroy), 3 Bände, Paris 1953, Band 1, III, S. 815–861.

Sayce, R. A., »L'ordre des ›Essais‹ de Montaigne«, in: Bibliothèque d'Humanisme et Renaissance 18, 1956, S. 7–22.

Stierle, K., »Gespräch und Diskurs – Ein Versuch im Blick auf Montaigne, Descartes und Pascal«, in: Stierle, K. /Warning, W. (Hrsg.): Das Gespräch (Poetik und Hermeneutik XI), München 1984, S. 297–334.

—: »Montaigne und die Erfahrung der Vielheit«, in: Stempel, W.-D./Stierle, K. (Hrsg.): Die Pluralität der Welten. Aspekte der Renaissance in der Romania, München 1987, S. 417–448.

—: »Vom Gehen, Reiten und Fahren. Der Reflexionszusammenhang von Montaignes ›Des Coches‹«, in: Poetica 14, 1982, S. 195–212.

Tetel, M., »Montaigne and Machiavelli – Ethics, Politics and Humanism«, in: Rivista di letterature moderne e comparate 29, 1976, S. 165–181.

Trinquet, R., »Montaigne et l'argent«, in: La Charité (Hrsg.): O un amy ... , a.a.O., S. 290–313.

Zweig, S., Europäisches Erbe (hrsg. v. R. Friedenthal), Frankfurt/M. 1960, S. 7–84.

5. Zur Epoche Montaignes

Auerbach, E., Mimesis. Dargestellte Wirklichkeit in der abendländischen Literatur, Tübingen und Basel 1946.

Bitterli, U., Die ›Wilden‹ und die ›Zivilisierten‹. Grundzüge einer Geistes- und Kulturgeschichte der europäisch-überseeischen Begegnung, München 1976.

Blumenberg, H., Die Legitimität der Neuzeit, Frankfurt/M. 1966, erneuerte Ausgabe Frankfurt/M. 1996.

—: Die Genesis der kopernikanischen Welt, Frankfurt/M. 1975.

Burckhardt, J., Die Kultur der Renaissance in Italien, Berlin 1928.

Cassirer, E., Individuum und Kosmos in der Philosophie der Renaissance, Leipzig-Berlin 1927.

—: An Essay on Man. An Introduction to a Philosophy of human Culture, New Haven 1944. Deutsche Übersetzung: Versuch über den Menschen. Einführung in eine Philosophie der Kultur, Hamburg 1996.

Cave, T., *The Cornucopian Text. Problems of Writing in the French Renaissance*, Oxford 1979.

Dilthey, W., *Gesammelte Schriften*, Band 2, Stuttgart 1955, S. 1–89 und S. 416–492.

Heller, A., *Der Mensch der Renaissance*, Köln 1982.

Stempel, W.-D./Stierle, K., *Die Pluralität der Welten. Aspekte der Renaissance in der Romania*, München 1987.

Toulmin, S., *Cosmopolis. The Hidden Agenda of Modernity*, New York 1990, dt.: *Kosmopolis. Die unerkannten Aufgaben der Moderne*, Frankfurt/M. 1991.

PERSONENREGISTER

Kursiv gesetzte Seitenzahlen verweisen auf Text in Anmerkungen.

SACHREGISTER

Kursiv gesetzte Seitenzahlen verweisen auf Text in Anmerkungen.